中国社会保障理论研究园地
世界社会保障学术交流平台

CSSCI来源集刊
中国社会保障30人论坛

社会保障研究

Social Security Studies

2014年第2卷（总第20卷）

主编　郑功成

中国人民大学中国社会保障研究中心
中 国 劳 动 社 会 保 障 出 版 社

图书在版编目(CIP)数据

社会保障研究. 2014年. 第2卷：总第20卷/郑功成主编. —北京：中国劳动社会保障出版社，2014

ISBN 978-7-5167-1555-0

Ⅰ.①社… Ⅱ.①郑… Ⅲ.①社会保障-文集 Ⅳ.①C913.7-53

中国版本图书馆CIP数据核字(2014)第242273号

中国劳动社会保障出版社出版发行

（北京市惠新东街1号　邮政编码：100029）

*

保定市中画美凯印刷有限公司印刷装订　　新华书店经销

787毫米×1092毫米　16开本　13印张　300千字

2014年10月第1版　　2014年10月第1次印刷

定价：28.00元

读者服务部电话：(010) 64929211/64921644/84643933

发行部电话：(010) 64961894

出版社网址：http://www.class.com.cn

目　录

·社会保障法制·

·国别研究·

·30人论坛信息·

·信息·

Contents

综论

东亚与南亚福利国家的道路和方式
——是否存在“亚洲福利国家模式”？

［德］加布里尔-科勒

【摘要】社会保障制度的重要政策与当前经济社会的愈发不平等，使得福利国家成为理论研究和政策实践前沿。本文从功能的角度归纳提炼了作为公共产品的福利国家应有的五个组成部分，并从福利政治学的视角对福利国家建立运行所遵循的若干基本逻辑分成工具主义、社会进步和竞争三大类。在简述福利国家发展过程中重大历史事件的基础上，进一步阐述了东亚和南亚发展型福利国家的五个类型或阶段。最后，对是否存在亚洲福利国家模式，本文持谨慎乐观态度，提出有待进一步检验的假设，即只要存在一个有效运作的政府，每个国家就都带有不同形式的福利国家特征。

【关键词】东亚　南亚　发展型福利国家　福利国家模式

East and South Asian Trajectories and Approaches to the Welfare State: Is there an “Asian Welfare State Model”?

Gabriele Koehler
(*Independent development economist, Munich, Germany*)

Abstract It is the confluence of policy interests in the role of social protection, and a concern over growing economic and social injustice that brings the discussion of the welfare state to the forefront. A comprehensive understanding of welfare states as public goods provision could include at least five “pillars” in terms of functions. The motivation for performing as a welfare state has a wide range of rationales in three types: instrumental, progressive and competitive. After briefing the history of welfare states, this article further illustrated five types and phases of developmental welfare state in East and South Asia. Lastly, a concluding hypothesis was raised with conservative optimism that every country features some form of welfare state if a functioning government exist.

Keywords East Asia　South Asia　developmental welfare state　welfare state model

一、持续汇聚的政策关注与经济社会的愈发不公

国际发展经济学近来的研究集中在对社会保障的角色上，这一研究缘起于社会转移支付政策在拉丁美洲的兴起。在大约十年前，这些政策成为一种受决策者偏爱的、应对收入贫困

作者：加布里尔-科勒。原文英文，译者蔡泽昊，中国人民大学劳动人事学院博士研究生。

和社会排斥、内战和自然灾害的流行政策——例如巴西、墨西哥以及南美地区其他国家大规模的规定领取条件的制度，并由此引发了学术界的讨论。非洲和亚洲也紧接着出现了许多类似的社会转移支付制度（Hanlon等，2010）。

近年来，这些研究愈加成熟，并且把转移支付置于社会保障语境中加以讨论，有着更为宽泛的视野。社会保障包括社会救助、社会保险等子项目，社会救助是社会转移支付的其中一种形式，主要包括对低收入家庭等弱势家庭的现金支持或转移支付。社会保险通过缴费形成基金，以期抵御参保人遭遇意外事故、疾病和失业等风险，并为他们建立养老金权益。基本上，所有的国家的社会保险制度都各有特色；不过，在低收入国家，社会保险往往仅覆盖政府、大型企业或军方的雇员，而那些非正式雇佣的劳动者则往往不被覆盖。当他们陷入贫穷时，如果社会保障制度已逐渐建立，这些人则有权申请社会救助。

如果我们以一个整体而系统的视角看问题，那么社会保障应该从“支”和“收”两个角度讨论，其中“支”即转移支付，而“收”即足以支持社会保障制度支出的各项必要收入，二者同样重要。遵循着这个逻辑，对社会保障项目的研究则转化为对福利国家的研究，从而更多的是一种基础理论讨论。这也引出另一个问题：在亚洲是否有一种独特的福利国家模式。

福利国家的内涵有着强烈的规范性色彩，其概念与对民主政治和社会正义的承诺密切相关。民主政治——即人类的权利和公民的意思表达——是获得社会正义并创造社会团结的必要条件，以使国民就福利国家的税赋水平与征收模式达成共识。否则，福利国家就无从获得足够的财政支持。从福利国家的功能定义看，它是对基本公共服务可及性的保障，及其他关于社会救助、社会保险和劳动就业的一系列制度。社会保障扮演着平滑生命周期收入的角色，并通过税收等机制发挥收入再分配的作用。

收入再分配功能是实现社会正义的重要元素。在全球范围内，随着收入越来越不平等、就业越来越灵活、贫困原因越来越多元化和社会脆弱程度的提高，收入再分配功能在当前福利国家与社会保障的研究与实践中显得尤为重要。社会与经济的不公平不仅范围广，而且程度正在加深——这一点正在成为共识（Milanovic，2010）。比如，如果以收入和劳动就业衡量，21世纪的头10年里全球有40个国家的社会脆弱程度甚高（ILO，2010：30～31）。[①]社会经济的不平等问题正在成为共识，这些不平等问题需要国家来纠正。

亚洲地区虽素有高度成功的形象，但个人和社区也都面临着不同程度的剥夺。事实上，那些社会高度脆弱的40个国家中就有12个位于亚太地区（ILO，2010：31）。据估计，亚太地区有7.4亿到8.7亿人人均收入少于1.25美元/天，以及16.43亿人人均收入少于2美元/天。8 300万名儿童营养不良，部分国家五岁以下儿童发育迟缓，其总数占国内五岁以下人口的比例从7%（中国）到45%（印度）不等。多达18亿人口没有基本卫生设施——这将引起巨大的健康、安全和尊严问题（ESCAP，2012）。

许多亚洲国家社会脆弱、人口贫穷和人类发展指数较低，并伴随着较严重的收入不平等。有些国家基尼系数高于0.45，如菲律宾、中国和尼泊尔（见图1）。

① 在这里，ILO对脆弱程度的衡量由两个变量构成：一是贫困率，即人均每天购买力低于两美元的人口占总人口的比例；二是非正式就业程度，即那些没有正式雇佣关系的就业人口占总就业人口的比例。

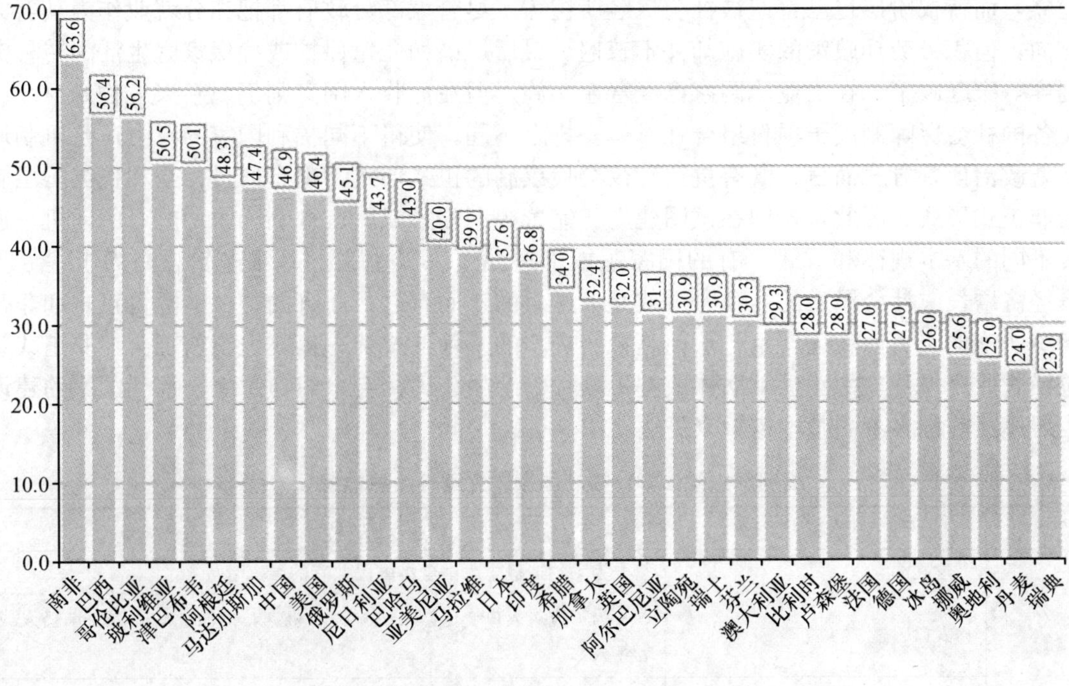

图 1　基尼系数的国际比较（1993—2004）

资料来源：http://www.nationmaster.com/graph/eco_gin_ind-economy-gini-index

正是因为社会保障所涉及的政策领域广泛，而且有些地区的社会发展状况也确实引起国际社会的关切，所以对福利国家的讨论备受关注。

二、定义福利国家

那么什么是福利国家呢？除了对民主政治和对社会正义的承诺，一般认为福利国家是由税收所支持的、具有普遍可及性的公共产品。① 如果全面地理解其功能，至少还应包括以下五个“支柱”（Koehler 2014a）：

- 至少包括小学和中学水平的教育；
- 包括筹资机制和服务递送的全民健康保障；
- 供款型社会保险和由税收提供资金的社会救助，是社会保障的组成部分；
- 积极的劳动力市场政策以创造就业机会，并为创业者提供小型贷款和保险；
- 家庭政策，比如与儿童有关的政策和福利服务。

上面所列举的显然只是对福利国家的一种概括性理解。各国都有其不同的道路：出于历史、经济和政治因素，各国的保障内容、保障程度以及政府在前述五项内容中的责任边界均各有差别。有的国家，比如欧洲大陆国家，包括大学在内的所有教育都是免费的。而在诸如英国等一些国家，健康保障是普惠而免费的。小部分国家认为高速公路是公共产品，而在大部分国家，使用高速公路仍需缴费。纵观全球，各种形式的社会救助现在几乎在所有国家都

① 作者根据亚洲开发银行（ADB）2001 年的报告给出的定义。

已建立，而特权阶层也已普遍被社会保险所覆盖。尽管大部分政府都把充分就业作为其努力的方向，但积极劳动政策的实施却并不普遍。最后，诸如儿童保护或确保家庭生活的转移支付制度等家庭政策，在工业化国家已经普遍实施，但在低收入国家则仍属新兴事物。

各国社会保障制度子项目组合在具体安排上不同，使得不同福利国家的权力运行机制迥异。就政治谈判方式而言，既有抗议和议会代议制的正式形式，也有通过公众和精英阶层施压的非正式形式。因此，各国在试图建立、完善福利国家或履行福利国家功能时的动机，遵循着不同的基本规律和方式。有的国家基本上遵循了工具主义的基本逻辑，是为了建立国家、经济增长或社会矛盾的缓和——或是上述目的的兼而有之；而有的则似乎源自正式和非正式组织所施加压力而演化产生，从而是社会进步的一种形式——正式组织如工会，非正式组织包括农业合作社、妇女运动团体或基于某种信念的公民社会组织。总之，福利国家的建设与发展遵循着许多不同基本逻辑（见表1）。

表1　福利国家政治学：福利国家建立运行的基本逻辑

类型	基本逻辑	解释
工具主义	建立国家	—为了创造概念：由全体国民共有的国家
	人口因素	—为了应对人口变化带来的挑战和机遇，例如过高比例的年轻人或老年人
	经济增长	—为了加快经济增速或转型，实施以国家主导的制度建设、基础设施建设或投资
	提高生产率	—为了保障更高的生产率，提高教育、培训、健康服务等的可及性，或提供可靠的经济基础
	增强内需	—为了收入保障并平滑经济风险带来的影响
	经济补偿	—为了提供最低收入以抵御赤贫
	政治合作	—为了保证某一社会阶层服从于精英阶层的统治
	精英阶层的内疚或关切	—为了通过进步和民主的福利国家实现社会和政治公正
	政治稳定	—为了社会和政治公正
社会进步	来自工会或“草根”团体的政治压力	—为了回应来自弱势、边缘的阶层和群体的压力
	社会文化价值观与福利制度安排变化	—为了适应这样一个普适的福利国家愿景与追求：进步、民主、有利于人全面发展
竞争	国家地区间竞争	—国家提供一系列福利制度，是为了达到乃至超越其邻国，或与之经济发展水平相当的国家，或与其人类发展指数相近的国家
	模仿	—为了树立优秀或高效的福利国家模范
	•其他	

资料来源：作者整理相关福利国家文献而成。

这些基本逻辑看似相互排斥，但如果再稍深入分析福利国家的模式演化，可以发现：推动其发展的动因和基本逻辑实际上是全面综合的，例如几乎所有国家的社会保障制度建设都受着工具主义和社会进步两种不同逻辑的影响。

三、福利国家简史

无论是在日常交谈中、在政治对话里还是学术文献中，一般的看法是福利国家始于欧洲，而正是发达国家的福利国家发展史塑造了这种认识。例如，19世纪70年代俾斯麦首相在社会政策领域的改革常被描述为建立了第一个福利国家，尽管他的改革事实上并不民主，而且完全是出于建立国家、发展经济等考量，并伴随着解散工会、破坏社会民主运动等行为。美国的罗斯福新政也常被视为一次早期的福利国家建设。众所周知，为了应对1929年大萧条及随之而来的若干年经济不景气，美国政府在20世纪30年代引入了一系列社会政策以解决失业和贫困问题。在二战后，日本立即出现了一种遵循国家干预主义的福利国家建设，实施社会保险、免费教育和国民健康体系。同样在二战后，英国在20世纪50年代实施的《贝弗里奇计划》，强调了低收入保障以及免费的全民医疗保障体系，这种模式深受经济学家凯恩斯理论的影响。这一理论还渗透到北欧和南欧的社会政策中，并在20世纪50年代指导了形式不同的福利国家制度建设。

以上历史事件都很重要，但实际上，有研究表明早在发达国家之前福利国家已存在于发展中国家，或同时存在于发达国家和发展中国家（Midgley，1997；Seekings，2012；Wehr等，2012）。早在20世纪头十年，拉丁美洲的乌拉圭、阿根廷、智利、巴西和哥斯达黎加等国就出现了福利国家的部分元素（Sandbrook等，2007）。在斯里兰卡，有着教育、健康和减贫三支柱体系的福利国家体系早在20世纪30年代就已开始形成（Jayasuriya，2014）。20世纪40年代末50年代初，在刚独立不久的南亚，盛行的“时代精神（Zeitgeist）”也影响着印度、尼泊尔和巴基斯坦有关福利政策的制订（Koehler，2014b）。

四、从福利国家到发展型福利国家：五种模式

因此，可以说大部分国家都拥有某种形式的福利国家功能，制定了涵盖教育、医疗、社会保险、社会救助、劳动力市场和家庭等领域的制度和政策。[①] 例如，联合国2013年对144个国家的调查表明约50个国家已采取了社会保护措施，要么是以直接的现金转移支付形式，要么是以提供学校免费午餐的形式。[②] 实施小学阶段义务教育已成世界通行标准，尽管在许多国家仍未实现免费。与此同时，政府干预经济发展，不仅包括实施积极劳动力市场政策，还包括促进生产力提高和经济结构转型。据此，许多分析人士提出了发展型福利国家。[③]

可以根据发展型福利国家的发展过程将其分为五种类型。第一类福利国家通过产业政策干预国民经济以提高农业的生产率，并以此引发制造业的新增长，或促使产业结构向服务业的转型。与此同时，这些国家——尽管有的并不情愿——颁布实施了一系列社会政策来提高生活水平。

社会政策服从于经济发展，这一点可从财政在社会领域的较低支出、基于家计调查的社

① 有关近来社会保险与社会救助涌现的论述，参见Barrientos等2009年的文章。

② 这一判断是基于联合国对144个国家的调查，参见UN 2013报告第33页。

③ 有关学校与发展型福利国家的论述，参见Ehmke 2013年的文章和Koehler 2014年的第一篇文章。

会保护制度以及国民享受福利的诸多限制等方面得到验证。这一类型可概括为工具主义，比如20世纪50年代的日本或者20世纪60年代的韩国、中国台湾省、中国香港特别行政区、新加坡和马来西亚等——恰巧，部分国家和地区在数十年前被称为亚洲四小龙。而尽管社会正义的观念影响深远，这些国家或地区在当时大体上并不民主。

第二类发展型福利国家出现于20世纪90年代的亚洲。受亚洲金融危机的影响，韩国、泰国等国家的GDP增长放缓，随之而来的是社会各阶层都面临失业。与此同时，以工人运动、学生运动为首的各类民主政治运动提出口号，主张国家应当为其公民提供公共产品。在这个意义上，1997年之后的这些地区出现了新的社会契约。以韩国为例，国民基本生活保障法在1999年得以通过。该法案确立了全民普惠的社会救助权，通过制度安排保障最低社会收入标准。第二类发展型福利国家以社会契约为特征，这一时期涌现的民主政治成为福利国家的组成要素，① 也许可归类为新兴发展型福利国家。

在中国，一般认为从20世纪90年代开始城乡地区分割问题就开始受到关切。1999年，城市建立了“低保”制度以回应80年代以来市场经济改革的冲击，后者带来了同一经济阶层、不同经济阶层、同一地区和地区间的收入差距。低保不是人人享有的转移支付制度，直到2008年才扩展到农村人口，并且不覆盖外地人。2013年，新型农村合作医疗制度全面实施，近来更是宣布了许多重大政策变化，如彻底改革户籍制度等。如果户籍改革得以实现，全体公民有望得到同样的社会政策——教育、医疗、社会救助等——而无论是外地人还是本地居民。在这个例子中社会契约是有限度的，民主政治也有待进一步建设，但国家对于实现福利国家功能的承诺已经作出，从而构成了第三种形式的福利国家。

要区分第四种类型可以南亚为例子（见图2）。在教育、医疗、就业、社会保护方面的社会政策——在名义上——是以社会正义为标准的，也就是说它们是用清楚明确的语言，以国家宪法或国家发展计划的形式演绎。国家的福利供给功能越来越法治化——有的国家，公民可以在法庭上主张其社会保障权。此外，一些南亚国家里公民社会组织被授权监督福利服务的提供和实施效果的考核。社会给付原则上是普惠的，例如社会养老保险。但也有些是专项社会给付，例如儿童津贴，以及对女童或出生于穷苦家庭的儿童的教育奖助金，从而是减少社会排斥的一种发展取向。还有一些家计调查式的社会救助给付。食物保障则是超出了前述五种福利国家功能的另外一种功能。

就结果而言，南亚地区仍然贫穷，人类发展指数的一系列指标仍是全球最低的地区之一，在制度设计与实施效果之间存在差距。孟加拉国、印度、马尔代夫、尼泊尔、巴基斯坦和斯里兰卡以不同的结构和水平演绎了这一形式的福利国家。② 不妨将这种类型归为基于法定权利的发展型福利国家。

发展型福利国家可能还有第五种类型或阶段——成熟的福利国家，但这一类型正在衰落。如前所述，欧洲自20世纪50年代就开始建立全面而民主的福利国家，这些国家就塑造农业和工业发展而言确实也扮演着促进发展的角色，无论是通过补贴等财政政策，还是通过税收投资基础设施建设的手段，抑或直接通过投资关键领域的手段。但在传统意义上，欧洲

---

① 有关这一发展道路的论述，参见Ringen等2011年的文章。

② 见Koehler（2011），（2013）和（2014b）。

社会保护全景——南亚

食物保障	社会救助	公共就业	教育促进	人类权利
学校午餐（印度）	全民养老保险（尼泊尔）	全国农村就业保障（印度）	女中学生奖学金（孟加拉国）	全国食物保障法（印度）
财政补贴式公共供应系统（印度，尼泊尔，孟加拉国）	本纳泽低收入保障制度（巴基斯坦）	为赤贫群体创造就业（孟加拉国）	全民教育计划（尼泊尔）	午饭计划（印度）
粮食价格补贴	儿童津贴（尼泊尔）	卡纳里计划（尼泊尔）	女童奖助金（印度）	教育权利（所有国家）
	灵活就业群体医疗保险（印度）		农村发展与社区干预（印度）	获取医疗服务权（所有国家）
				工作权（印度）
				信息知情权（印度，孟加拉国，尼泊尔）

图 2　南亚的社会保护制度设计

资料来源：Bonnerjee 和 Koehler2011 年的研究。

的福利国家并不被归于发展型（见艾斯平安德森 1990 年的论述）。

从 2005 年开始，上述成熟的发展型福利国家的福利供给开始减少。部分权利被削减，一些限制性条款和严格的家计调查重新被启用。德国的 2010 年计划就是一个例子，它改变了德国社会救助的模式。在英国，节俭政策缩小了儿童津贴申请的受理范围。

五、福利支出——亚洲福利国家实施效果一览

在结束本文之前，还需检验福利国家运作状况的支出方面（见表 2）。社会领域的支出反映了一国为福利政策所作出的努力。表 2 里只呈现了医疗和教育方面的数据并作为代理变量，因其他数据缺失所以无法进一步讨论政府在前述“五个支柱”的支出状况。

上述支出比例很低，不仅难以充分满足这些国家人口的教育权和健康权，而且与成熟福利国家的社会支出相去甚远。一般而言，成熟福利国家在医疗和教育的支出占 GDP 比重平均为 15%。(联合国开发计划署，2013：65)

还可以用社会保护支出来衡量政府朝着福利国家目标运作的程度。根据亚洲开发银行（ADB）的定义，社会保护包括社会保险、社会救助和劳动力市场政策。[①] 从这三个变量来看，只有日本社会保护所占 GDP 比例足够多，达到约 20%左右。过去 10 年间，其他国家

① 社会保护指数的计算相对简单，是将社会保护总支出除以各子项目的制度设计受益人数之和。为了达到更好评估效果，将这一指数与贫困线救助支出进行比较，见 2013 年亚洲开发银行（ADB）。

表 2　　2010 年社会支出占 GDP 的比例：以医疗和教育为代表

国家	医疗支出占 GDP 比例（%）	教育支出占 GDP 比例（%）
孟加拉国	1.2	2.2
中国	2.7	—
印度	1.2	3.1
印度尼西亚	1.3	3.0
马来西亚	2.4	5.8
尼泊尔	1.8	4.7
巴基斯坦	0.8	2.4
菲律宾	1.3	2.7
斯里兰卡	1.3	2.1
泰国	2.9	3.8
越南	2.6	5.3

资料来源：联合国开发计划署，2013 年。

虽然也有许多改革，但支出比例都低于 10%（见图 3）。

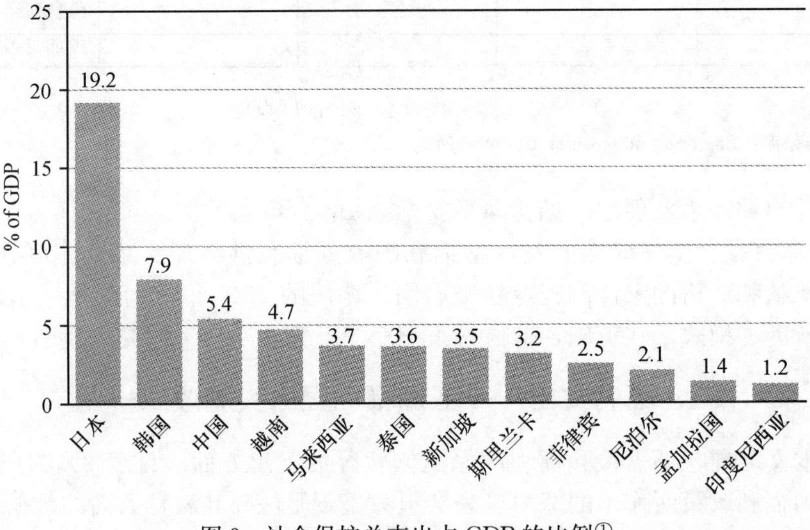

图 3　社会保护总支出占 GDP 的比例①

资料来源：亚洲开发银行（ADB）2013 年，http://spi.adb.org/spidmz/index.jsp#。

各国在社会保护领域的投入与医疗健康领域类似，投入比例都较低，只有日本例外。本文第四章提出部分国家属于发展型福利国家，但过少的社会支出使这一假设受到挑战。

① 例如，如果某国的社会保护指数是 0.100，就意味着人均总社会保护支出是贫困线支出的 10%。指数越大，意味着国家的社会保护实施效果越好，见 2013 年亚洲开发银行（ADB）。

六、作为结论的假设：发展型福利国家？

是否存在亚洲福利国家模式？上述讨论为这一问题提供了若干福利国家和亚洲经验的假设。其中一个假设就是，既然教育、健康、劳动力市场、社会保护和家庭政策都是国家主导的政策，那么是否只要存在一个有效运作的政府，每个国家就会带有不同形式的福利国家特征？尽管亚洲各国在具体采取何种形式的福利国家方面有极大地不同，并在民主和人权方面有着基本差异，这些国家把经济发展目标和社会政策紧密结合。就其具体运作而言，他们遵循着从工具主义到生产主义再到基于公民权的逻辑，不一而足。

自 20 世纪 50 年代起，若干不同类型的发展型亚洲福利国家就开始出现。先是三三两两显露，而第二波则出现在 1998 年金融危机后的东亚地区。至于亚洲福利国家的第三波发展，即所谓名义普惠型福利国家则于 2005 年前后在南亚、朝鲜、东南亚等国家和地区显现。总之，研究这些亚洲福利国家所建立的具体社会政策将会非常有意思。

结果如何还有待观察，应持谨慎乐观的态度，毕竟大部分亚洲国家用于社会政策的支出和人类发展指数都停留在较低水平。也许可以这样说：亚洲的发展型福利国家模式是一项正在进行中的工作。①

参考文献

[1] ADB (2001). Social protection in Asia and the Pacific. Manila: ADB.

[2] ADB (2013). The Social Protection Index: Assessing Results for Asia and the Pacific. http://www.adb.org/publications/social-protection-index-assessing-results-asia-and-pacific? ref = sectors/social-protection/publications.

[3] Barrientos, A. &Hulme, D. (2009). Social Protection for the Poor and the Poorest in Developing Countries: Reflections on a Quiet Revolution. *Oxford Development Studies* 37 (4).

[4] Bonnerjee, Aniruddha , & Gabriele Köhler (2011). The Challenge of Food and Nutrition Insecurity and Policy Innovations from the South. Rethinking Development in an Age of Scarcity and Uncertainty. EADI/DSA Conference. https://www.conftool.com/gc2011/index.php? page=browseSessions&form_room=28&presentations=show&print=yes.

[5] Chopra, D. (2014). Welfare, Development, Rights in South Asia. In G. Koehler and D. Chopra (eds). *Development and Welfare Policy in South Asia*. Abingdon: Routledge.

[6] Ehmke, E. (2012). Ideas in the Indian Welfare Trajectory. *Austrian Journal of Development Studies*, *Welfare Regimes in the Global South* 28 (1).

[7] Esping Andersen, G. (1990). *The Three Worlds of Welfare*. Cambridge: Polity Press.

[8] Hanlon, J., Barrientos, A. &Hulme, D. (eds) (2010). Just Give Money to the Poor. *The Development Revolution From the Global South*. Sterling: Kumarian Press.

[9] United Nations (2013). High Level Panel Report on the Post 2015 Development Agenda. *United Nations*. May 2013.

[10] ILO (2010). World Social Security Report. www.ilo.org.

[11] Jayasuriya, L. (2014). Sri Lanka' s Experience of Social Development: Towards Equity and Justice In G. Koehler and D. Chopra (eds). *Development and Welfare Policy in South Asia*. Abingdon: Rout-

① 这部分研究还可以参见 Chopra (2014)。

ledge.

[12] Koehler, G. (2011). Transformative Social Protection: Reflections on South Asian Policy Experiences. *IDS Bulletin*, *Social Protection for Social Justice*, 42 (6).

[13] Koehler, G. (2013). Social Protection: Political Reform and Policy Innovations in South Asia', in K. Bender, M. Kaltenborn and C. Pfleiderer (eds). *Social Protection in Developing Countries*. Reforming Systems, Abingdon: Routledge.

[14] Koehler, G. (2014a). Introduction: Preliminary Reflections on Development and Welfare Policy. In G. Koehler and D. Chopra (eds). *Development and Welfare Policy in South Asia*. Abingdon: Routledge.

[15] Koehler, G. (2014b). Approaching Developmental Welfare States: A "Welfare Geography" of South Asia. In G. Koehler and D. Chopra (eds). *Development and Welfare Policy in South Asia*. Abingdon: Routledge.

[16] Milanovic, B. (2010). *The Haves and the Have-Nots: A Brief and Idiosyncratic History of Global Inequality*. New York: Basic Books.

[17] Midgley, J. (1997). *Social Welfare in Global Context*. Sage, Thousand Oaks, California.

[18] Ringen, S., Kwon, H. J., Yi, I., Kim, T., Lee, J. (2011). *The Korean State and Social Policy. How South Korea Lifted Itself from Poverty and Dictatorship to Affluence and Democracy*, Oxford: Oxford University Press.

[19] Segura-Ubiergo, A. (2007). *The Political Economy of the Welfare State in Latin America. Globalization, Democracy, and Development*, Cambridge: Cambridge University Press.

[20] Seekings, J. (2012). Pathways to Redistribution: The Emerging Politics of Social Assistance Across the Global "South", *Austrian Journal of Development Studies*, *Welfare Regimes in the Global South*, 28 (1).

[21] Sandbrook, Richard Marc Edelman, Patrick Heller, Judith Teichman (2007). *Social Democracy in the Global Periphery: Origins, Challenges, Prospects*. Cambridge University Press.

[22] UNDP (2013). *Human Development Report*. New York: UNDP

[23] UN ESCAP 2012. *Economic and Social Survey of Asia and the Pacific*. Bangkok: United Nations

[24] Wehr, I., Leubolt, B. and Schaffar, W. (2012). Welfare regimes in the Global South: A short introduction. *Austrian Journal of Development Studies*, *Welfare Regimes in the Global South*, 28 (1).

对老龄化社会女性与未来的考察

［韩］梁允祯

【摘要】本文旨在提供当前迅速老龄化背景下韩国社会的未来走向信息，并提出相应的社会政策予以应对。文章主要从三个政策领域关注女性老年人的晚年生活质量，包括收入保障、就业与社会活动。文章不仅关注当前老年女性，也对当前社会年轻女性情况进行考察并对其未来老年生活予以预测。研究发现，六十岁及以上的老年女性中，只有1/5获得国民年金，仅有1/4通过参与劳动力市场获得收入，这说明当前老年人中"男性赡养模式"依然明显。对当前30～59岁年轻女性的考察也表明，女性为晚年收入做好准备的低于男性10个百分点，原因之一也是由于女性劳动力市场参与率较低。即使在参与劳动力市场的女性中，由于很多女性从事非正规工作，她们从社会保险比如养老金和失业金中获益的可能性也相对较低。根据以上发现，本研究认为，未来社会需要转变理念，将女性作为社会政策的关键目标群体而非仅仅作为受益人。社会政策的基本理念应由"男性赡养模式"转变为"普遍照料提供模式"，对女性所从事的无酬照护活动予以认可和重视。实现这一转变的具体政策措施可从建立以市民权为基础的个人基本年金制度开始。

【关键词】老龄化　女性　老年收入保障　老年人劳动与社会活动

Ageing Korea——About Women and Beyond

Yunjeong Yang

(Assistant Professor, Graduate School of International and Area Studies, Hankuk University of Foreign Studies, Korea)

Abstract The objective of this study is to provide background information about the future of the rapidly aging Korean society and thereby provide suggestions of key social policies preparing for a super-aged society. The paper examined in particular women's situation in three key policy areas for quality later life, namely, old-age income, paid work and social activities. In doing so, it examined not only current older women but also younger women in order to project their future as well.

Results show that among older women (aged 60 and older), only one fifth receive National Pension benefits while only one quarter are still engaged in the labour force for earned income, meaning that the currently old generation exhibits the typical 'male-breadwinner model'. Currently younger generation (aged 30～59) also shows that women's income-wide preparation for later life is almost 10 per cent point lower than their

---

作者：梁允祯，助理教授，韩国外国语大学，国际区域学院，国际开发专业，yunyang@hufs.ac.kr。原文韩文，译者陈诚诚，中国人民大学劳动人事学院社会保障专业博士研究生。

本研究初稿于2012年9月8日—9月9日日本Tokyo Keizai大学举办的第八届韩中日社会保障国际会议上发表。终稿于2014年在韩国外国语大学校内学术研究基金的支持下进行。

male counterparts and this is partly due to women's low labour force participation. Even among wage-workers, many women work as non-regular workers, meaning that their likelihood of benefiting from any social insurance such as pension and unemployment benefits is low.

From this, the study concludes that what we need is a new paradigm for the future society, where women shall be key social policy targets but not the only beneficiaries. We need a social paradigm shift from the traditional 'male breadwinner model' to a 'universal caregiver model', which will also value non-paid care 'work' often taken for granted and delivered by women. A concrete policy to support this paradigm shift will start by a citizenship-based basic old-age pension.

Keywords ageing women old-age income security work and activities in later life

一、前 言

众所周知，韩国的老龄化速度居全球首位（见图 1）。在这种情况下，学界一直以来对老年人口进行了广泛而深入的研究。研究包括，高龄人口增加引起的福利支出（姜炳求，2006；金英范，2007；黄奎善，权胜，2005），老年人贫困与社会保障体系的改革（姜成浩，任炳仁，2009；金秀烷，2007；金元燮，2009；尹锡明，朴成敏，2002；崔炳浩，2003），老年人医疗费用的增加与健康状况的提升（权顺万，2006；边在官，2002；鲜于得，2010），促进高龄人口就业（金振坤，2009；申东勉，杨基根，2003；李正宇，2011；许在俊，2002），加强老年人福利服务（边在官，2002；鲜于得，2003；宋玉姬，2007；杨玉楠，1999；崔星载，2009），促进老年人社会参与（元形钟，金淑子，2006；黄钟男，权顺万，2009）等。

简略划分现有研究文献如下。第一，一些学者（姜炳求，2006；权顺万，2006；边在官，2002；黄奎善，权胜，2005）视老龄化为导致国家生产力低下、社会赡养负担增加、社会承载能力减弱等问题的罪魁祸首，尤其担心高龄人口的退休金、医疗费用等社会福利支出日益增加，主张推出相应的对策。黄奎善与权胜（2005）认为，人口结构的变化将给包括社会福利支出在内的国家财政带来负面影响，分析得出，老年人赡养率每增加 1%，社会福利支出与政府总支出各增加 2.53%、1.26%。然而，金英范（2007）以 16 个发达国家为对象，通过时间序列分析得出，人口老龄化虽然增加社会福利支出，但是老年人经济活动的增加减少社会福祉支出或减少老年人的现金给付，由此认为“老龄化即福利财政危机”是夸张的说法。这一结论与 Castles（2004）的研究结果大同小异，即，根据各国退休金制度不同，高龄人口增加对福利支出产生的影响各不相同。

金允载（2011）在最新研究中分析得出老年福利相关预算支出对生产、就业、创造额外价值等方面具有积极影响，这一结果不同于以往将社会福利预算视为消费支出的研究，揭示了对其积极影响的研究可能性。此外，崔炳浩（2003）的研究提供了新的研究角度，不认为高龄化对福利财政只造成负面影响。因为在考虑“低出生率”的情况下，婴幼儿诊疗费会随之减少，并且这些婴幼儿成为老年人之后，老年人口也会随之减少。从长期角度来看，这有利于健康保险、老年年金财政。

一些学者的注意力不在社会费用的增加上，而在于针对老龄人口增加的趋势应该如何强化服务。这一主张蕴含着对作为服务接受者的老年人口的关怀。他们主张，首先改革完善收入保障体系，应对老年贫困现象。强调市场作用的实况下，国家责任正在逐渐减弱（金秀烷，2007）；进入成熟期的公共年金令老年收入保障效果更佳（姜成浩，任炳仁，2002）；国民年金应重点保护低收入者，而高收入者主要依靠企业与私人年金，对不同收入层次人口实行不同政策（尹锡明，朴成敏，2002）；此外，还有很多研究着眼于年金制度改革方案，以此来应对日益增加的高龄人口需求（金京雅，2010；刘建植；李容和，2009；2010）。不仅如此，一些研究还涉及老年收入来源补充或作为社会参与方法的老年人就业（金振坤，2009；申东勉，杨基根，2003；李正宇，2011；许在俊，2002），其他多种社会活动（尹宗洙，1994；黄宗男，权顺万，2009）以及老年人福利服务强化（鲜于得，2003；杨玉楠，1999；崔星载，2009）等内容。相比之前的研究，这类研究虽然欠缺对财政增加的危机意识，但是着眼于社会应如何积极地做好准备去接受并包容高龄人口的老年生活（金元燮，2009）。

上述以往的研究在不同领域、从不同侧面说明了社会老龄化现状，提供迎接未来的方案，具有一定研究意义；然而并没有从根本上揭示老龄化现象为韩国的现在与未来留下的中心课题，具有一定局限性。本研究正以此为研究目的，研究老龄化现象将如何影响韩国社会的现在与未来，并且要求未来韩国社会发生何种变化，而我们需要如何做好准备迎接老龄化社会。本文由以下几个部分构成。通过了解平均寿命延长（尤其是老年女性增加）与出生率下降引起的老龄化现象，强调现在与未来的社会政策中心存在女性化现象，以收入保障、就业、社会活动这三个影响老年生活质量的方面为中心，分析老龄化政策领域情况。特别是，通过比较如今老年女性与新一代女性，把握现在并预测未来。最后，通过分析得出结论，韩国应采用“普遍提供照料”这一全新模式，实行个人退休年金制度，来积极应对飞速加剧的老龄化现象。

二、韩国社会的老龄化现状与女性

（一）老龄化

图 1 呈现的是世界主要国家老年人赡养费用的变化趋势。我们从这幅图中概括以下两点。第一，相比其他国家，如今韩国社会老龄化速度较快。图中，倾斜度表示各国从所谓“老龄化社会”进入到“高龄社会”再进入到“超高龄社会”总共需要的时间长短（见表 1）。也就是说，法国分别用 115 年和 30 年，经历从“老龄化社会”到“超高龄社会”渐进的老龄化进程；而韩国自 2000 年进入“老龄化社会”以来，预计不用 20 年将会进入“高龄社会”，且不用 10 年就会进入“超高龄社会”。相比欧洲，日本进入老龄化社会的时间也较短。1970 年，首次成为老龄化社会的日本，经过 24 年，也就是 1994 年进入“高龄社会”，后来再过将近 10 年进入“超高龄社会”。至于人口老龄化程度与韩国情况相似的中国，预计经过大约 35 年会进入“超高龄社会”。韩国预计经过 25 年再进入“超高龄社会”。这表明，我们在社会政策方面做相应准备的时间略显不足，同时我们迫切需要做出决定并施行未来社会最为需要的政策。

对图 1 中数据进行分析，还可得出新的解释。线上所标注的为进入（或即将进入）“高龄社会”时的老年赡养比的数值。各国进入“高龄社会”的时间当然各不相同，然而当时的老年赡养比同样各不相同，这包含另外一种含义。65 岁以上老年人口占全体人口的 14%，

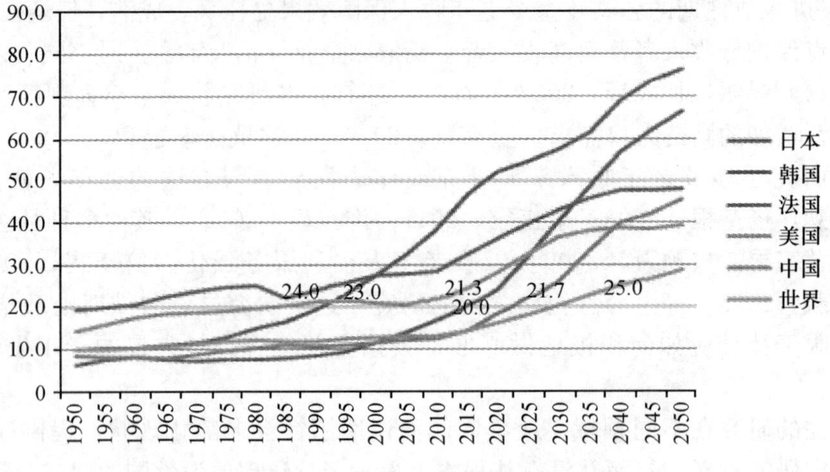

图1　世界主要国家老年人赡养费用变化趋势（1950—2050）

注：老年赡养比＝65岁以上人口/20～64岁人口×100

线上所标注的数据为各国进入“高龄社会”时期的老年赡养比。

资料来源：UN，World Population Prospects：The 2010 Revision，http://esa.un.org/unpd/wpp/Excel-Data/population.htm

表1　　进入高龄社会所需时间（世界主要国家）　　单位：年

	老龄化社会（7%）→高龄社会（14%）	高龄社会（14%）→超高龄社会（20%）
法国	115	30
美国	71	21
日本	24	12
韩国	17	8
中国	25	10

资料来源：UN，World Population Prospects：The 2010 Revision

而“老年人口对比生产可能人口”的数值相异，影响数值的分母，即“生产可能人口”（在此定义为20～64岁），从而推出幼年/青少年（在此定义为0～19岁）的相对数值。图1显示，韩国进入（或预计进入）高龄社会时的老年赡养比为20%，相比其他国家数值较低，这主要归因于低出生率。也就是说，除14%老年人口以外的86%幼年、青少年、成年人口中生产可能人口（20～64岁）较多，社会的幼年、青少年人口较少。韩国社会准备老龄化的过程中，除了有关老年人口的政策以外，还要重视有关出生的政策。例如，2005年国家制定并颁布实施《低出生率高龄社会基本法》，并推出不同政策来准备迎接老龄化社会（保健福利部门网页）。至于有关出生率政策的重要性，希望有机会另作研究。鉴于篇幅长短，本研究将重点议论老龄化与老年人口相关问题。

（二）女性

图2提供自UN，从年龄、性别两方面呈现韩国社会老龄化2010年以及2050年的情况。变化图像是典型的五角星形状，呈现上一部分提及的一般社会的老龄化现象。值得注意

的是，高龄人口中女性人口多于男性（见图 2）。2010 年，65 岁以上高龄人口中女性占 59%，男女性别比为 69%，也就是说 65 岁以上男性与女性的人数比例为 69：100。推算 40 年后的高龄人口中女性占 55%，男女性比为 83%，男女性别失衡程度不如 2010 年严重（统计局未来人口推算，2010），而 65 岁以上女性人口由 2010 年的 320 万名，40 年以后将达到大约 1 000 万名左右。由此看来，老年女性必定要列入主要政策对象。更何况，她们不论是在社会保障方面，还是在劳动力市场条件方面，较之男性处在不利的地位（参照本文下文）。因此，本研究主要针对高龄人口中的女性。

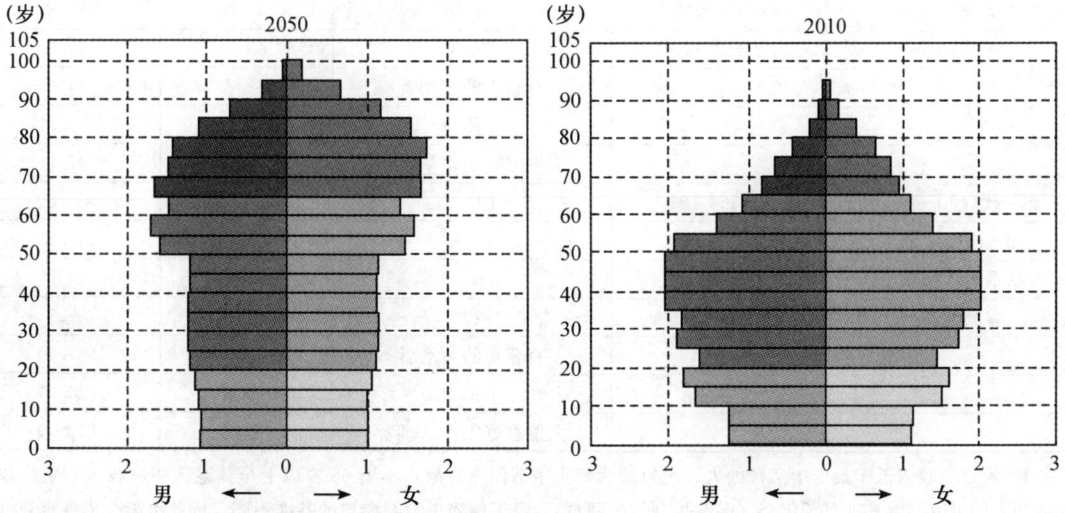

图 2　各年龄段男女人口变化趋势（2010 年，2050 年）（百万名）

注：虚线表示各年龄段性别对比人口。

资料来源：UN，World Population Prospects：The 2010 Revision，Volume II：Demographic Profiles-Korea。

（三）政策领域

姜小郎、文相浩（2011）在他们的论文中，利用最新老龄化研究资料，在众多老龄化政策领域中，为了揭示有效提高老年生活质量的诸多政策之间的因果关系，采用结构方程式模型进行分析，得出保障收入、促进就业、开展社会活动将直接构成积极影响的结论。上述三个领域同样也是政府出台的《低出生高龄社会基本计划》施行计划中强调的主要领域。

1. 收入

根据 2011 年问卷调查，回答“60 岁以上老年人的最大困难”这一问题，40.6%的回答是“经济困难”（统计局网页）。根据 2009 年国民年金研究院进行的问卷调查，韩国 65 岁以上人口中只有 39%表示已做好老年生活准备，其中大约 30%表示国民年金为老年收入保障（姜小郎、文相浩，2011：373）。先不谈国民年金金额是否合理，暂且可以判断国民年金作为基本老年年金深入人心。对此，分析现在与未来的国民年金在老年收入保障中的地位很有必要。2009 年国民老年保障 3 年调查中，回答已做好老年生活准备的人（2009 年年龄 54 岁以上）不到 1/3，且 29%的人表示包括国民年金在内的本人及配偶的公积金是老年生活的主要经济来源（白华宗等，2011）。像这样，国民年金成为老年收入保障的主要手段，而现阶段以及不久的将来，国民年金到底能否不辱使命？表 2 表示 2010 年 60 岁以上高龄人口以及他们的老年收入保障手段。

表 2　　具有代表性的老年收入保障方法（2010）

	人数（全体）	占总体比例（%）	男（%）	女（%）
高龄人口（60＋）	7 606 903	100.0	42.8	57.2
国民年金享有者	2 580 000	33.9	50.1	21.8
基本生活保障	457 571	6.0	4.1	7.4
基本老人年金（65＋）	3 730 000	49.0	40.0	55.8
有酬劳动	2 415 969	31.8	43.7	22.8
		有薪水的劳动者	37.8	34.6
		个体户	57.0	27.9
		无偿家庭工作从事者	5.2	37.5
新一代（30～59）	22 564 102	100.0	50.0	50.0
加入国民年金	10 297 000	45.6	54.5	36.8
基本生活保障	528 598	2.4	2.3	2.5
有酬劳动	16 199 623	71.8	86.5	57.1
		有薪水的劳动者	(68.8)	(67.2)
		个体户	(29.3)	(20.1)
		无偿家庭工作从事者	(1.9)	(12.7)

注 1：家庭总收入低于最低生活费的人即可以成为基本生活保障对象，年满 65 岁以上全体老人中，收入和财产较少的 70%的人即可以领取基础老龄年金（保健福利部门网页）。由于保障供给与参与的基准不同，因此可能会出现重复（例如领取年金的同时又参与劳动）。

注 2：关于最后两列百分比的含义，“高龄人口（60＋）”与“新一代（30～59）”所对应数值表示高龄人口中和新一代中的男女百分比，其他行所对应百分比均表示男性/女性获取该行所示收入项目的百分比。

资料来源：统计局总调查人口（2010），经济活动（10%样本），国民年金统计年谱（2010），基本生活保障获得者参照 2011 年 5 月 7 日保健福利部门报道资料。

表 2 上部分是 60 岁以上高龄人口的现状，下部分是如今 30～59 岁年龄段的新一代成年人口，也就是未来老年人的情况。观察高龄人口的现状，可发现全体 760 万名中约有 1/3 人口在领取国民年金。[①] 首先，有人会对其余 2/3 人口产生疑问。这充分表明国民年金的严重死角，可以判断国民年金无法给所有老年人提供基本年金（这一点将在下文继续探讨）。不仅如此，通过区分年金接受者的性别，发现老年女性的情况明显较差。如表所示，大约五成的老年男性可以获得国民年金，而可以获得国民年金的老年女性不到 20%。并且，她们当中的大部分可获得的是遗属年金等派生年金，不难推测金额不会太高。假设国民年金的基本体系以家庭为中心，现阶段大部分老年女性可以共享男性的收入（包括年金）的话，可以承认，所计算出来的数值比例可能略低了。如今，国民年金制度完全以经济活动参与者为中心，至少要加入满 10 年才能获得年金，因此现实中，全职主妇，或由于分娩、育儿、照料家庭等理由无法进行长期工作的大多数女性很难能获得国民年金。

① 在此基础上，加上公务员年金与私学年金（私立学校教师年金）领取人数，大约增加 0.1%百分点，也就是 0.43%领取公积金（各年金工团网页统计资料）。

拉克豪斯（Luckhaus）和沃德（Ward）（1996；权文日，2006再引用）认为，在这种情况下，可采取以下几项措施：扩大派生领取权；分娩、育儿、看病等照料家庭特别支援政策；分割年金领取权；弱化年金领取权与就业之间的联系。以上四种方案使得年金制度不再以介入劳动力市场与否为基础，而是建立在市民权的基础上。权文日（2006）主张支持第二种和第三种方案，认为这两种方案符合韩国国情。特别是，扩大年金信贷制度①，并承认育儿期间为工作时间的方案在其他研究中曾多次被提及。除此之外，扩大覆盖范围，将女性农渔民纳入年金支援对象，如果由于加入时间短而不符合年金领取条件可以延后领取，这些方案都可以扩大老年女性的年金领取权（姜成浩，金哲洙，崔恩雅，2007；金京雅，2010；韩国女性政策研究院，2007）。

需要指出的是，年金领取权采用工作时间制，为了扩大（新一代）女性参与到劳动力市场政府采取的积极支援等政策在国内大多数研究中被提及。这意味着以参与劳动力市场为依据的现行的年金制度正持续被加强。另一方面，有关以市民权为基础的年金制度形成的研究却不够充分。2008年首次被导入并持续扩大施行的基本老人年金与国民年金制度适用对象的重复性问题（高得英，2008；南华秀，2010；孙美静，2010）、“普遍福利”等问题的研究有望将基本老人年金发展为以市民权为基础的制度，并稳定全民的老年生活。学者们应该努力，让基本老人年金由现在的最低保证年金转换为作为多层次保障体系的基本年金（金容和，2007；南和秀，2010：316）。②

如果没有上述研究方案，就不能改变现在的年金制度模式，那么女性就只好满足于来自抚养者的“派生收取权”，并且只能接受年金的死角地带或者不合理的年金金额。收入或财产较少的老年人作为基本生活保障的领取者，基本老年年金受益者中女性远比男性多，这并不奇怪（见表2）。2011年，以60岁以上人口为对象，询问他们的“生活费用来源”，大约有10%的老年女性回答是“政府或社会团体”，而同样回答“政府或社会团体”的男性人口只有她们的一半（见表3）。以对女性老年贫困危机的实证研究为基础，石在恩与任正基主张施行以市民权为基础的个人基本年金保障制度，影响深远。

表3　　　　生活费解决方法（60+，2011，%）

解决方法	男性	女性
本人以及配偶承担	74.1	49.4
—劳动收入	54.8	46.4
—财产收入	11.6	13.4
—退休金	26.6	28.8
—储蓄	7.1	11.4
子女或者亲戚支援	20.3	41.0
政府及社会团体	5.4	9.4
其他	0.2	0.2

资料来源：统计局网页。

① 2008年1月起，针对生育两个以上孩子的父母，国家施行国民年金额外加入时间制度，然而鉴于独生子女家庭增加，可以判断这项制度缺乏实效性。（金京雅，2010）。

② 研究多层次老年收入保障体系中，国民年金与基本老人年金的结构重组方案请参照金宪洙（2012）的论文。

向现在的 30～59 岁年龄段的新一代男女提问老年生活经济来源，男女回答各不相同（见表 4）。首先，不论哪个年龄段，回答“已经做好准备”的女性比男性低 10%左右。这主要说明前述问题，即女性加入及收取国民年金的相关问题。大部分女性使用个人年金或储蓄等方式弥补以国民年金为首的公积金方面的不足，然而个人金融活动未能体现物价上升因素，因此其收入保障效果远不如国民年金，考虑到这一点，新一代女性的老年收入不稳定。不同于现有老年人，新一代“依托于子女”的比例显著低下。其中，大部分 50 岁女性回答“今后开始做准备（30%）”，由于“准备能力不足（57%）”将“依托于子女（5.1%）”；而只有 1.6%的 50 岁男性回答“依托于子女”（统计局社会统计局，2011，“老年收入来源”）。回答“依托于子女”的人，年龄越小数量越少，40 岁女性只有 0.4%，30 岁女性只有 0.3%回答未来将会“依托于子女”。这表示未来老年收入来源将由家庭中心转移到个人责任或社会方案。

表 4　　老年生活准备方法（主要回答，30～59 岁，2011，%）

各年龄段	30～39 岁		40～49 岁		50～59 岁	
性别	男	女	男	女	男	女
正在（已经）准备	84.1	71.1	85.9	73.5	84.1	66.6
国民年金	60.6	39.5	60.5	43.7	60.9	41.4
其他公积金	5.3	7.0	6.2	6.4	8.5	7.3
个人年金	15.5	26.1	14.5	22.5	10.5	17.4
退休金	2.2	1.9	2.7	2.2	2.6	1.7
储蓄保险	13.3	21.5	11.9	20.5	11.9	23.7
房地产	2.1	3.2	3.3	4.4	5.0	7.5
股票债券	1.0	0.8	1.0	0.4	0.7	0.9

资料来源：统计局网页。

30～59 岁年龄段人口加入国民年金现状比现在的老年女性有所好转。1/3 的女性已经加入到国民年金制度（见表 2）。只是，考虑到女性的一生中工作时间不完整因素，现在的加入情况不能说完全能够保障未来能领取年金。

2. 工作与社会活动

老年人参与社会活动，维持一定的社会关系，不仅有益于老年健康，还可以提高生活满足感。这一点很多学者通过研究已证明，特别是社会活动理论（Havinghurst，1961；Havighurst & Albrecht，1953；Rowe & Kahn，1997；Sirven & Debrand，2008）。

广义上的“社会活动”包括有酬劳动。第二次《低出生高龄社会基本计划》的 2012 年施行计划（大韩民国政府，2012）中也曾明示，应对老龄化的首要条件就是“扩大生育高峰时代的就业机会”。这意味着，在老龄化时代，延长中老年人的所谓“生产活动”时间非常重要。实际上，2009 年国民老年保障第三次年度调查中，大约有 1/4 的中老年（当时 54 岁以上）调查对象回答“就业工作”为老年生活经济来源（白华宗等，2011）。

然而，由于分娩、育儿、照料家人等理由，女性就算从事经济活动，也不能完全保证工作时间（金佳律，2007；张智妍，付佳青，2001；赵惠善，2002），并且由于年金制度本身的缺陷，女性在老年面临经济危机的危险相当大（姜成浩，金京雅，2009）。如果将劳动力市场的性别差异最小化，年金金额差异也会随之减少（刘延奎，黄正任，2008），这再次证明参与劳动力市场与年金领取的不可分割的关系。如此我们陷入两难的境地。虽然上面提到一种考虑女性不完全经济活动的年金保障制度，然而如今的年金制度完全以经济活动参与为前提。那么，我们需要重新审视，“劳动力市场允许我们筹备老年生活费用吗?”

表2中60岁以上老年人的劳动现状表示，2010年大约1/3老年人在劳动力市场参与经济活动。在此，性别差异依然凸显，老年男性大约有44%参与经济活动，而老年女性的参与率仅为25%，并且她们中的38%是无偿家务劳动从事者。也就是说，大多数老年女性不能得到个人名义的国民年金，她们可以参加有酬劳动的比例也是男性的一半以下，而大多数还是无偿家务劳动从事者。简要地说，现在的老年女性的老年生活是“男性赡养模式”的典型结果。① 女性终究只能依靠子女，除此之外很难用其他方法准备老年生活，这是事实。而且超过男性2倍的41%女性回答老年生活费来源于子女（或者亲戚）（见表3）。

老年就业方案方面，提供灵活工作时间制等具有伸缩性的就业形态、禁止年龄差别、改善工资体系，实行渐进式退休等（金振坤，2009；申东勉，杨基根，2003；李正宇，2011；许在俊，2002）正在被考虑。但是，有关老年女性就业问题的研究还不是很具体。这同样反映“男性赡养模式”的社会中，女性只拥有派生领取权。

有关老年人就业的研究中，问题不单是老龄化时代导致经济活动人口减少，从而加剧福利财政压力，还需要首先确定老年人是否愿意继续工作。当然，在大多数调查问卷结果显示，大部分老年人仍然愿意继续工作。② 但是，大部分老年工作者由于经济方面的原因或退休方面的原因或雇佣者的权利关系等原因，在劳动力市场的社会结构观点来看，终究无法自主决定退休（金秀烷，2012；朴京淑，2000，2001；Yang，2012）。实际上由于经济原因而参与劳动力市场更为现实（Yang，2011），因此，研究的重点应放在以市民权为基础的年金制度之上，而不是鼓励参与劳动力市场的政策（梁允禎，2011）。

表2的下一部分是新一代，也就是现年龄为30～59的人的情况。相比他们的父辈，他们能否自食其力做好准备迎接老年生活呢？如今的年金制度继续维持下去的前提下，他们能否正常参与到劳动力市场呢？新一代女性（30～59岁）的经济活动参与率只有57%左右，这远低于男性的86%。2011年OECD最新资料显示，韩国女性（15～64岁）的就业率为53.1%，相比OECD平均值低56.7%，比韩国女性就业率更低的国家有斯洛伐克、匈牙利、希腊、智利、意大利、墨西哥、土耳其7个国家，且它们都是在以家庭为中心的文化基础上建立社会保障制度的国家（OECD，Labour Market Statistics，2012）。女性就业率较高的国家有挪威、丹麦、瑞典、荷兰等国家，这些国家的女性就业亲和政策（或者说家庭——工作

① 2011年问卷调查中，对“最想享受的福利待遇”一问，60岁以上老年男女的回答差异很大。作为“主要赡养者”男性回答“提供就业信息（14.9%：7.4%）”，而作为“家务承担者”的女性回答“家务服务（18.5%：9.2%）”，结果显示同类回答的男女性别比例皆为2：1（统计局网页）。

② 通过分析国际调查资料，了解老年人对工作的态度。金秀烷（2012）对18个国家数据进行多层次分析，得出如下初步结论：“不同社会阶层的大多数老年人都愿意工作”，越是主观阶层意识高、教育水平高的老年人（特别是55～64岁）就越有可能在比较好的岗位工作，得出“阶层不平等”的结论。老年人对工作的态度并不是取决于是否有合适的岗位，而是取决于劳动力需要，即劳动力市场的就业情况等因素。

协调政策）值得我们关注。

再回到表 2 的下一部分内容，我们发现就业女性中有工资收入的劳动者比率为 67%，与男性的 69%差距较少，这令人感到欣慰。如果把这些有工资收入的劳动者分成正式职工与非正式职工，那么就可以仔细观察男女不同性别的差异。2010 年 8 月，正式职工的国民年金职场加入比例为 78.4%，至于非正式职工也仅仅是 38%，健康保险加入比例各为 79.5%、42.1%；失业保险加入比例各为 75.7%、41%；总的来说，非正式职工相比正式职工加入 4 大保险的比例较低，仅为 50%左右（统计局 2010 经济活动人口调查——不同工作类型社会保险加入者比例及增减）①。在这种情况下，全体有工资收入的劳动者中，男性正式职工占 73%，而女性正式职工占 58%。也就是说，女性非正式职工占 42%，占女性劳动者将近一半，反映女性劳动者仍然处在社会保险的死角（统计局 2010 经济活动人口调查——性别/工作类型就业者）。姑且不谈非固定收入劳动者，固定收入劳动者当遭受失业、疾病的时候也无法享受社会保险，而女性只好接受，个人或家庭要承担一切。社会保障制度以经济活动参与为基础的社会保险制度为主干，不可避免地具有分担意外危险方面的局限性。

有酬劳动是多种社会活动之一。退休之后的老年生活中，有酬劳动不可或缺。除了有酬劳动以外，还有无偿志愿服务，宗教活动，休闲活动，团体活动等多种形态的社会活动，退休的人当中绝大部分人（特别是女性，60 岁以上的 3/4 左右）从事有酬劳动以外的这些社会活动。2009 年统计局问卷调查结果显示，五成左右的 60 岁以上老年人口被问及“休闲生活不满意理由”时，回答说其原因是“经济负担”；将近 1/3 的人回答说是“健康问题，体力不足”。此外，还有“没有兴趣（男性 2.6%）”“没有伴侣（女性 2.3%）”等理由各占 2%左右（统计局网页）。另外，被问及“最想做的休闲活动”时，“旅游”这一答案出现最多，还有大约 1/3 的男女性回答为“社交活动”，这完全可以证明“社交”对人类生活的重要性。②“宗教”“志愿活动”答案紧随其后。为了使老年人进行多样的社会活动，应为他们提供适当的场所及活动项目与人交流，并尽量减少经济负担。黄宗楠与权顺万（2009）认为志愿活动或政党、市民团体等公共团体活动对老年女性的认知能力产生积极影响，主张政府应扩大支援，帮助老年人参加健康的休闲活动；元炯钟与金淑子（2006）认为老年女性的“成功老化”需要休闲政策。此外，学者们建议建立老年人优惠制度，扩大老年人休闲设施（元炯钟，金淑子，2006），进行退休前后老年生活设计教育，通过新闻媒体改善老年人形象，提供适合老年人的电视节目，设置有益于老年人健康的体育设施（石在恩等，2005）。

三、高龄社会，全新模式

通过以女性为对象，重点分析韩国老龄化与老年收入保障、就业、社会活动情况，我们

---

① 非正式职工可再分为限时制、期间制、非期间制、时间制、非典型等多种，参保率也随之不同（例如，加入失业保险的比例依次占 61.9%，68%，42.8%，10.7%，28.6%）。女性相对在非期间制、时间制、非典型岗位上的就业率较高，那么可以推断“非正式岗位”的平均状况反而高估了女性的就业情况。2012 年 3 月的最新资料显示，不同工作形态的社会保险参保率大约增加了 2%～3%，然而正式岗位与非正式岗位之间的差距几乎大同小异。

② 这个数值不应被理解为所有老年人都愿意参加广泛的社交活动。期望休闲活动，“有关社交活动的工作”男性为 31.4%，女性为 33.5%；单纯的“休息”男性 24.3%，女性 29.5%；包括观看电视的情况下，近一半的老年人比起社交活动更倾向于“在家一边看电视一边休息”。然而，这种做法是否可以理解为准备幸福的老年生活呢？还是因为经济原因、环境原因不得不选择这样虚度晚年？针对这一问题，需要进行更深入的研究。

可以肯定，迎接未来社会必须创造一种“全新模式”。本章首先从宏观的模式变化角度，论述由“男性赡养模式”到“普遍提供照料模式[①]”的转化，从而分析有关“市民权为基础的个人退休年金制度”这一政策支援方案。

（一）“男性赡养模式”到“普遍提供照料模式”的转化

从女性的就业、社会活动以及整个人生生涯的角度来看，不可不提及“照料劳动”。现有的“劳动——福利”模式以家庭这一社会单位为基础，以家庭内部性别角色分配为基础，这就表明“男性赡养模式”，即男性主要通过从事经济活动负责抚养家庭，女性则在家里负责照料孩子、丈夫、父母。然而，随着20世纪后半期女性的经济活动开始活跃起来，以“男性赡养模式”为基础的西方国家福利模式理论遭遇脱离现实的危机，特别是面临女权主义者的挑战（Fraser，1994；Lewis，1992；2001；Wilson，1977）。事实上，完美无缺的“男性赡养模式”并不存在（一定程度上，由于受到儒教思想的影响，性别角色区分明显的韩国生育高峰一代的女性，事实上由于经济原因参与经济活动比较频繁），更何况随着如今同居、离婚、单亲家庭等现象增加，家庭结构也发生了变化，以“男性赡养模式”为基础的“劳动——福利”模式也同样需要变化。

北欧地区的女性经济活动比较活跃，而实际上，北欧大致以男性全职工作与女性兼职工作模式为基础，并且北欧家庭大部分为“1.5抚养者家庭”模型。消除男女性别区分，想要实现以男女两者均为经济活动主体的“普遍赡养模式”或“成人劳动者模式”，必须把照料劳动完全市场化（或完全社会化）作为前提，然而这并不现实（Fraser，1994；Lewis，2007；Lewis & Giullari，2005）。丈夫与妻子双方相互独立参加经济活动，以此作为前提的福利模式与女性的经济活动参与与否无关，女性依然需要照料家庭，这反而加重女性的负担。女权主义者的这一主张不但在西方备受瞩目，在韩国这一后发福利国家也不容忽视。

2009年生活时间调查结果显示，不论是一方工作还是双方工作的夫妻，在准备餐饮、清扫卫生等家庭管理、照料上花费的时间男女各为37分钟与3小时20分钟，差距甚大（统计局报道资料，2010.3.31）。就算男性的工作时间，即参与经济活动时间，比女性平均多1个小时左右，也说明男女每天在家庭管理与照料上花费的平均时间相差2个小时。男性比女性多享受50分钟左右的额外休闲时间，而女性的义务生活时间（包括工作、家庭管理、照料、出行时间）比男性多1个小时。65岁以上的老年人中，女性比男性多从事2个小时的家务劳动。也就是说，21世纪的韩国社会中，照料家庭的主要责任在于家庭内部，而不是国家或市场（An，2012），尤其照料老人的主体依然是女性（An，2008）。

以退休女性为采访对象的最新研究结果表明，老年女性依然受制于照料子女甚至照料孙子。也就是说，女性退休以后依然要负责照料家庭（Yang & Chung，2013）。退休女性的老年生活需要经济保障，而“照料家庭”这一责任始终影响老年人的意识，使他们认为人生的意义在于此，因此没有实现照料劳动社会化，“退休”等于没有实在意义。把全部精力倾

① 不论性别共同承担照料家庭的责任，也就是男女对“照料劳动”承担共同责任的模式。1997年Nancy Fraser在提出产业化时代的“男性赡养模式”之后，根据后产业社会的实际情况，再次提出了男女双方共同承担照料劳动的全新模式。与后来Jane Lewis等学者研究的“普遍市民工作/提供照料模式”一脉相承。

注到子女教育和培养，而对自己的老年生活却没有做任何准备的“典型母亲”；退休后有了闲暇时间却不知道能为自己做什么的“无可奈何型”；虽然做好了经济、社会活动等方面的准备，而没有完全脱离照料子孙义务的“失去自由型”……如果“一生照料模式”在社会上不消失，女性个人的照料负担始终会存在（Yang & Chung，2013）。

大约在 20 多年前，美国女性学家 Nancy Fraser（1994）就已经提出一种全新模式，当时欧洲也破例采用这一“普遍提供照料模式”。韩国完全可以借鉴欧洲。另外一名英国女性学家 Jane Lewis（2001：161）提出了更为具体的提案。

第一，对于充分受到社会认可的“照料劳动”，政府应鼓励并支持男女双方公平分担。在出生率低下，老龄化速度较快的韩国，采取这种措施是非常必要的。提高出生率的口号喊得越来越响，而现实中父亲为了照料育儿停职则不曾被接受。夫妻同时工作的情况下，为什么家务、育儿、甚至照料年迈父母都应由女性负责承担呢？国家需要建立并扩充公立保育、养老设施，为停职育儿（停职照料家人）的职员提供相应的实际报酬，并推出实行适用于男性的停职休假制度，这样就可以减少男女性别间的差距。

第二，所谓“经济活动”指劳动力市场中的有酬劳动，而“照料劳动”却没有报酬。政府应从“终身所得”的角度出发，鼓励转换或并行这两种劳动。韩国的工作时间在众多OECD 国家中是最长的，退休年龄比人们的实际退休年龄较高，人们在 50 多岁的时候选择退休，直到完全退休要经过 15～20 年，这段时间另找工作，忍受微薄的收入和恶劣的工作条件，苦苦寻找新的工作岗位（大部分是非正式职员）（方夏男等，2005）。那么，年轻的时候减少平均工作时间，追求稳定的职业生涯，同时兼顾“工作与家庭”，能否实现这个梦想？当然，想要实现不仅需要个人的努力，还需要社会模式发生相应的变化。[①]

第三，劳动力市场中，“工作”与“照料劳动”之间的转换时期需要“较有弹性的就业岗位”，然而那不能是永久的低收入非正式岗位，政府应采取政策支援，帮助人们脱离低收入岗位。这样看来，缩短工作时间，缩短年工作期间是全新模式得以实现的必要前提。使“照料劳动”社会化可以让女性的照料劳动享受制度的保障，但需警惕低收入工作岗位蔓延的现象。

（二）个人基本年金制度

如前文所述，国民年金可谓是公共老年收入保障体系的主干，而目前这一制度将参与劳动力市场与否作为基本条件，女性在劳动力市场的不完整参与将会影响现在乃至未来的老年收入保障。而建立在市民权基础上的个人基本年金保障制度可以断绝劳动力市场与老年收入保障的关系，从而大多数人，尤其是 50 年之内占据整个人口的 20%左右的老年女性将会获得相应福利（韩国统计信息，2012）。这项制度并不仅仅针对女性，而同样有利于后产业社会中处于非正式岗位的多数男性，并且这项制度可以被看作是帮助向“普遍照料提供模式”转变的政策支援。

很多人进入老年期之后，为了生存、为了赚取生活费用，不得不参与有酬劳动，这实在

---

① 荷兰曾经推出“Combination Scenario”政策，支持所有人，不分男女性别，在经济活动年龄段可以并行工作与照料劳动（Lewis，2007）。对这类政策的施行条件与成效进行后续研究，可以在韩国在政策上提供更为具体的启示。

是令人感到悲伤。我们不能让这种现象一直持续到未来。一些老年人退休之后，以“喜欢工作”为理由愿意继续工作。他们的选择权应该被尊重，政府应致力于提供优质的就业岗位。在所谓的“福利国家”不少老年人因为生活贫困不得不继续工作，国家的义务还在于尽量减少这种现象。在前文，我们探讨如何转换或并行“工作”与“照料劳动”或者其余所有无偿工作与活动。在这里，老年人参与有酬劳动应被理解为多种社会劳动之一，而不是一项基本条件。有酬劳动之外的活动（例如，志愿服务活动，照料活动等）同样需要受到尊重，政府也要提供相应的支援政策，积极开展这类活动。首尔市每个行政自治区都有一个以上的老年人福利院，里面具备志愿服务、趣味活动、运动等设施项目，而事实上很多老年人因为“距离太远”或“信息不足”不能够充分利用这些资源。至于地方，社会基础设施建设相对落后。

“保护国民年金国民行动”（2012）旨在批判政府未能够积极预防老年贫困以及推出保障老年收入的对策。该活动指出，OECD国家中，韩国的老年人自杀率最高，这与老年贫困问题关系密切。不得不说，不仅是老年女性能否独立生活，包括所有老年人能否参加多种社会活动的关键也在于个人基本年金制度的确立。

如今，收入较低的70%的65岁以上老年人，他们能享受的“基本老年年金”只有全体年金保险加入者平均收入的5%左右，也就是相当于每月9万元韩币左右。2011年，个人的最低生活费预计为53万元韩币，而9万元韩币只有它的17%，与其说是生活费不如说是零花钱。国民年金保险加入者的平均收入近186万元的阶层，如果交付保险金25年，那么到时候将领取50万韩元的国民年金。鉴于2011年个人最低生活费的水平，国民年金提供的水平勉强等同于基础年金（国民年金管理工团网页）。然而，国民年金制度的死角地带问题的出现，导致人们连基本年金都不能享受，情况很糟糕。2012年10月，全体国民年金加入者1 988万名当中，未缴纳国民年金保险金的人大约超过600万名，尤其在其中70%的非正式职员中，将近45%的女性没有资格加入年金保险（国民年金国民行动启动大会资料集2012：28）。

综上所述，现在的“基础老年年金”等于没有实际意义（当然，对于一些贫困老人还是急需的）。虽说国民年金只有基本年金那么多，人们还是期望它能够保障老年收入，而一些低收入（或根本没有收入）加入者由于种种原因不能正常领取，这会导致收入分配效果降低、基本年金全都落入富人手中的情况。在这种情况下，研究建立并扩充按照女性照料劳动时间发放年金贷款的制度，并不见得能看到很大的成效。

如上文所述，整个社会需要迎来认可照料劳动价值的社会模式上的根本变化，为此应针对如今毫无意义的基本老人年金与尚不完善的国民年金制度进行逐步地改革，真正落实到建立个人基本年金制度。不久的未来，韩国将会迎来高龄社会，到时候不只是女性，而是所有人都应该独立追求具有基本经济保障的老年生活。这样的福利社会也只能建立在个人基本年金的基础之上。有关劳动与照料的社会模式上的变化都需要哪些前提条件？基本年金制度的具体设计方案如何确立？这些都是需继续研究的话题。

四、结　论

近几年，日本以“90年人生时代”为前提，试图大改老龄化政策。虽然韩国是后发老龄化国家，但老龄化进程的速度比日本还快。因此，日本的做法对韩国启示很大。原来韩国以年龄为标准，将65岁以上的老年人定义为“接受赡养的对象”，这种说法将会被取缔。政府应将退休年龄上调至65岁，并让就业趋向稳定化，这些措施都是值得肯定的。一般情况下，在韩国50岁以上的人即面临退休问题，因此就业稳定对策是首要的。考虑到老龄化速度加快，为了迎接未来的老龄化社会，还需上调退休年龄，甚至废除退休制度（Klassen & Yang，2013）。然而，这样的政策方向不应该建立在“普遍赡养模式”之上，即所有人从事有酬劳动的模式。从长期的人生角度出发，政府和社会应推出支援政策，调整有酬劳动与无偿劳动以及其他社会活动的价值。如果这样的社会环境能够生成，那么年轻女性可以在工作的同时，还会关注生育问题；而老年女性不会因为找不到有酬劳动而失去自信，反而会多参加体现自我价值的各项社会活动，从而丰富老年生活。

本文从老龄化时代老年女性人口增加现象出发，以女性为焦点开始论述，最终得出的个人基本年金政策提案却以全体国民为对象，并无男女性别之分，再次证明这种模式的变化并不是只针对女性的。现代福利国家的主干依然是“男性赡养模式”，虽然早在20世纪末Fraser（1994）就已经提出适合“后产业社会”的“普遍提供照料模式”，但是两者之间的转换还是需要相当一段时间。值得肯定的是，在老龄化时代模式转换是必不可少的。

参考文献

[1] 姜炳求. 高龄化情况下的福利支出前景. 社会保障研究，2006，22（3）.

[2] 姜成浩，金京雅. 女性在劳动力市场的参与形态及国民年金领取与否导致的老年收入保障差距分析. 社会福利政策，2009，36（3）.

[3] 姜成浩，金哲洙，崔恩雅. 以女性年金领取权强化为目的的国民年金改善方案研究——以遗属，抚养家属年金为中心. 国民年金研究院政策报告书，2007.

[4] 姜成浩，李知恩. 国民年金老年收入保障水平研究. 国民年金研究院政策报告书，2010.

[5] 姜成浩，任炳任. 老年收入不平等及两极化与公积金改善效果. 社会保障研究，2009，25（2）.

[6] 姜小朗，文相浩. 有关中老年生活质量的政策验证设计——老龄化研究资料实证分析. 韩国政策学会报，2011，20（2）.

[7] 高得英. 基本老人年金制度导入现状与今后的发展方向. 年金研讨会，2008，28.

[8] 权文日. 女性年金领取权扩充战略国际比较. 韩国社会政策，2006，22（3）.

[9] 权顺万. 人口老龄化与医疗费支出及导入长期疗养制度的政策课题. 社会保障研究，2006，22（2）.

[10] 金佳律. 女性在各年龄段劳动市场行为多样性的研究. 社会保障研究，2007，23（2）.

[11] 金京雅. 女性老年公积金收入保障扩大方案——以国民年金为中心. 国民年金研究院政策报告书，2010.

[12] 金秀烷. 老龄化时代老年收入保障体系重组战略与韩国的选择——以国家、市场、家庭为中心轴. 社会福利研究，2007，35（冬）.

[13] 金秀烷. 有关中老年就业影响要素的比较社会政策学研究. 韩国社会政策，2012，19（2）.

[14] 金英范. 人口老龄化与福利支出变动：以发达国家经验为中心. 社会保障研究，2007，23（2）.

[15] 金允载. 老年福利预算支出的经济效果研究. 老年福利，2011，51（3）.

[16] 金振坤. 有关老年就业岗位创造与就业稳定的立法课题. 韩国社会政策，2009，16（1）.

[17] 金宪秀. 小议多层次老年收入保障体系中国民年金作用再确立. 韩国社会保障学会（编）. 2012年韩国社会保障学会春季定期学术大学资料集，2012.

[18] 南华秀. 基本老人年金的政策过程与政策内容分析研究. 老人福利研究，2010，50.

[19] 鲁京兰. 中老年就业可能性与就业促进政策. 劳动研究，2009，17.

[20] 朴京淑. 劳动力市场年龄结构与老年人就业生活. 劳动经济论集，2000，23 (3).

[21] 朴京淑. 老年不平等未来. 韩国社会学，2001，35 (6).

[22] 方夏南，申东均，金东宪，申贤求. 人口老龄化与劳动力市场变化及劳动政策课题. 韩国劳动研究院，2005.

[23] 白华宗，石尚勋，金宪洙，李恩英. 对韩国人的退休准备与老年收入水平的合理评价. 国民年金研究院课题，2011.

[24] 边在官. 老龄化与医疗福利政策方向：有关21世纪老年福利政策的展望与课题——以老年福利服务及健康保障为中心. 韩国社会保障学会（编）. 2002年韩国社会保障学会学术大会资料集. 企划主题第2主题，2002.

[25] 孙美静. 作为老年收入保障方法的基本老人年金研究. 法学研究，2010，37.

[26] 石在恩，吴英姬，朴秀天，金秀峰，金美惠，尹东盛，金恩惠，李允京，宋敏京. 老人生活支援综合对策. 韩国保健社会研究院，2005.

[27] 石在恩，任正基. 老年女性与老年男性收入差距与收入老远差异及决定因素. 韩国老年学，2007，27 (1).

[28] 鲜于得. 老龄化社会中社会政策方向——以保健福利政策为中心. 韩国社会政策，2003，10.

[29] 申东勉，杨基根. 老龄化社会老人就业政策方向研究. 韩国老年学，2003，23 (3).

[30] 杨玉楠. 老人社会服务政策扩充方案. 老人福利研究，1999，4.

[31] 杨允贞. 劳动力市场活动为中心的"活动性老化"与其极限. KLI国际劳动，2011，9 (3).

[32] 吴英姬，石在恩，权钟敦，金正锡，朴英兰，任正基. 提高老人生活质量的政策方案研究. 韩国保健社会研究院研究报告书，2005.

[33] 尹锡明，朴成敏. 老龄化与收入保障政策方向——以国民年金制度与老年收入保障体系再构为中心. 韩国社会保障学会（编）. 2002年韩国社会保障学会学术大会资料集. 企划主题第2主题，2002.

[34] 元炯钟，金淑子. 以我国老年女性成功老化为目的的假期政策（II）：活性化方案. 体育科学研究，2006，17 (4).

[35] 李容和. 人口老龄化与针对后期产业社会的老年收入保障政策方向. ITBI Review，2010.

[36] 李正华，文相浩. 中年女性经济活动与加入老年收入保障制度相关性研究. 韩国政策学会报，2010，19 (2).

[37] 张智妍，付佳青. 隐藏的选择：已婚女性劳动者的工作与子女养育. 女性研究，2003，65 (2).

[38] 赵惠善. 已婚女性就业地位的决定因素：家庭与劳动的结合. 韩国社会学，2002，36 (1).

[39] 崔炳浩. 人口变化对社会保险财政的影响分析. 社会保障研究，2003，19 (2).

[40] 崔星载. 首都地区中年及以上人口的老年生活认知及老人认知. 韩国老年学，2009.

[41] 许在俊. 老龄化与劳动政策方向. 韩国社会保障学会（编）. 2002年韩国社会保障学会学术大会资料集. 企划主题第1主题，2002.

[42] 黄奎善，权胜. 有关人口结构变化对包括社会福利支出在内的国家财政的影响的实证分析. 社会保障研究，2005，21 (4).

[43] 黄钟男，权顺万. 中老年社会活动参与与认知功能之间的关系. 韩国老年学，2005，29 (3).

[44] An，M. (2008). Time Use and Gender Inequality in Korea：Differences in Paid，Unpaid and Non-productive Activities. *Asian Women* 24 (3)，pp. 1-24.

[45] An，M. (2012). The Changing Shape of Care-time Diamond：Social Care Expansions in the 21st Century in Korea. 韩国社会政策，19 (2)，pp. 137-161.

［46］ Bryson, L. (2000). Citizenship, Caring and Commodification. In B. Hobson (Ed.), *Gender and Citizenship in Transition*. Hampshire: Macmillan Press Ltd.

［47］ Castles, F. G. (2004). *The Future of the Welfare State: Crisis Myths and Crisis Realities*. Oxford: Oxford University Press.

［48］ Fraser, N. (1994). After the Family Wage: Gender Equity and the Welfare State. *Political Theory*, 22 (4).

［49］ Fraser, N. (1997). After the Family Wage: A Post Industrial Thought Experiment. In Fraser, N. *Justice Interruptus: Critical Reflections on the 'Postsocialist' Conditions*. London: Routledge.

［50］ Lewis, J. (1992). Gender and the Development of Welfare Regimes. *Journal of European Social Policy*, 2 (3).

［51］ Lewis, J. (2001). The Decline of the Male Breadwinner Model: Implications for Work and Care. *Social Politics: International Studies in Gender, State & Society* 8 (2).

［52］ Lewis, J. (2007). Gender, Ageing and the 'New Social Settlement': The Importance of Developing a Holistic Approach to Care Policies. *Current Sociology* 55 (2).

［53］ Lewis, J. &Giullari, S. (2005). The Adult Worker Model Family, Gender Equality and Care: The Search for New Policy Principles and the Possibilities and Problems of a Capabilities Approach. *Economy and Society* 34 (1), pp. 76-104.

［54］ Pearce, D. (1990). Welfare is not for Women: Why the War on Poverty cannot Conquer the Feminization of Poverty. In L. Gordon (Ed.) *Women, the State, and Welfare*. The University of Wisconsin Press.

［55］ Rowe, J & Kahn, R. (1997). Successful Aging. *The Gerontologist* 37 (4).

［56］ Sirven, N. &Debrand, T. (2008). Social Participation and Healthy Ageing: an International Comparison using SHARE data. *Social Science & Medicine*.

［57］ United Nations Department of Economic and Social Affairs/Population Division, World Population Prospects: The 2010 Revision, http: //esa. un. org/unpd/wpp/Excel-Data/population. htm

［58］ Yang, Y. (2011.) No Way out but Working? Income Dynamics of Young Retirees in Korea. *Ageing & Society*, 31 (2).

［58］ Yang, Y. (2012). Is Adjustment to Retirement an Individual Responsibility? Socio-contextual Conditions and Options Available to Retired Prsons: the Korean Perspective. *Ageing & Society*, 32 (2).

［60］ Yang Y. & Chung, S. (2013). Korean Women and Retirement. In Klassen, Thomas R. & Y. Yang (eds), *Korea's Retirement Predicament: The Ageing Tiger*, Routledge Advances in Korean studies No. 28.

［61］ Klassen, Thomas R. & Yang, Y. (2013) (eds), *Korea's Retirement Predicament: The Ageing Tiger*, Routledge Advances in Korean studies No. 28.

中国社会福利的财政问题

林治芬　李亚克

【摘要】通过对我国社会福利财政支出历史数据的分析，发现其基本概念和分类混乱，政府、市场、社会三方责任模糊，财政分配向强势集中，中央和地方事责与财力失衡。基于此本文提出：社会福利应以免费和生活改善为特质与社会服务相区分；在全面规划基础上，政府、社会、市场三方按比例配置社会福利资源；在承担出资责任的同时，政府更须加强社会福利规划、政策、制度、资金等管理；将烈士抚恤、残疾人和高龄老人津贴等易于掌控且正面意义强的社会福利支出责任上划中央，改善央地财政分配失衡状况。

【关键词】社会福利　财政　中央和地方

Research on the Fiscal Problems of Chinese Social Welfare

Lin Zhifen　Li Yake

(*Nan Jing University of Finance & Economics*)

Abstract　By analysis of historical data of Chinese social welfare expenditure, we found that the basic concepts and classification confusion, government, market, social tripartite responsibility blurred, financial allocation to the strong, and the responsibilities and financial power between the central and local governments imbalances. Based on this we presents that social welfare which characteristics is free of charge and to improve life quality should be different from social service; Government, society and market tripartite should allocate the social welfare resources proportionally on the basis of comprehensive planning; invested in assuming responsibility at the same time, the government must strengthening social welfare planning, policy, institutional, financial and other management; and the social welfare expenditure responsibilities which easy to control and draw on the positive meaning such as pension martyrs, disabled and senior citizens allowance should be allocated to the central government to improve the financial allocation imbalances between central and local government.

Keywords　social welfare　finance　central and local

社会福利是社会保障领域最为模糊的概念和理论最为薄弱的部分。相对于社会保险和社会救助，国内社会福利研究起步较晚，大多在21世纪后。虽起步晚，但数量多，分布广。以社会福利关键词检索期刊网，有21 027条记录，分布于社会福利概念、社会福利与社会保障的关系；社会福利与社会救助的关系；中国社会福利发展目标定位；社会福利社会化；

作者：林治芬，南京财经大学公共管理学院，教授。李亚克，南京财经大学公共管理学院，研究生。国家自然科学基金项目（71373118）、教育部人文社科项目（12YJA840015）资助。

社会福利国际借鉴；国外社会福利思想；社会福利与公平正义；社会福利政策评价；中国古代社会福利；新中国社会福利历史与现实、问题与对策；中国社会福利地区个案与地区间差异；残疾人、老年人、儿童等专项福利；政府社会福利责任及服务购买；社会福利研究述评等方面。国内现有社会福利研究初步形成了某些能够体现主流认识的观点，如广义和狭义的社会福利概念；社会福利是社会保障体系的组成部分，其概念要在与社会救助和社会保险的相互联系中界定；社会福利对象既包括特殊群体，也包括全体国民；社会福利应该是政府主导，多方参与，社会化提供等。但毋庸置疑，我国社会福利研究的争议大于共识，不论是社会福利概念及其内涵、外延和定位，还是社会福利与社会保障关系、社会福利发展思路、社会福利社会化等认识，都存在明显分歧。这些分歧反映出我国理论界对社会福利概念仍未清晰，对社会福利领域里政府、市场、社会三方关系的理论研究尚未涉及，对政府主导、社会和市场参与社会福利的具体路径还缺乏深入研究；对政府管理社会福利还缺乏指导性研究；对中央和地方政府社会福利和服务责任划分的研究还处空白状态。一方面随着社会经济的发展，我国社会福利需求日益增强，另一方面相关理论研究明显难以满足实践需要，为中国社会福利实践提供方向引领和设计指导是理论研究者的时代使命。

一、中国社会福利财政支出的变化

新中国成立以来我国社会福利财政支出从项目内容到数量结构都发生了深刻变化，分析这些变化是研究中国社会福利财政问题的起点。

1. 中国社会福利财政支出项目内容变化激烈

（1）新中国成立—1985 年：我国财政支出分为基本建设拨款、企业挖潜改造与新产品试制、增拨企业流动资金、文教科卫事业费、国防支出、行政管理费六大类，其间没有社会福利支出。

（2）1986—1996 年：1986 年我国财政支出第一次将“抚恤和社会福利救济费”以大类列示，其内容包括：①由民政部门开支的烈士家属和牺牲病残人员家属的一次性、定期抚恤金。②革命伤残人员的抚恤金。③各种伤残补助费、烈军属、复员退伍军人生活补助费、退伍军人安置费。④优抚事业单位经费。⑤烈士纪念建筑物管理、维修费。⑥一部分离退休经费。⑦自然灾害救济事业费和特大自然灾害灾后重建补助费等。1992 年“抚恤和社会福利救济费”大类下的款级科目改为：抚恤支出、社会福利救济费、自然灾害救助费。

（3）1997—2006 年：随着经济体制改革的进展，我国原来的企业保障转向社会保障，一些原本由企业负担的社会福利支出转而由财政承担，于是抚恤和社会福利救济费大类支出与另外三个社会保障性大类支出并列，成为四类社会保障支出（抚恤和社会福利救济费、社会保障补助支出、行政事业单位离退休费、卫生支出中的医疗保障支出）中的一类。

（4）2007—2009 年：2007 年财政将上述四类社会保障支出统一归并为一个大类“社会保障支出”，“抚恤和社会福利救济费”由大类降为款级支出。2008 年“社会保障支出”大类更名为“社会保障和就业”支出。这三年间财政只公开大类支出，作为社会保障和就业大类下的款级科目，抚恤和社会福利救济费支出无法在公开资料中看到。

（5）2010—2013 年：“社会保障和就业”大类下的款、项科目公开细列，社会福利与抚恤、退役安置、残疾人事业并列为款级科目。社会福利款下则有：儿童、老年、假肢矫形、殡葬、社会福利事业单位、其他社会福利支出六项内容。

2. 抚恤和社会福利救济费占财政支出比重变化不大

从新中国成立到2006年①，我国抚恤和社会福利救济费占财政支出的比重在最低点1.01%（1970年）和最高点2.67%（1962年）之间波动，其波动没有显示出规律性，具体数据见表1。

表1　　中国抚恤和社会福利救济费及其占财政支出比重

	抚恤和社会福利救济费（亿元）	备注	占财政支出比重（%）
1952	2.95		1.68
1957	5.29		1.74
1962	8.14		2.67
1965	10.94		2.35
1970	6.53		1.01
1975	12.88		1.57
1980	20.31		1.65
1985	31.15		1.55
1990	55.04	1986独立大类	1.78
1992	66.45		1.78
1993	75.27		1.62
1994	95.14		1.64
1995	115.46		1.69
1996	128.03		1.61
1997	142.14	四个大类之一	1.54
1998	171.26		1.59
1999	179.88		1.36
2000	213.03		1.34
2001	266.68		1.41
2002	372.97		1.69
2003	498.82		2.02
2004	563.46		1.98
2005	716.39		2.11
2006	907.68		2.25

本文所有数据均来源于中国统计年鉴和财政决算，在此统一说明，后面不再一一标注。

3. 近三年社会福利财政支出增速冲高回落

随着社会保险和社会救助制度大规模集中建设高潮过去和社会经济的发展，社会福利进入发展快车道，2010年我国社会福利支出增速达57.89%，近三年间平均增长31.76%，明

① 2007年以后社会福利列示方法改变，不再可比。

显快于同期全国公共财政支出年均15.98%、公共财政收入年均15.85%、社会保障和就业大类支出年均16.64%的增速。但经过2011年增速高点后，社会福利支出增速回落，2013年只略微高于财政支出增速，慢于社会保障和就业大类支出增速。具体数据见表2。

表2　　中国社会福利财政支出增速及其在大类支出中的比重　　（%）

	环比增长			结构		
	2011	2012	2013	2011	2012	2013
社会保障和就业	21.67	13.29	15.14	100.00	100.00	100.00
#财政对社会保险基金补助	36.47	21.45	15.02	28.37	30.42	30.39
行政事业单位离退休	16.32	4.06	12.62	24.64	22.64	22.14
就业补助	7.27	9.87	11.68	6.03	5.85	5.68
抚恤	15.29	23.48	22.96	4.03	4.4	4.70
退役安置	13.91	22.71	17.37	2.67	2.89	2.95
社会福利	57.89	29.64	11.77	2.1	2.4	2.33
残疾人事业	8.09	18.59	19.42	0.77	0.81	0.84
城市低保	25.12	−1.29	14.56	6.08	5.29	5.27
农村低保	49.01	4.99	23.23	5.99	5.55	5.94
其他农村生活救助	24.15	5.97	18.34	1.67	1.56	1.6
农村五保供养	27.83	10.91	24.16	—	—	—
其他社会保障和就业	17.26	17.72	29.97	4.99	5.18	5.85
住房保障支出	60.74	17.25	0.02	—	—	—
全国公共财政收入	25.00	12.88	10.20	—	—	—
全国公共财政支出	21.56	15.294	11.32	—	—	—

4. 在社会保障和就业大类中比重小

虽然近三年来社会福利财政支出增速较快，但其基数低，比重小，近三年在社会保障和就业大类支出中仅占2.67%、2.89%、2.95%（见表2）。即使将抚恤、退役安置、残疾人事业合并计算，其在社会保障和就业大类支出中的比重也只有10%左右。

5. 老年福利升至第一大项

从表3社会福利财政支出内部结构看，近年来老年福利支出增势较猛，在社会福利支出中的占比由2010年的20.36%上升至2013年的31.68%，成为社会福利财政支出的第一大项。而2010年位居第一大项的“社会福利事业单位支出”占比则由29.31%降至20.14%。

表3　　中国财政社会福利支出主要项目及结构

	亿元				结构（%）			
	2010	2011	2012	2013	2010	2011	2012	2013
社会福利	147.58	233.01	302.07	337.61	100.00	100.00	100.00	100.00
儿童福利	18.05	49.46	47.07	46.42	12.23	21.23	15.58	13.75
老年福利	30.04	50.36	92.41	106.94	20.36	21.61	30.59	31.68

续表

	亿元				结构（%）			
	2010	2011	2012	2013	2010	2011	2012	2013
假肢矫形	0.49	0.57	0.59	0.76	0.33	0.24	0.20	0.23
殡葬事业	32.13	53.68	61.4	74.54	21.77	23.04	20.33	22.08
社会福利事业单位	43.25	53.22	61.75	68	29.31	22.84	20.44	20.14
其他社会福利支出	23.62	25.72	38.84	40.95	16.00	11.04	12.86	12.13

二、中国社会福利财政支出所暴露的问题

新中国成立以来社会福利财政支出项目及速度和结构的变化，客观地再现了我国社会福利事业的发展，也暴露出社会福利财政的现实问题。

1. 基本概念不清，内涵与外延模糊，分类混乱

从新中国成立以来我国社会福利财政支出项目的变化不难看出其内涵和外延充满矛盾：①2006年以前抚恤、退役安置、残疾人事业一直与社会福利合并归于“抚恤和社会福利救济费”大类。但中国统计年鉴从2001年开始单列残疾人事业，目前财政将抚恤、退役安置和残疾人事业与社会福利并列作为社会保障和就业大类的款级科目，这表明在财政管理中，抚恤、退役安置和残疾人事业不再属于社会福利，这与学界通常的社会福利概念不相一致。②假肢矫形本身就是残疾人事业，但财政将其脱离残疾人事业而并入社会福利支出，显然不合逻辑。③财政将农村五保供养列入社会救助，而有些理论研究将其列为社会福利。④财政将殡葬列入社会福利，殡葬究竟是社会福利还是社会服务？

实践中的矛盾源于理论认识的模糊，我国关于社会福利的理论充满矛盾，这里仅举百度网站①和郑功成②所提的社会福利概念为例。百度认为社会福利是一种社会保障制度，而郑功成认为社会福利是社会服务和津贴。百度认为社会福利不仅包括军人抚恤、残疾人事业，也包括社会保险和社会救助，而且医疗卫生、文化教育等服务业亦在社会福利范围之内，其范围大于社会保障。郑功成所列社会福利范围不仅不包括社会保险和社会救助，也不包括军人抚恤的内容。而财政管理实践中的社会福利范围更小。可见，我国对社会福利从实质到范围和分类等理论认识都不统一。另外，上述概念也没有回答诸如社会福利的本质特征是什么？亦即我们凭借什么去界定社会福利的内涵和外延？社会服务与社会福利是同一体吗？社会福利、社会福利政策、社会福利制度三个概念相同吗？这些问题在我国理论界迄今仍未

① 百度列示“社会福利是由国家立法或政策规定，保障全体公民在享受基本权利的基础上，根据经济发展程度不断提高物质文化生活水平和生活质量而提供资金和服务的一种社会保障制度，其内容包括现金援助（通过社会保险、社会救助和收入补贴等形式实现）和直接服务（通过社会福利机构和设施实现），其中直接服务的主要内容有：医疗卫生服务、文化教育服务、劳动就业服务、住宅服务、孤老残幼服务、残疾康复服务、犯罪矫治（见矫治社会工作）及感化服务（见感化教育）、心理卫生服务、公共福利服务等。服务对象包括老年人、残疾人、妇女、儿童、青少年、军人及其家属、贫困者，以及其他需要帮助的社会成员和家庭等”。

② 郑功成认为“社会福利是由政府主导，以满足社会成员的福利需求和不断改善国民的生活质量为目标，通过社会化的机制提供相应的社会服务和津贴，具体包括老年人福利、妇女福利、儿童福利、残疾人福利等，教育福利和住房福利亦可纳入其中”。

明确。

2. 政府、市场、社会三方交汇，边界不清

我国社会主义市场经济体制改革方向确立以来，各市场主体的逐利动机空前强化，不仅企业原有的职工福利大大缩减，而且事业单位的福利、群众福利普遍被空置，更有甚者原本服务性的社会服务单位也开始逐利。企业甩包袱，社会逐利，政府后退，中国社会福利领域里，政府、市场、社会都在变化着各自的位置和角色，彼此间责任界限模糊，广大民众的社会福利受到空前挤压。随着社会经济的发展，社会福利方面的冲突日益增加和激烈，大妈广场舞场地的冲突；托儿所、幼儿园的供求矛盾；外来人员子女入学；弃婴岛；儿童福利院及戒毒所谋利；医生被砍杀等社会现象，反映出中国社会转型期里社会福利需求所遭遇的激烈碰撞。该由市场配置的领域，市场化不充分；不该市场化的领域，市场化流行，这应该是中国改革的最大问题。

3. 财政分配向强势集中

首先，我国政府规模大、成本高，企业和个人税费负担沉重，抽空经济发展基础，助推资本外流。据OECD和欧盟统计，欧美35个国家中其税负在20%～30%之间的有10个，在30%～40%之间的有17个，在40%～48%之间的有8个。按可比口径计算，2013年中国政府收入占GDP的比重已达36.95%①，位列欧美35个国家中的第13位。与中国税负水平相近的芬兰、法国、德国、希腊、冰岛五国，其社会支出占财政支出的比例在34%～64%之间，而中国社会保障支出相当于财政支出的比例仅为25.27%②。可见中国政府占用的经济资源远超其所担负的社会保障责任。而且财政资源分配权主导强化，弱势群体空位，公众尤其是弱势群体的权利在财政资源分配过程中难以得到充分保证，这是中国经济资源分配的大问题，必须加以改变，否则，不仅经济不可持续，社会稳定也面临挑战。

4. 中央和地方政府间社会福利事责和财力分配失衡

自1994年分税制后，我国政府间财政分配呈现权力和资金向上集中，责任向下压沉。表4数据表明：2013年全国财政收入的53.41%集中于中央，而85.4%的财政支出归于地方，其中社会保障和就业支出的95.58%归于地方，而社会福利方面地方则承担了大部分的支出。

5. 财政管理弱化

政府用于社会福利方面的资金本已很少，但这少量资金依然难免被异化用途，流向私利和个人。据2012年第34号审计公告披露，2011年被审计地区违规使用社会福利资金5.29亿元，工作人员套取资金1 114.83万元。社会福利资金按需分配的特点，使其具有“唐僧肉”特点和“漏斗”缺陷，中国社会经济转型的特殊国情，以及财政部门重资金分配、轻后续管理的痼疾，使中国社会福利资金跑冒滴漏更为严重，直接影响人民群众同党和政府的关系。

---

① 2013年全国公共财政收入129 143亿元，政府性基金收入52 239亿元，国有资本经营收入1 651亿元，社会保险基金收入34 516减去财政补助7 372亿元，得出政府收入210 177亿元，占当年GDP 568 845亿元的36.95%。

② 按可比口径计算，2013年全国财政社会保障和就业支出14 491亿元，住房保障支出4 481亿元，二者合计再减去财政对社会保险基金补助4 403亿元得出财政社会保障支出14 568亿元；再加上社会保险基金支出27 916亿元，得出全国社会保障支出42 484亿元；除以全国财政支出加社会保险基金支出的合计168 128亿元，得出全国社会保障支出相当于财政支出的比例为25.27%。

表 4　　中国抚恤和社会福利救济费变化分析　　(亿元、%)

	2010	2011	2012	2013		
				全国	地方	地方占比
社会保障和就业	9 130.62	11 109.4	12 585.52	14 490.54	13 849.72	95.58
社会保险基金补助	2 309.8	3 152.19	3 828.29	4 403.14	4 314.37	97.98
行政事业单位离退休	2 353.55	2 737.75	2 848.84	3 208.43	2 936.76	91.53
就业补助	624.94	670.39	736.53	822.56	814.36	99.00
抚恤	388.82	448.26	553.49	680.59	680.21	99.94
退役安置	260.41	296.63	364	427.22	427.08	99.97
社会福利	147.58	233.01	302.07	337.61	336.88	99.78
残疾人事业	79.08	85.48	101.37	121.06	114.93	94.94
城市低保	539.53	675.06	666.36	763.38	758.34	99.34
农村低保	446.59	665.48	698.71	861.04	861.04	100.00
其他农村生活救助	149.21	185.24	196.3	232.3	232.29	100.00
农村五保供养	87.51	111.86	124.06	154.03	154.03	100.00
其他社会保障和就业	472.41	553.95	652.11	847.56	803.07	94.75
住房保障支出	2 376.88	3 820.69	4 479.62	4 480.55	4 075.82	90.97
全国公共财政收入	83 101.51	103 874.43	117 253.52	129 209.64	69 011.16	53.41
全国公共财政支出	89 874.16	109 247.79	125 952.97	140 212.10	119 740.34	85.40

三、中国社会福利的财政对策

中国福利事业的健康发展需要有正确的理念、明确的方向、可行的路径和切实的措施，而这一切均须以社会福利的理论引导为前提，没有正确的理论指导，实践难免模糊。

1. 以免费和生活改善为特质界定社会福利并将其与社会服务相区分

厘定社会福利概念一个重要前提是明确社会福利的本质特征。郑功成曾提出服务和精神慰藉是社会福利的特质，但实践证明这两点不足以界定社会福利的内涵和外延。笔者提出我国社会福利包括非劳动群体的基本生活保障和全体国民的生活改善与提高（见图 1），其本质特征是免费享受基本生活保障和生活改善与提高。

首先，以劳动能力（就业）为区分标志，将全体国民区分为劳动群体和非劳动群体。劳动群体以缴费为基础，由社会保险保障其基本生活；不具备劳动能力或服务于国防属于非市场就业的人群由社会福利免费保障其基本生活，从而将社会保险和社会福利相区分。作为社会福利对象的非劳动群体包括：超过法定退休年龄的老人，低于就业年龄的儿童（青少年），有残疾证、丧失劳动能力的残疾人，孕乳期不宜劳动（取消生育保险）的妇女，军人虽有劳动能力但系非市场化就业，因此面向军人的津贴、抚恤、安置等都应归于社会福利。其次，以基本生活保障为界，低于贫困线的国民由社会救助帮扶；高于基本需求以上的生活改善提高由社会福利实现，以此区分社会救助和社会福利。

这里还需讨论社会福利与社会服务的区别。以往文献均将二者混在一起，未见有关区分

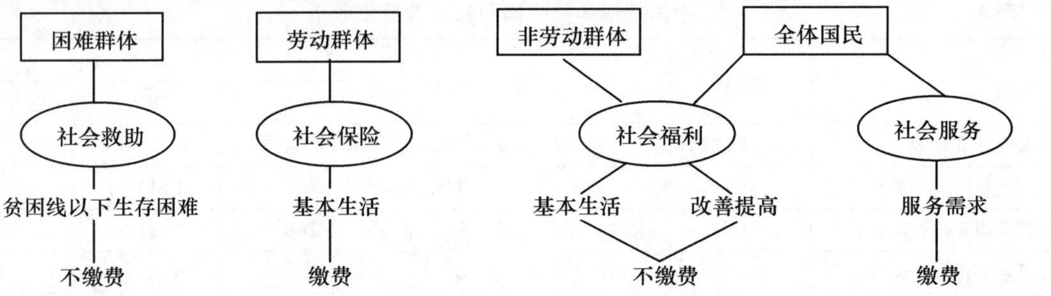

图1　中国社会福利概念理解

的论述。汉语词典对福利和服务有这样的解释。福利是指：生活上的利益，特指对职工生活（食、宿、医疗等）的照顾；使生活上得到利益。服务是指为集体（或别人的）利益或为某种事业而工作。依此可知，福利是利己的生活改善进项，服务是利他的劳务付出。因此，社区文体设施、公共文化场馆（图书馆、科普馆、博物馆、烈士纪念馆等）、健康体检、津补贴（老年、独生子女、劳模、特殊贡献者、采暖、降温等）等，因其具有免费性和生活改善性而属于社会福利。而婚姻登记、殡葬、托幼、医疗卫生、教育、文化、体育等，是人们生活的必需，获得其服务需要相应付费，其实质是一种社会服务，与严格意义上的社会福利并不相同。如果不加区分地将社会服务都作为社会福利而免费提供，不仅难以界定社会福利的概念，而且会给社会福利实践带来混乱，我国社会福利现实困境与此密切相关。当然上述划分不能绝对化，如瑞典等少数小型福利国家对医疗、教育等都实行免费提供，因而使其归于社会福利，只是这种模式不适于现阶段的中国。这也告诉我们社会福利与社会服务之间并不存在截然沟壑，其划分取决于人们的主观界定。另外，社会服务是分层的，面向普通大众的应该实行平价收费，面向富裕人群的可运用市场机制实行高于成本的溢价收费。平价收费中因政府出资建设的福利设施而使其具有福利成分，但其收费特性终将其归入社会服务而非社会福利。

明确社会福利概念还须区分其与社会福利政策和社会福利制度的区别。政策是国家或政党为实现一定历史时期的路线和任务而制定的行动根据和准则；制度是要求大家共同遵守的办事规程或行动准则。相对于制度，政策具有一定的灵活性，是党和政府的工具；而制度相对稳定长期化，要求大家共同遵守。在我国成其为社会福利制度的只有农村五保供养和儿童收养，其他的社会福利项目都没有制度化，可能也不适宜制度化。就如同“常回家看看”入法，但这样的法律很难制度化。

2. 政府在明确与市场和社会关系基础上切实承担起自身责任

社会福利不是由市场提供的范畴，政府主导毋庸置疑。政府的主导责任体现在两方面：一是出资，二是管理。其出资责任源于社会福利的公共性和免费性，社会福利基础设施以及各种津贴补贴均应由政府出资。政府对社会福利的管理，包括社会福利的规划、政策、制度、资金等管理。以往我国政府对社会福利投资关注较多，对其管理缺乏应有的重视，今后政府应将社会福利纳入现代财政治理体系，予以充分重视。

政府主导不等于包办，市场和社会也要在社会福利和社会服务领域发挥作用。社会资金参与社会福利和社会服务，可以自行承建其机构和提供服务，也可以参与政府购买。社会服务是分层的，其基本层面向普通大众，保证大多数人的基本服务需求，其基础设施可以由政府出资，然后以基础设施招标服务方，由其按照设施维护和人员费用的成本或成本加适当利润进行收费（模式 A）。基本社会服务也可以政府优先供应土地、税费减免、贷款担保与贴息等方式鼓励社会资金进入，然后政府实施价格管控，由社会机构提供服务（模式 B）。基本社会服务还可由社会资金建立相应设施，提供相关服务，然后政府根据其服务实行购买（模式 C）。而对于提高层的社会服务，因其面向富裕人群，因而应按市场规则运行。

市场以追逐利润为天性，社会福利大多不在其关注范围内。但在两种情况下企业也会关注并提供社会福利：一是基于国家法律，向劳动者提供诸如劳动保护等劳动福利；二是基于自身人才竞争需要，为本单位员工提供食堂、文体活动场所、企业带薪休假等企业福利。企业福利由企业自行设立，政府只需为其立法或给予相应政策优惠，无须直接提供服务与管理。

3. 按照现代国家治理要求提升政府社会福利管理能力

首先，政府要做好全国与地方社会福利基本规划，以各地常住人口为基础，规划出各种社会福利和服务的供给数量，并按一定比例实现政府、社会、市场三方资源合理布局，比如政府出资公办占 40%，社会民办公助占 40%，市场化运营占 20%。在整体规划中，包括每一项房地产建设规划或每一个居民区均须设置有关文体、托幼、教育、医疗等社会福利和服务设施。对此，政府可在土地供应、规划审批、工程验收、税费等环节给以鼓励和监督，保证相应社会福利和社会服务设施配置。其次，改进政府社会福利和服务的行政管理。目前我国有关社会福利的管理分工有待规范，适时推行大部制改革，是精简政府，改进社会福利管理的重要举措。另外，社会福利财政管理还必须做好预算管理，在财政资金分配过程中切实保证社会弱势群体的根本利益，确保政府应承担的社会福利和社会服务所需资金。以往财政部门采取社会保障支出增速高于财政收支增速等办法，虽然在特定历史时期发挥了积极作用，但还显粗放。今后政府应更加注重社会福利财政资金精细化管理和绩效管理，通过编制社会福利和社会服务目录、确定费用标准等措施提升社会福利预算管理水平，做好社会福利财政资金的跟踪审计和信息公开，加强社会监督，保证其使用安全、有效。

4. 合理分配中央和地方社会福利事责和财力

客观上社会福利和社会服务的设施配置在地方，服务对象也更贴近地方政府，但这并不等于中央政府可以甩手不管，完全由地方政府承担社会福利和服务资金全责。确定中央和地方政府社会福利与服务的事责和财力，首先需要考虑国家财政体制和现有分配格局，目前我国中央政府承担财政支出责任过低，向中央上划部分社会保障支出责任已写入十八届三中全会公报。其次还要统筹考虑整个社会保障体系的财政分配，从理论上说，相对于社会救助和社会保险，社会福利和社会服务更偏向于地方。但在目前我国地方政府承担 95%以上社会保障责任、与其财力严重失衡的情况下，这一现状显然需要改变。中央政府的社会福利出资责任应考虑福利对象易于掌控、在全国有普遍性和重要意义的项目，比如烈士抚恤、军队离退休、五保供养、重度残疾人津贴等项目，应由地方转向中央负担。对于烈士陵园等公共设施，在现有分级管理的基础上，进一步补充完善其层级划分，并使其与财政预算分配挂钩。另外，中央和地方社会福利和服务的财政分配，还应以地方财力均衡为前提，中央应通过区域政策、纵向和横向转移支付实现地方财力的基本均衡，从而确保各地方政府能够具备为本地居民提供必要的社会福利和基本的社会服务的财力，而不是让地方政府通过土地财政、举债等其他途径筹募资金提供社会福利和服务，这是中国社会和谐、经济可持续发展的重要制度安排。

参考文献

［1］郑功成．中国社会发展改革与发展战略——救助与福利卷［M］．人民出版社，2011．

［2］郑功成．中国社会福利的现状与发展取向［J］．中国人民大学学报，2013，（2）．

［3］郭士征．社会保障研究［M］．上海财经大学出版社，2005．

［4］林治芬．中央和地方社会保障事责划分和财力匹配［J］．财政研究，2014，（3）．

［5］彭华民．论需要为本的中国社会福利转型的目标定位［J］．南开学报（哲学社会科学版），2010，（4）．

［6］田凯．关于社会福利的定义及其与社会保障关系的再探讨［J］．上海社会科学院学术季刊，2001，（1）．

［7］田北海．社会福利社会化的困境与出路［J］．学习与实践，2008，（6）．

［8］戴建兵，曹艳春．社会福利研究述评［J］．浙江社会科学，2012，（2）．

［9］徐月宾，张秀兰．中国政府在社会福利中的角色重建［J］．中国社会科学，2005，（5）．

［10］高灵芝．中国社会保障体系框架下社会救助与社会福利的关系［J］．东岳论丛，2011，（11）．

社会保障转移支付的博弈分析

柯卉兵

【摘要】中央政府对地方政府的社会保障转移支付制度是在分税制的基础上实行的在社会保障领域内的一种财政分配方式和财政调节制度，是强化中央政府社会保障宏观协调能力的重要手段。中央政府与地方政府符合博弈关系中理性经济人和追求利益最大化的假设前提；中央政府与地方政府掌握的社会保障供给和需求方面的信息不对称，为二者之间博弈行为的发生提供了充足的空间；社会保障转移支付制度的基本特征也决定了中央政府与地方政府之间的可博弈性。本文的主要任务是运用博弈论的思想和信息经济学的理论，分析社会保障转移支付中地方政府之间以及中央政府与地方政府之间的博弈关系。通过对社会保障转移支付博弈模型以及对纳什均衡解的分析发现，改变社会保障转移支付的博弈规则，可以影响政府间博弈的均衡战略。建立并完善中央政府对地方政府的社会保障转移支付制度，关键是要完善政府间社会保障转移支付的博弈规则。

【关键词】社会保障转移支付　中央政府　地方政府　博弈

Game Analysis of Social Security Transfer Payments

Ke Huibing

(*Institute of Social Security Study Department of Sociology*,
Huazhong University of Science and Technology, *Wuhan*, *430074*, *China*)

Abstract The social security transfer payments system from central government to local government is a financial allocation and financial regulation system in the field of social security which is based on the implementation of the tax system, it is an important means to strengthen the central government macro-coordination of social security. The central government and local government are in line with the assumptions of rational economic man and seeking to maximize benefits in the game relations, the information about supply and demand of social security is asymmetry, which provides ample space for the game behavior occurred between the central government and local government, the basic characteristics of social security transfer payment system can also determine the game of the central government and local government. The main task of this paper is to use the theory of game and information economics to analyze local governments in the game as well as the relationship between the central government and local government in the field of social security transfer payments. Through the game model and the Nash equilibrium of social security transfer payments, we found that chan-

作者：柯卉兵（1979—），男，汉族，湖北黄梅人，管理学博士，华中科技大学社会学系社会保障研究所副教授，研究方向：社会保障与公共财政。

基金项目：教育部哲学社会科学重大课题攻关项目“中国社会保障制度整合与体系完善”（13JZD019）；国家社科基金青年项目“中国社会保障转移支付制度研究”（09CSH041）。

ges the rules of the game in social security transfer payments can affect the balance strategic between the governments of the game. The key of establishing and improving the social security transfer payments system is to improve the rules of the game about inter-governmental social security transfer payments.

Keywords social security transfer payments central government local governments game

中央政府对地方政府的社会保障转移支付制度是在分税制的基础上实行的在社会保障领域内的一种财政分配方式和财政调节制度，是强化中央政府社会保障宏观协调能力的重要手段。如果中央政府拨付给地方政府的社会保障转移支付量是有限的固定数额，那么，地方政府之间必然会从追求本地区经济利益最大化的角度出发而相互竞争，从而争取本地区获得最多的社会保障转移支付量。本文的主要任务是运用博弈论的思想和信息经济学的理论，分析社会保障转移支付中地方政府之间以及中央政府与地方政府之间的博弈关系，从而为完善社会保障转移支付制度提供理论依据。

一、中央与地方政府社会保障转移支付博弈关系的形成

博弈论是研究决策主体的行为发生直接相互作用时的决策及其均衡问题的一种理论。所谓博弈，是指参加竞争的各方为了自身利益最大化而采取的影响每一参加者的行动或战略方式，其条件是竞争各方地位对等而利益目标存在差异。那么，在社会保障转移支付制度的制定和实施过程中是否存在着博弈行为呢？从总体上看，笔者对此持肯定态度。因为作为社会保障转移支付组织者的中央政府与作为社会保障转移支付接受者及实施对象的地方政府之间的行为目标既存在一致性，又存在较大的差异性。它们之间的关系基本上具备了出现博弈行为的一系列的前提条件，自然也就会形成政府间的博弈关系。

首先，作为社会保障转移支付供给者和组织者的中央政府与作为社会保障转移支付接受者和实施对象的地方政府，均符合博弈关系中理性经济人和追求利益最大化的假设前提。在从传统的计划经济体制向社会主义市场经济体制转轨的过程中，中央对地方和企业实行放权让利改革，地方政府逐步具备了与中央讨价还价的能力，成为独立的利益博弈主体。同时，地方政府充当着中央政府和非政府主体沟通的中介和桥梁，一方面代理中央政府对辖区经济实行宏观管理和调控，另一方面代表本地区的企业等非政府主体争取中央的支持，以实现本位经济利益最大化①。就社会保障转移支付来说，中央政府的目标是在实施社会保障转移支付制度时，希望经济发展快、社会保障水平高的地区能够为中央财政多作贡献，从而实现各地社会保障服务的均衡发展；而地方政府的目标是从本位经济利益出发，通过与中央讨价还价以争取尽可能多的来源于中央的社会保障转移支付。这样，在社会保障转移支付制度设计和实施方面，中央政府与地方政府的目标之间既存在一致性，又存在差异性。当双方的利益目标不一致时，就存在博弈的可能性。

其次，中央政府与地方政府掌握的社会保障供给和需求方面的信息不对称，为二者之间博弈行为的发生提供了充足的空间。在中央政府对地方政府的社会保障转移支付过程中，两者所掌握的信息是不对称的。一般来讲，地方政府对本地区经济发展状况和社会保障供求的

---

① 谢蓉，温倩文. 财政转移支付制度下中央与地方的博弈关系［J］. 中国行政管理. 2005，(7)：53—56.

真实情况拥有相对更多的信息。相反，中央政府则主要依靠地方政府了解地方的经济发展状况和社会保障供求信息，在大多数情况下，中央政府只能依靠经验判断地方政府所提供信息的真实程度并做出相应的决策。这种信息不对称必然会使地方政府从本位利益出发，向中央政府展开讨价还价，甚至会刻意隐瞒或者虚构信息，争取更多的有利于本地区利益的社会保障转移支付数额。如果中央政府仅仅以社会保障财政缺口作为划拨社会保障转移支付量的依据，那么，地方政府就可能不努力增加社会保障收入，藏富不露，甚至故意制造较大的社会保障财政缺口，以求得中央政府较多的社会保障转移支付。这样，信息的不对称就直接促成了中央政府与地方政府之间社会保障财政博弈关系的形成，既造成中央政府有限的社会保障财政资金的错误配置，同时也损害了努力增加收入的地方政府的积极性，从而导致社会保障领域内的“鞭打快牛”现象的发生。

最后，社会保障转移支付制度的基本特征也决定了中央政府和地方政府之间的可博弈性。一方面，社会保障转移支付制度是作为缓解地区间社会保障差距的主要工具而产生的，必须借助于财政转移支付这一特殊的财政手段；另一方面，社会保障转移支付是以中央政府与地方政府为利益分配主体的地区间社会保障再分配措施，是一种间接的再分配，在此基础上，才会有政府对企业和个人的社会保障再分配。然而，社会保障的地区差异如何衡量和解决？中央政府和地方政府在其中各自的作用和责任如何？如何确定社会保障转移支付的标准和幅度？政府对这些问题的回答及其解决问题的经济行为，还有社会保障转移支付政策接受与实施者对这项政策的反应，均极易导致消极对抗、寻租和“搭便车”等现象的发生，并进而使得政府与政府之间、政府与企业之间、政府与公众之间的经济行为变得复杂起来，无形中势必会导致其相互间的博弈行为。

二、中央政府未介入情形下地方政府间博弈的囚徒困境

地方政府之间的博弈主要是指在中央政府对地方政府的社会保障转移支付中，在中央政府社会保障转移支付财力总量一定的前提下，不同的地方政府为了获得更多的社会保障转移支付份额而展开激烈的竞争。为便于分析，现假设只存在两个财力条件相当的地方政府 A 和地方政府 B，他们是博弈中的两个参与人，都有两种争取社会保障转移支付最大化的选择策略，即努力或不努力提高本地财政收入。假设中央政府社会保障转移支付总量为 R，地方政府努力增加本级财政收入时是需要付出成本的，假设付出的成本是 m，不努力时付出的成本为 0。因为两个地方政府的财力条件相当，所以努力程度相同时获得的转移支付额也相同，付出的成本也相同。如果中央政府主要是根据地方政府的社会保障财政缺口进行转移支付，那么当一个地方政府努力增加社会保障收入而另一方不努力时，不努力的地方政府社会保障财政缺口较大，得到的社会保障转移支付量较大，相反，努力方得到的转移支付量却反而小。于是，地方政府 A 和地方政府 B 的支付函数可用下列支付矩阵表示（见表 1）。

从上述支付矩阵可以看出，当地方政府 A 和地方政府 B 均选择努力策略时，双方都会得到相等的预期社会保障转移支付量（$R/3-m$），而中央政府的社会保障转移支付量则会出现一定的盈余。当地方政府 A 选择努力时，地方政府 B 选择不努力策略时获得的社会保障转移支付量大于选择努力策略时获得的社会保障转移支付量（$2R/3>R/3-m$），因此地方政府 B 会选择不努力的策略；当地方政府 A 选择不努力的策略时，地方政府 B 选择不努

表1　地方政府A和地方政府B的社会保障转移支付矩阵

地方政府A \ 地方政府B	努力	不努力
努力	R/3－m，R/3－m	R/3－m，2R/3
不努力	2R/3，R/3－m	R/2，R/2

力策略时获得的社会保障转移支付量仍然大于选择努力策略时获得的社会保障转移支付量（R/2>R/3－m），因此地方政府B还会选择不努力的策略。同样，无论地方政府B选择不努力还是努力的策略，地方政府A选择不努力策略时获得的社会保障转移支付量总比选择努力时获得的要多，所以地方政府A也会选择不努力的策略。

由于不努力总比努力获得的社会保障转移支付量大，因此地方政府A和地方政府B各自从自身小集团利益出发，必然都会选择不努力策略。因此，此博弈的纳什均衡为（不努力，不努力），博弈陷入了囚徒困境，即各地方政府都不努力增加社会保障收入。此纳什均衡同时也是占优战略均衡，即不管对方怎么变，他的最优战略总是唯一的。但是，从整个国家的社会保障财政体制的角度来考虑，它就明显达不到帕累托最优。整个国家社会保障财政体制的帕累托最优均衡点是（努力，努力），在该点，地方政府A和B既获得了相等的社会保障转移支付量，与它们财力条件相当的状况相对等，中央政府的社会保障转移支付总量又有一定的结余。所以，地方政府争取中央政府的社会保障转移支付的博弈不会自动达到帕累托最优状态，要使纳什均衡最终达到帕累托最优，就必然需要中央政府的对策介入。

三、中央政府介入情形下的社会保障转移支付博弈分析

通过前文的分析可以看出，博弈论强调规则，如果规则是不合理的或者无效率的，博弈行为就可能是不规范的，博弈的结果也就可能是不合理的。若社会保障转移支付的博弈规则（即主要依据地方社会保障财政缺口进行转移支付）不发生变化，两个参与人都不会改变自己的策略，此时必须有中央政府的介入，即建立有效的激励和监督机制，使两个地方政府都选择努力增加社会保障财政收入。

为便于分析，我们把地方政府看作一个整体与中央政府进行博弈。假设所有地方政府都是无差异的，中央政府只面对一个地方政府，博弈的参与人是中央政府与地方政府，两者均符合理性人假设，两者之间是不完全信息静态博弈。若中央政府激励监督有力，奖惩分明，当地方政府努力时，将获得全部的社会保障转移支付；当地方政府不努力时，将不给予转移支付。若中央政府激励监督不力，中央只以社会保障财政缺口作为确定社会保障转移支付的依据，当地方政府努力时，社会保障财政缺口小，中央不会支付全部的社会保障转移支付，设此时地方政府获得的社会保障转移支付为2R/3，如果地方政府不努力，社会保障财政缺口较大，中央就要支付全部的社会保障转移支付R。假设中央的本级收入为Q，该博弈的支付矩阵如下[①]（见表2）。

① 陈志榈，龙花兰. 纵向财政转移支付制度的博弈分析［J］. 中国特色社会主义研究. 2007，(1)：103－107.

表 2　　　　中央政府介入情形下的社会保障转移支付矩阵

中央政府 / 地方政府	激励监督有力	激励监督不力
努力	R－m，Q－R－m	2R/3－m，Q－2R/3
不努力	0，Q－m	R，Q－R

由此可见，这个博弈不存在纯战略的纳什均衡，因为当地方政府选择努力增加自有社会保障财政收入时，中央政府会选择激励监督不力；当中央政府选择激励监督不力时，地方政府就选择不努力增加自有社会保障财政收入；当地方政府选择不努力增加自有财政收入时，中央政府就会选择激励监督有力；当中央政府选择激励监督有力时，地方政府又会选择努力增加自有社会保障财政收入，即不存在纯战略意义下的纳什均衡。在此求混合战略意义下的纳什均衡，设中央政府选择激励监督有力的概率为 x，选择激励监督不力的概率为（$1-x$），设地方政府选择努力的概率为 y，选择不努力的概率为（$1-y$），则中央政府的期望效用函数为：

$$U_1 = y[x(Q-R-m)+(1-x)(Q-2/3R)]+(1-y)[x(Q-m)+(1-x)(Q-R)]$$

对上述效用函数求微分，得到中央政府最优化的一阶条件为：

$$dU_1/dx = -0.75yR - m + R = 0$$

因此，$y* = 0.75 - 0.75m/R$

也就是说，地方政府以 0.75－0.75m/R 的概率采取努力的策略，以 0.25＋0.75m/R 的概率采取不努力的策略。地方政府获得社会保障转移支付的期望效用函数为：

$$U_2 = x[y(R-m)+0(1-y)]+(1-x)[y(2/3R-m)+R(1-y)]$$

对上述效用函数求微分，得到中央政府最优化的一阶条件为：

$$dU_2/dy = -4/3 \cdot xR - m - R/3 = 0$$

因此，$x* = 0.25 + 0.75m/R$

这就意味着中央以 0.25＋0.75m/R 的概率采取有力的激励监督机制，以 0.75－0.75m/R 的概率采取不力的激励监督机制。此时，地方政府的社会保障转移支付期望为 0.75（R－m），中央政府的期望为 Q－0.75（R－m）。

从以上分析可以看出，中央政府必须以较大的概率选择有力的激励监督机制，使努力增加自有财政收入的地方政府的期望效用大于不努力的地方政府的期望效用，也就是说，中央政府采取有力的激励监督机制，改变了博弈规则，相应地改变了地方政府之间争取社会保障转移支付博弈的均衡，显然，此时的纳什均衡为（努力，努力），同时也是占优战略纳什均衡，即不管对方怎么改变，它的最优选择都是努力增加自有社会保障财政收入。中央政府介入后的社会保障转移支付矩阵如下表（见表 3）。

表 3　　　　中央政府介入后地方政府之间的社会保障转移支付矩阵

地方政府 B / 地方政府 A	努力	不努力
努力	R/2－m，R/2－m	2R/3－m，0
不努力	0，2R/3－m	0，0

四、中央与地方政府社会保障转移支付博弈的结论及建议

通过以上社会保障转移支付博弈模型以及对纳什均衡解的分析可以看出，改变社会保障转移支付的博弈规则，可以影响政府间博弈的均衡战略。建立并完善中央政府对地方政府的社会保障转移支付制度，关键是要完善政府间社会保障转移支付的博弈规则。具体来说，对于政府间的社会保障转移支付博弈关系和博弈行为，我们可以得出如下结论及建议：

第一，为提高社会保障财政体制整体运行效率以及防止中央社会保障转移支付资金的不当分配，中央政府应尽快建立和完善有效的激励机制。在中央政府和地方政府的社会保障转移支付博弈中，中央政府处于信息的弱势，地方政府因此在博弈中处于主动地位。解决信息不对称问题的基本思路就是安排合理的激励机制，要对地方政府的收入努力实行“奖勤罚懒”。对隐瞒实情、藏富于财政的地方政府进行惩罚的同时，社会保障转移支付在数量上要体现出对努力增加收入的地方的奖励，应拉开地方政府“努力”与“不努力”时获取的社会保障转移支付量的差距，激励地方政府真实地显示本地区的社会保障财政缺口信息，坚决扭转地方政府对中央政府及其财力的过分依赖行为，杜绝各地方政府为多得社会保障转移支付量而有意制造更大的地方社会保障财政缺口行为。从而既规范中央的社会保障转移支付制度，又切实保证社会保障资金的合理配置，使社会保障转移支付制度朝着实现社会保障服务均等化目标的方向努力。

第二，逐步规范社会保障转移支付的形式，减少地方政府与中央政府的政策博弈空间。首先，应选择“因素法”代替“基数法”作为计算社会保障转移支付数额的主要方法。基数法虽然照顾了地方的既得利益，但是存在着很大的道德风险，不利于社会保障服务均等化的实现。其次，一方面要逐步完善各级政府的社会保障统计体系，建立与社会保障转移支付相配套的地方数据资料库，为定量分析地方社会保障收支的影响因素打下坚实的基础；另一方面要改进计量模型，统一社会保障标准收入和标准支出的核算方法，增强核算结果的客观性和科学性。最后，要根据中央和地方社会保障事权的划分对现行分散在各个预算支出科目中的社会保障专项拨款项目进行清理、调整，使中央的社会保障拨款对地方的社会保障投入形成一定的杠杆作用。

第三，明确并合理划分中央政府和地方政府的社会保障事权和支出范围，健全社会保障转移支付制度的法律建设。首先应该根据公共产品理论，明确政府和市场的职能分工，科学划定政府财政的社会保障支出范围。其次，在此基础上根据效率原则，彻底明晰中央政府与地方政府之间的社会保障支出责任，中央负责有关全国公共利益的社会保障支出，地方性、区域性的社会保障产品，则应由地方政府根据因地制宜的原则自主提供，需要由中央和地方共同提供的社会保障产品，要根据支出的责任和受益的程度明确各级政府应承担的支出比例。然后，将中央政府和地方政府之间的社会保障事权划分和支出责任以法律的形式确定下来，通过法律法规的形式明确博弈的规则，确保规则的严肃性，缩小人为操纵的空间，避免中央和地方在支出责任上相互推诿，减少地方政府的逆向博弈行为。可以考虑制定有关社会保障转移支付的单行法规，对社会保障转移支付的政策目标、资金来源、分配标准、分配程序等作出具体的规定，做到有法可依。

第四，完善社会保障转移支付的监管机制。社会保障转移支付监管是对社会保障转移支

付制度实施中政策法规的执行情况和社会保障基金的收支活动全过程的监管，包括对社会保障转移支付资金的筹集、运营、支付、使用的监管，制止和纠正社会保障转移支付业务活动中的违规行为，还包括对社会保障转移支付制度总体设置、实施和效果的监督和审议。要建立一个专门的考评体系和一系列的量化指标，对社会保障转移支付资金的分配程序、使用过程和经济社会效益进行全程跟踪反馈，从而使地方政府按照中央政府的要求来使用转移支付资金，确保资金使用效益的最大化。应仔细审查社会保障各项目的重要程度和可行性报告，恰如其分地测算出每类社会保障项目所给予的补助数额并按期拨付资金，对社会保障转移支付资金从计算依据的因素选取、相应指标的确定、资金的具体计算，到资金的分配和拨付过程，直到资金的使用方向和使用效果的评估上，都应做到公开监督、制约透明，并运用比较法、成本——效益分析法等方法进行深入的绩效分析。同时要加强相关监督稽核队伍的建设，要设计适当的工作激励机制，提高稽核人员的政治和业务素质以及工作积极性，提高稽核工作的效率和准确性。

劳动力有限供给视角下养老保险基金财务可持续性研究

刘苓玲　徐　雷

【摘要】中国已经实行了30余年的计划生育政策，该政策在助推中国经济发展的同时，也是人口快速老化的总根源。伴随着人口预期寿命的提高，延迟退休年龄成为增加未来劳动力供给的一种手段，也在一定程度上为促进养老保险基金收支的平衡提供了可能。采用PROST模型在相关数据分析的基础上，对养老保险基金收支进行模拟预测，结果显示：延迟退休年龄尽管有助于推迟基金缺口到来的时间，但不能从根本上解决基金缺口问题。事实上较低的生育率使得中国劳动力在未来的供给有限，将无法维持基金的持续运行。最后分别从提高基金统筹层次、投资收益以及计划生育政策调整等方面进行对策研究。

【关键词】退休年龄　人口生育率　养老保险基金　模拟预测

The Research of Pension Insurance Fund Sustainability under the Perspective of Limited Labor Supply

Liu Lingling　Xu Lei

(*Labor and Economic Research Center*, *Southwest University of Political Science and Law*, *Chongqing*, *401120*)

Abstract The one-child policy has been implemented in China for more than 30 years, which is not only promoting China's economic development, but also the total root of China's rapidly aging population. Along with China's population increase in life expectancy, delay the labor retirement age seems to be an effective means of labor supply in the future, at the same time provides the possibility to improve the pension insurance fund balance. Based on the PROST model and data analysis, making a Simulating and forecasting, Simulation result displayed: To delay the retirement age way though helpful to delay the gap arrival time for the old-age insurance fund, but it can not solve the funding gap problem fundamentally. In fact, Low fertility making Chinese labor in the limited supply of future, and will not be able to maintain continuous operation of endow-

---

作者简介：刘苓玲（1971—），女，重庆市人，经济学博士，西南政法大学经济学院教授、劳动经济研究中心主任，研究方向：养老保险与社会保障；徐雷，博士研究生。作者感谢重庆市人力资源和社会保障局提供的相关数据以及在PROST软件使用方面所给予的帮助和指导。本文曾于2013年在“上海——中国社会保障前沿问题研究生学术论坛”、2014年在北京大学（中国保险与社会保障研究中心）主办的“北大赛瑟（CCISSR）论坛”参会报告，作者感谢参会专家学者提出的宝贵意见和建议。文中若有错误，悉为作者责任。本文系国家社会科学基金重大项目《我国收入分配体制改革动态跟踪和效果评估研究》（12&ZD049）的阶段性研究成果。

ment insurance fund. Finally, from the aspects of improve the overall level of insurance fund and investment income, family planning policy adjustment, makes countermeasure research.

Keywords retirement age fertility rate pension fund simulation forcasting

一、引 言

中国的老年人口数量在2013年增加至2.02亿，再加上历史遗留因素的影响，使得中国在可预见的未来面临着巨大的养老保险基金缺口。在经济持续增长的大背景下如何更好地改善居民福利，如何更好地推动养老保险及其相关制度的设计与完善，如何更好地解决好中国的退休年龄选择和实现劳动力持续供给，是当下和今后我们所要解决的一个重要难题。由于多年来计划生育政策实施所导致的适龄劳动人口数量的减少，一方面造成了养老保险基金收入的减少，另一方面随着人口老龄化也使得养老保险基金支出大大增加，这两方面的相互作用可能使养老保险基金的收支出现缺口，最终影响到养老保险基金财务的可持续运行。本文将从劳动力有限供给视角下研究退休年龄选择、人口生育率变化以及养老金投资收益率等因素对养老保险基金财务可持续性的影响，试图寻找能够实现中国养老保险基金健康发展的可行性途径。这有助于更好地对人口老龄化（调整退休年龄、调整计划生育政策等）、实现养老保险基金可持续发展进行积极探讨，并提供相应对策和建议。

二、文献综述

国外学者借助其完善的养老保险制度、健全的劳动力市场机制以及发达的金融市场，从各方面较为系统地对影响养老保险基金财务可持续性的因素进行了研究。例如约翰·邦加茨(Bongaarts，2004）将人口老龄化、养老金待遇水平、平均退休年龄以及劳动力参与率视为影响公共养老金支出的决定因素，在人口方面鼓励提高生育率和允许更多的移民进入，在劳动力就业方面建议提高劳动力参与率、同时延迟退休年龄，以达到尽可能减少公共养老金福利支出的目的[1]。海德拉和沃德（Heijdra & Ward，2009）通过构建一个包含个人最优退休年龄选择的代际交叠模型，研究了一个具有代表性的小型开放经济（利率为给定的世界利率）受人口结构冲击对养老保险制度产生的影响，模拟结果表明提高法定退休年龄是抵消各种人口负面冲击的一种低成本的政策措施[2]。尼克（Nickel）等人（2008）针对欧洲在未来50年的养老保险改革和人口结构变化，提出了公共养老金和一次性劳动所得税的减少、公共养老金和扭曲的企业所得税的减少以及提高退休年龄三种养老金改革方案，指出若在不降低养老金待遇水平的前提下提高退休年龄，尽管有助于实现低公共债务，但这一具有代际间不公平特征的政策将迫使年轻一代在未来支付更高税收以维持养老金制度运行[3]。怀特豪斯(Whitehouse，2007）认为在未来的养老金改革方案中需要设立与长寿风险相关的自动调节机制，为维持养老金制度可持续在退休人员平均寿命增加时应使其福利得以自动减少（或退休年龄自动提高），而这些需要的是制度性约束而不是临时的政策指令[4]。米罗斯和洛奇夫(Miroslow & Rok，2011）将人力资本视为经济增长的内生性要素，运用33个国家1998—2008年的面板数据，连同预期寿命、生育率和养老金替代率等因素，考察其对公共养老金支出的影响。结果表明增加生育率和延迟退休年龄均能有效减少养老金开支，并且预期寿命和人力资本禀赋的提高能促进养老金替代率的上升，但较高的替代率在缓解老年贫困风险的同时，也危及到公共财政的长期可持续性[5]。贾布兹（Firouz，2009）认为较高的生育率使劳动力供给增加并进一步改善养老负担，这一正的外部性称为“代际转移”效应，但为维持资本劳动比，劳动力供给的增加也加大了对资本的需求，这一负的外部性称为“资本弱化效应”，而这两种效应并存于世代交叠模型中，因此生育和养老福利之间的积极联系并不总是可取的[6]。彼得和普劳斯（Peter & Prowse，2013）通过建立包含个人就业、退休和消费决策结构的生命周期模型并结合微观数据，探讨德国人口在预期寿命增加时，如何进行公共养老金制度改革以确保财政稳定。其中若将领取养老金的年龄提高 3.76 年或者每年削减公共养老福利支出的 26.8%，则可以抵消因预期寿命增加在未来 40 年所可能发生的财政危机[7]。

近年来国内学者在结合具体国情的基础上，也在不断深化对养老保险制度的认识，努力为基金财务可持续出谋划策。针对养老保险基金的自我调节机制能否弥补基金缺口这一问题，郑伟等人（2013）基于第六次全国人口普查的数据以及人口、经济、制度参数的假设，认为单纯依靠养老保险制度的自我调节就能实现基金收支平衡的想法是不实现[8]。而在围绕着养老金的替代率、缴费率和退休年龄的选择方面：饶茜等人（2005）认为延长退休年龄有助于推迟养老保险高缴费率的时间窗口[9]。王增文（2010）认为适当降低养老金替代比率是解决养老金支付压力的主要手段，而延迟退休年龄长远来看是必然趋势，但应逐步推行[10]。康传坤（2012）则认为提高缴费率和推迟退休都能缓解养老金收支失衡，但中国较高的缴费率已给企业造成较大压力，因此推迟退休是较为现实的选择[11]。而在围绕着退休年龄能否改善养老基金支付能力、增加居民福利方面，邓大松、李琳（2009）指出中国基本养老保险制度的改革，使得采取延迟退休政策在减轻基金给付压力的同时，也有利于增加居民退休后收入水平[12]。刘万（2013）却认为养老金参数（如工资增长率、养老金增长率、养老金贴现率）的不同水平组合，使得延迟养老金待遇领取时间有提高退休者养老金财富的可能性，但这也对养老基金的给付压力和可持续能力产生影响[13]。余立人（2012）也认为延长退休年龄在延长缴费期限、增加缴费收入的同时，促使养老保险基金支出增加，综合来看延长退休年龄是否能够增加养老保险基金的支付能力具有不确定性[14]。张熠（2011）进一步将退休年龄的延迟对养老金支出的效应分解为缴费（领取）年限效应、替代率效应和差异效应，指出单纯地延迟退休可能存在反转点，但覆盖面的扩展有助于强化延迟退休的政策效果[15]。而在围绕着扩展覆盖面能否改善养老基金支付能力方面，陈沁、宋铮（2013）指出目前的城镇养老保险没有覆盖农村大量的年轻人口，在农村人口城市化的过程中，这部分被新纳入养老保险的人口将对缓解和推迟城市老龄化以及养老保险收支缺口起到积极作用[16]。但郑秉文、孙永勇（2012）认为在养老金地区分割统筹的背景下，劳动力大规模跨区流动和迁移在改变地区间制度赡养率的同时，必然对城镇职工基本养老保险制度的财务收支能力产生重要影响①，加剧了人口输出地的养老金财务负担[17]。

从上述内容可以看出，诸多学者从不同角度对养老保险基金财务可持续性进行了研究。

---

① 虽然2009年末国务院办公厅转发了《城镇企业职工基本养老保险关系转移接续暂行办法的通知》（国办发［2009］66号），农民工跨地域流动时“便携性损失”得到了一定的解决，但是庞大的流动人口规模所形成的资金流依旧对养老保险制度的财务支付能力产生影响。

本文在此基础上，通过情景预测、理论分析以及较为全面地使用PROST模型（Pension Reform Options Simulation Toolkit Model）进行数值模拟[①]，分别从延迟退休年龄、提高生育率和养老金收益率等视角就养老金财务收支状况展开分析，以期更好地为实现中国养老保险基金财务可持续提供对策建议。

三、养老保险基金缺口情景预测

假定中国存在潜在养老保险基金缺口是我们的共识（只在缺口出现的时间上存有争议），基金缺口的形态变化趋势则是我们关注的重点，这也是接下来分析的前提。我们计划依次从短期、中期、长期（超长期）对养老保险基金收支缺口进行分析（见图1）。假定将我们现在所处的时点定义为第T_o年，而此时的养老保险基金累积结余数额为W_{To}，$W_{To}>0$。其中"情形1"中的交点记作a，则其所对应的年份为T_a，以此类推，在"情形2"中有b和T_b；在"情形3"中有c和T_c；在"情形4"中有d和T_d、e和T_e。而对于W_{To}的具体数额，以及其在T_a-T_o（T_b-T_o、T_c-T_o、T_d-T_o或T_e-T_o）这段时间内的增值暂且不予考虑。较为明显的几个事实是：①未来当期的养老保险基金支出数额（增长幅度）将大于当期的养老保险基金收入数额（增长幅度）；②养老保险基金收入有增长极限，未来养老保险基金缺口将出现；③基金收入曲线与基金支出曲线之间的面积即所说的养老保险基金累计余额。

在"情形1"中，给出了养老保险基金短期趋势的模拟。在T_a之前，基金收入大于基金支出（$T_o<T_i<T_a$）。因此较为充足的基金结余（包括W_{To}在此期间的增值）延缓了养老保险基金缺口出现的时间。假定每年的基金收入仍能保持着不断增长，尽管其增幅不断缩小。更为重要的是，该基金收入曲线一直保持着良好的形态（斜率>0，无增长极限）。若中国的养老保险基金收支能如"情形1"所示，我们可以在短期内持较为"乐观"的态度。

在"情形2"中，给出了养老保险基金中期趋势的模拟。在T_b之前，基金收入大于支出（$T_o<T_i<T_b$）。因此在T_b之前所积累的基金结余（包括W_{To}在此期间的增值）可以延缓养老保险基金缺口出现的时间。但是令人沮丧的是，若基金收入在继续增长一段时间后出现大幅度下滑，其基金收入曲线的良好形态突然发生逆转（斜率<0，达到增长极限）。而原先的基金结余将在两种力量的相互作用下很快被耗费完。若中国的养老保险基金收支能如"情形2"所示，那么在T_b之后，到基金收入曲线形态发生逆转（达到增长极限）之前，我们还是有一定的时间进行相应的政策调整，尽管该时间也相当有限。

在"情形3"中，给出了养老保险基金中长期趋势的模拟。在T_c之前，基金收入大于支出（$T_o<T_i<T_c$）。在T_c之前，养老保险基金收入曲线与支出曲线二者较好的形态搭配，使养老保险基金一直处于结余状态。但是若基金收入曲线的良好形态突然发生逆转（斜率<0，达到增长极限），且发生逆转的位置恰巧是基金收入曲线的顶点，随后基金收入将大幅下滑，而基金支出却大幅上扬，二者朝着两极化方向发展。若中国的养老保险基金收支如"情形3"所示，我们将不再拥有进行政策调整的时间，现行的养老保险制度也将面临巨大的冲击。

---

① 中文翻译为：世界银行养老保险改革方案模拟软件包。

在“情形4”中，给出了养老保险基金长期趋势的模拟。在 T_d 之前，基金收入大于支出（$T_o < T_i < T_d$）。当然基金结余也在不断增大。在 T_d 之后，我们一方面积极挖掘基金收入增长的潜力，最大限度的延续基金收入曲线的良好形态。另一方面我们也努力减少基金支出的增幅，最大限度的促使基金支出曲线的形态逆转。在基金收入无法继续保持增长后，基金收入曲线也将出现逆转，当基金支出曲线与基金收入曲线都达到顶点（达到增长极限）反方向运行时，我们所能做的就是尽量降低基金支出，增加基金收入，为基金收入曲线的再次逆转创造条件，在 T_e 之后，当期基金收入再次大于当期基金支出，而这时面对的则是养老保险基金的前期缺口回补，随着时间推移将有可能再次出现养老保险基金结余。

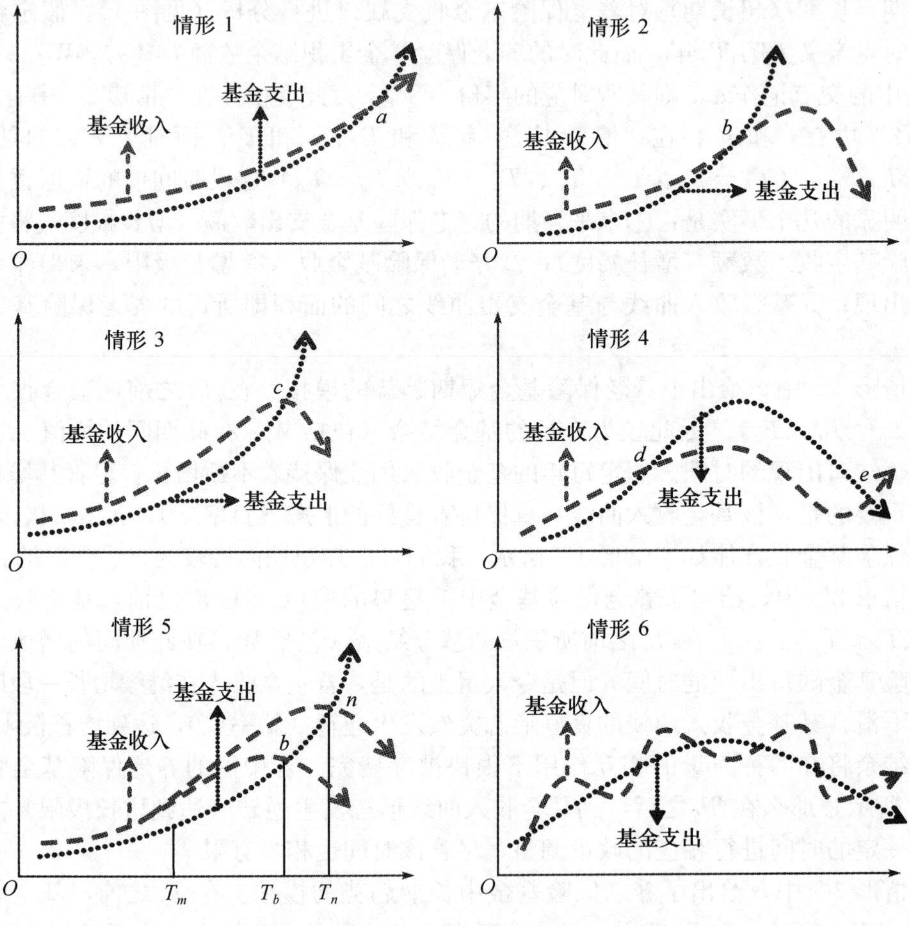

图1 中国养老保险基金收支趋势预测

接下来将对“情形2”扩展到“情形5”，假定在 T_m 时成功地预测到养老保险基金缺口将在 T_b 时出现（假定有能力准确的预测到 T_b），因此认为有必要通过提高养老金缴费率、降低替代率、延迟退休年龄等相关政策制度的调整增加养老金收入（或减少养老金的支出），进而改善 T_b 时的养老保险基金收支状况，并且发现这些政策制度的调整也确实实现了这一目标，T_b 时仍为当期基金收入大于支出的状态，这成功地将养老保险基金缺口出现的时间从 T_b 延迟到了 T_n（假定有能力准确的预测到 T_n）。但是结合“情形3”来看，相关政策制度的调整却无法从根本上解决基金的潜在缺口问题，并且使未来调整养老保险基金收支面临更大困难。而“情景 6”是“情景 4”在超长时期内的养老保险基金变化趋势，养老保险基金收入也因此总是围绕着基金支出的变化趋势而上下波动。

四、养老保险基金精算理论与数值模拟

（一）养老保险基金精算理论

考虑到之前所涉及到的影响养老基金财务可持续性的诸多因素，为将其主要因素囊括在统一框架下，我们主要参考了曾毅（2005）的研究[18]。在此以实现基本养老保险基金收支平衡为前提，假定所考察的目标期为 N 年，那么这其中的第 t 年的养老保险基金收支状况为：

①第 t 年的养老保险基金收入公式为：第 t 年参保的在职职工人数 $W(t)$×第 t 年城镇在职职工平均工资 $AW(t)$×第 t 年的缴费率 $P(t)$×第 t 年的覆盖率 $d(t)$；

②第 t 年的养老保险基金支出公式为：第 t 年参保的退休职工人数 $R(t)$×第 t 年城镇在职职工平均工资 $AW(t)$×第 t 年的养老金替代率 $B(t)$；

③第 t 年的养老保险基金收支公式为“第 t 年的养老保险基金收入－第 t 年的养老保险基金支出”。其中第 t 年的覆盖率 $d(t)$ 用“第 t 年参保的退休职工人数/第 t 年参保的在职职工人数”来表示，公式可记作：$d(t)=R(t)/W(t)$。若实现第 t 年的养老保险基金收支平衡，则可建立如下的方程表达式，$W(t)\cdot AW(t)\cdot P(t)=R(t)\cdot AW(t)\cdot B(t)$。进而可将等式转化为：$P(t)=\dfrac{R(t)}{W(t)}\cdot B(t)$，最后可进一步得出，$P(t)=B(t)\cdot d(t)$。若考察整个目标期间的养老保险基金收入情况，其中缴费初始期 $t=1$，当 $t=N$ 时，为退休年份。则可记作，$\sum_{t=1}^{N} S_t=\sum_{t=1}^{N}[W(t)\cdot AW(t)\cdot P(t)-R(t)\cdot AW(t)\cdot B(t)\cdot(1+r)^{N-t}]$。接着做出养老金收支不平衡的假定，其中养老金出现收不抵支的可能性更大，因此将主要分析养老金的缺口问题。假定第 t 年的养老保险基金缺口率为 $G(t)$，其中养老保险基金缺口率可表示为“养老保险基金缺口总额/在职职工工资总额”。养老保险基金缺口总额 $=R(t)\cdot AW(t)\cdot B(t)-W(t)\cdot AW(t)\cdot P(t)$，那么可以得到，$G(t)\cdot W(t)\cdot AW(t)=R(t)\cdot AW(t)\cdot B(t)-W(t)\cdot AW(t)\cdot P(t)$。将方程式进一步变形为：$\dfrac{G(t)\cdot W(t)\cdot AW(t)}{W(t)\cdot AW(t)}=\dfrac{R(t)\cdot AW(t)\cdot B(t)}{W(t)\cdot AW(t)}-\dfrac{W(t)\cdot AW(t)\cdot P(t)}{W(t)\cdot AW(t)}$。可以得到，$G(t)=B(t)\cdot d(t)-P(t)$。

从该保险精算模型中可以看出，对养老保险基金收支起到重要影响的几个变量依次为：养老金替代率 $B(t)$，养老保险覆盖率 $d(t)$ 和养老金缴费率 $P(t)$，又因为 $d(t)=R(t)/W(t)$，所以最终真正对养老金收支起到决定性影响的变量是养老金替代率 $B(t)$、参保的退休职工人数 $R(t)$、参保的在职职工人数 $W(t)$ 和养老金缴费率 $P(t)$。

（二）养老保险基金收支的相关参数假定

尽管上述保险精算模型已经给出了影响养老保险基金收支的几个重要变量，但现实经济

中各因素对基金收支的影响远比模型复杂很多，总之中国现行的养老保险基金的融资能力和可持续发展受政策因素、人口因素和经济因素的影响较大。受计划生育政策影响，较低的人口出生率在一定程度上减少了劳动力的持续供给，同时医疗水平的改善也提高了人们的预期寿命，两种因素影响直接改变了整个社会的人口结构，并对现行的养老保障体系产生冲击。而受通货膨胀和经济增长的下行压力，也有可能弱化中国养老保险基金的盈余能力。接下来将从更宏观的视角对影响养老保险基金收支的主要因素予以归纳，分别就“基金收入”和“基金支出”两个维度进行比较研究，进而构建起一个较为完整的路径图（见图2），并针对其操作性进行评价，这也正是我们从劳动力有限供给视角下研究中国养老保险基金财务可持续性问题的初衷。

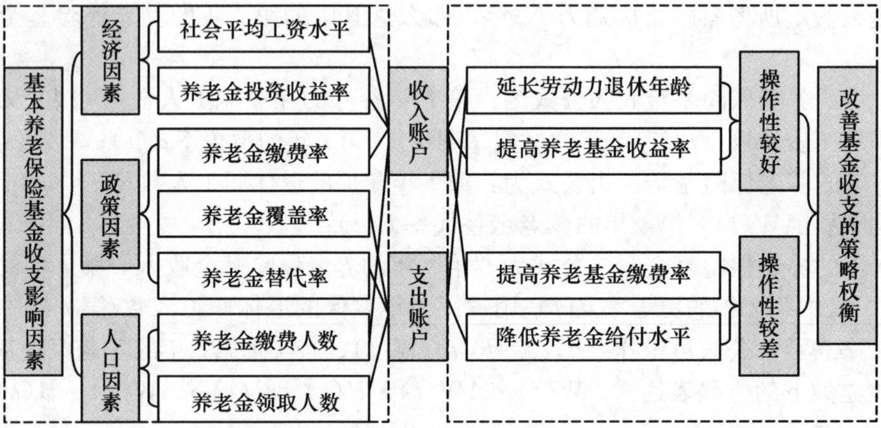

图2 影响养老保险基金收支的因素分解与比较

我们运用PROST软件测算中国养老保险基金的收支状况①，所测算的时间段为2012—2050年。由于该软件是在单一的养老金制度下模拟运行，而中国目前的养老保险体系涵盖多种参保人员，因此黄向阳（2008）认为该软件为中国养老保险基金的模拟仍需要不断改进[19]。而城镇职工养老保险作为中国基本养老保险的主体，也因此成为了本文主要的研究对象。在此我们采用的是PROST的可用中间数据，可以较好地对中国养老保险基金收支进行估计。至于该软件测算基金收支所涉及的主要指标接下来将依次给予分析。

在社会平均工资水平方面，从在岗职工社会平均工资的变化来看，近10年间中国城镇企业（不含私营单位）在岗职工的工资水平实现大幅度提高，工资年均增长率约为14.6%，远高于同时期GDP的增长率。考虑到中国经济增速存在放缓的趋势，在此基础上假定社会工资水平在2012—2020年的平均增长率为10%，2021—2030年的平均增长率为8%，2031—2040年的平均增长率为6%，2041—2050年的平均增长率为4%。

在养老金缴费率方面，中国基本养老金缴费率有进一步提升的可能，并且潜在的保险基金缺口也为提高缴费率提供了理由。但是中国现行的养老金缴费率也是较高的（工资水平的

① 一般而言，养老金收支账户需要繁杂的数理运算，而文中尽量避免复杂的公式推导。PROST软件所提供的使用指南，详细地介绍了相关指标的运算，感兴趣的读者可以跟本文作者索取。而全国社会保障基金理事会也提供了“世界银行PROST模型简介”，http://adm.ssf.gov.cn/pub/ssf/llyj/201011/t20101103_3057.html。

28%)，因此进一步提高缴费率将严重影响企业的生产经营和居民现有的生活福利水平。而从1995年国务院社会保障体系调研组测算小组发布的《城镇职工基本养老保险总体方案预测报告》来看，未来中国的基本养老金缴费率确实存在上调的趋势①，但在此依旧将2012—2050的养老金平均缴费率依旧定义为28%。

在养老金投资收益率方面，中国目前对养老保险基金的管理运营较为严格，地方所管理的基本养老保险基金按照财政部的要求大多投资于银行定期存款或购买国债，其中存入银行的数额占据了地方所管理的基本养老保险基金总额的90%。而2001—2011年间的居民消费价格指数的均值为2.34%，活期存款利率的均值为0.63%，定期（1年）存款利率的均值为2.34%，凭证式国债（3年）利率的均值为3.52%②。这至少可以说明目前的养老保险基金投资收益水平很低，若将基金的管理成本考虑在内，其实际收益则更小。但在对养老金投资收益率进行模拟时，考虑到养老金投资渠道的不断扩展，并且基金管理机构在基金潜在缺口的压力下，也将为提高基金收益而努力，在此选取的年均收益率依次为2%、4%和6%。

在养老金覆盖率方面，伴随着城镇化的快速推进，中国近年来的养老保险覆盖率呈现出稳步上升态势，从2001年的40.99%上升至2010年的51.64%。若将制度的非精算中性因素考虑在内，养老金覆盖率的扩大也可能恶化制度财务可持续性。同时考虑到今后养老金扩面的主要对象是灵活就业人员，但参保具有自愿性而非强制性，该部分人群是否能够进入养老保障体系则主要取决于其对养老保险制度的态度。相信今后扩大养老金覆盖率的难度会不断加大，在此预计中国基本养老保险覆盖率平均每年以1%的速度增长，在2050年将达到80%的水平。

在养老金替代率方面，2009年OECD国家的养老金平均替代率为71.8%③，而2011年中国养老金实际替代率远低于这一水平（仅为43.6%）。中国近年来的工资水平出现了较大幅度上涨，而养老金发放数额却相对变化不大，再加上通货膨胀的影响，使中国养老金替代率呈现出下降的迹象，因此相信中国养老金替代率还有一定的提升空间。但是养老金所面临的潜在缺口，使得养老金替代率上涨遇到较大阻力。在此我们假定2012—2020年的养老金平均替代率为45%，2021—2030年的养老金平均替代率为50%，2031—2040年的养老金平均替代率为55%，2041—2050年的养老金平均替代率为60%。

在养老金缴费人数和领取人数方面，使用PROST软件首先对中国2012—2050年的人口总量和人口年龄结构进行了预测，然后根据所预测的历年人口总数、人口年龄结构和养老保险覆盖率，测算出养老金的缴费人数。其中劳动力退休年龄的变化也会影响养老金缴费人数的变化，我们也将通过退休年龄的变化测算其对养老基金收支的影响。

从上述参数数值的选择可以看出，这些数据大多是基于中国经济现状或经验数据的趋势

---

① 《城镇职工基本养老保险总体方案预测报告》数据显示：2000年缴费率为16.2%，2010年缴费率为19%，2020年缴费率为27.2%，2030年缴费率为37%，2040年缴费率为35.1%，2050年缴费率为29.8%。

② 数据来源：作者根据历年《中国统计年鉴》的相关数据整理而成。且下文中出现的数字如未加标示，其出处均源自历年《中国统计年鉴》。http://www.stats.gov.cn/tjsj/ndsj/。

③ 数据来源：*OECD*《Pensions at a Glance 2009》。

变化所做的推断①。因为养老保险基金收支的相关参数估计有其难度，所以结果在一定程度上是不精确的，当然也有其合理性的一面。因此仍可以从整体上为基金收支变化趋势提供较为可靠的判断。

(三) 全国养老保险基金收支数值模拟

为确保统计口径的统一，我们就PROST软件所测度的中国60岁以上老年人口占总人口的比重与较权威的官方机构（联合国人口司）的数据进行对比（见表1）②，PROST软件预测结果显示，在2030年左右中国人口将出现快速老化（从2025年的22.9%增长到2030年的27.9%），就数据的整体比较来看，我们或许在一定程度上高估了中国未来的老龄化水平。

表1　60岁以上老年人口占总人口的比重预测　单位：%

年份	2015	2020	2025	2030	2035	2040	2045	2050
人口司（2010）	15.1	17.4	20.2	24.4	28.0	29.4	31.1	33.9
PROST数据	17.2	20.3	22.9	27.9	29.3	31.9	32.1	33.3

在此基础上，我们首先就养老金投资收益率的变化进行分析，可以发现较高的养老金收益率在改善基金累积结余缺口方面确实发挥了积极效应，若收益率为2%，养老金累计结余数额占GDP比重将在2035年出现负值，若收益率为6%，养老金累计结余数额占GDP比重在2037年将出现负值（见图3），而当养老金累计结余为负值时将不再获得投资收益。因此若能够较大幅度的提高养老金投资收益率，将有助于延迟养老基金累积结余缺口出现的时间。并且可以看出中国养老金累计结余数额占GDP比重的“峰值”将在2028年前后出现，若对相关参数进行更为“乐观”的假定，相信“峰值”出现的时间还将推迟一段时间。

考虑到延迟退休年龄后，养老金的缴费基数、基础养老金的发放水平都将发生一系列变化，在此假定女性劳动力的退休年龄均为55岁，男性劳动力的退休年龄均为60岁。借鉴姜向群（2012）的做法[20]，以2012年的数据为基准，我们对延迟劳动力退休年龄后养老金收支和退休人员数量的变化进行了比较（见表2）。可以看出若将劳动力退休年龄延迟5年，养老基金总量可以增加约3 600亿元。这一数额尽管有助于推迟基金缺口到来的时间，但相对于庞大的养老金缺口，延迟退休在改善基金财务收支方面所能取得的效果并不十分显著。原因正如笔者在图1中对“情形3”和“情形5”所分析的，延迟退休政策在短时间内对改善基金财务收支是有积极效用的，但是在计划生育政策约束下延迟退休年龄并没明显缓解人

① 除了上述提到的几个主要指标外，在人口方面我们对每一年的人口出生率（人口预期寿命）、户籍人口（城镇和农村人口）、每一岁的男（女）性人口数量进行了预测；在宏观经济方面，我们还对通货膨胀率、养老金的财政补贴数额、失业率、劳动参与率进行预测，但我们没有考虑劳动力迁移因素。

② 资料来源：Population Division of the Department of Economic and Social Affairs of the United Nations Secretariat，World Population Prospects：The 2010 Revision。

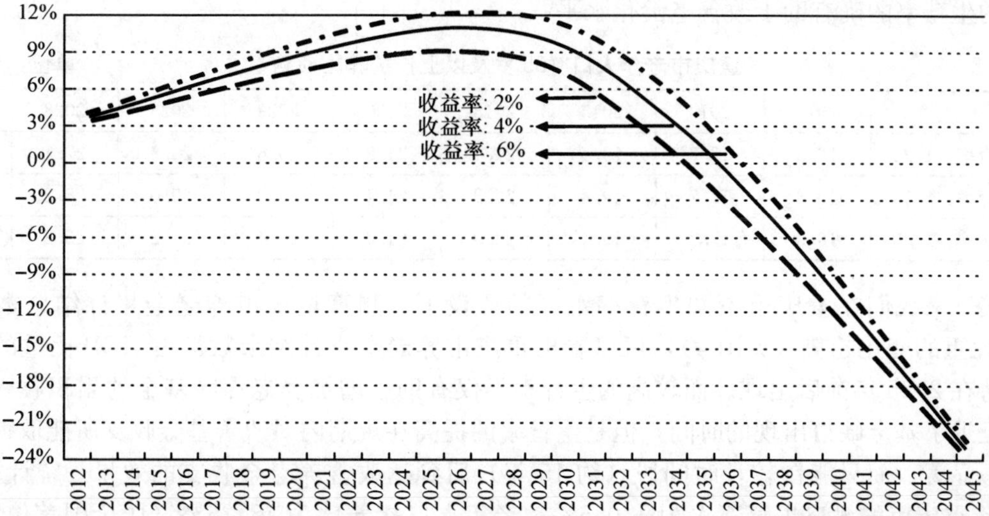

图 3　不同投资收益率下养老金累计结余数额占 GDP 比重（%）①

口老龄化加剧的趋势，而未来养老金支出更多地呈现出指数式的上涨，使得养老金累计结余数额占 GDP 比重的变化趋势呈现出抛物线形态。而今后政府如果出台延迟退休年龄政策，往往也是选择渐进式的，那么退休年龄在改善基金缺口方面所能取得的成效还要小一些。

表 2　　延迟劳动力退休年龄对养老金收支的影响预测与比较

延迟退休时间	退休人员数量变化	基金收入变化	基金支出变化	基金总量变化
1 年	－365.2	＋229.3	－490.3	＋719.6
2 年	－730.4	＋458.7	－980.6	＋1 439.3
3 年	－1 095.6	＋688.0	－1 470.9	＋2 158.9
4 年	－1 460.0	＋917.3	－1 961.2	＋2 878.5
5 年	－1 826.0	＋1 146.7	－2 451.5	＋3 598.2

注：“＋”代表较之前增加额，“－”代表较之前减少额，基金收支额为“亿元”，退休人员数为“万人”。

（四）重庆市养老保险基金收支数值模拟

根据 CPPS 人口预测软件，结合 2000 年重庆市第五次的人口普查数据和 2007 年重庆市 1%的人口抽样调查数据，在对生育率做出不同假定（低方案、中方案和高方案）的前提下，对其老年人口抚养比进行测算（见表 3），并进而对重庆市养老保险基金收支数值进行模拟。从表中的数据可以看出，重庆市的人口老龄化水平较高，但是在 2015 年之前，老年人口抚养比与生育率的调整并不会呈现出显著的相关性，但是通过比较 2030 年的数值，可以看出

① 在图 3 与图 4 的基金累积缺口的变动方面，我们均作了线性拟合，这也更加清晰地反映了在不同收益率、不同生育率下养老金累计结余数额占 GDP 比重的变化趋势。尽管在模拟时间段内养老金累计结余数额占 GDP 比重的数额也出现过较大的波动，但其整体趋势明显呈现出抛物线形态。

较高的生育率的确有助于改善老龄化水平①。

表3　　　　重庆市老年人口（65岁及以上）抚养比预测②　　　　单位：%

年份	2010	2013	2015	2018	2020	2023	2025	2028	2030
低生育率：1.26	16.3	17.7	19.4	22.4	24.8	26.6	25.6	27.1	30.2
中生育率：1.50	16.3	17.7	19.4	22.2	24.4	26.0	25.0	26.2	29.1
高生育率：1.80	16.3	17.7	19.4	22.0	24.0	25.4	24.2	25.2	27.7

接下来我们在重庆市不同生育率水平的假设下，测算重庆市养老金累计结余数额占GDP比重的变化趋势（见图4），可以看出重庆市养老金累计结余数额占GDP比重的“峰值”将在2025年前后出现。而较高的生育率不仅有助于增加养老保险基金的累积收入，同时也延迟了基金缺口出现的时间，但是生育率的提高在短期内对改善基金收支所能取得的成效并不显著，而只能在较长时间段（约15年）后到达改善养老金收支的效果。统计显示，2012年重庆市的人口生育率仅为1.055‰，老年人口抚养比为18.26%（居全国首位），再加上重庆作为重要的老工业基地，可见其养老负担正逐年加重。从图3与图4的比较来看，当重庆市养老金累计结余数额占GDP比重为负值后，养老金缺口迅速放大，而全国养老金累计结余数额占GDP比重的变化趋势则显得相对平缓。

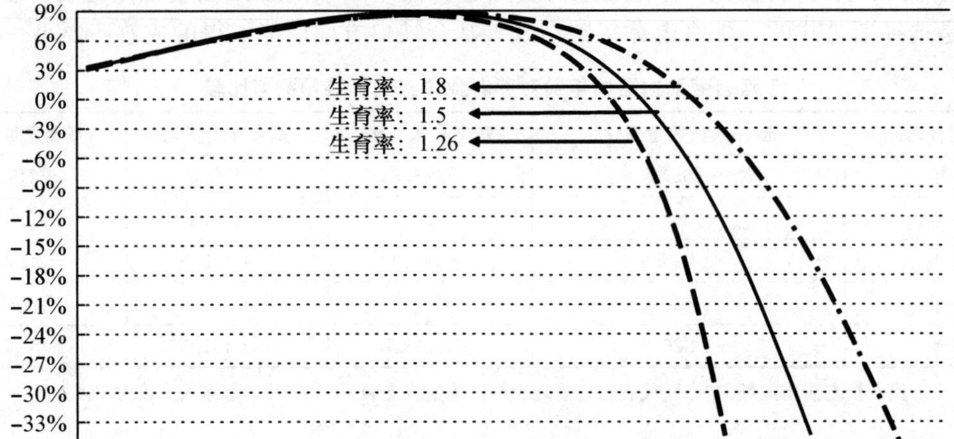

图4　不同生育率下养老金累计结余数额占GDP比重（%）

① 本文之所以没有分析全国的生育率变化对基金累积缺口的影响，原因是目前中国的养老保险还未实现全国统筹，由于计划生育政策的执行力度存在差异，越是经济发展相对落后的地区其生育率越高。而经济相对落后地区其养老保险覆盖率相对更低。这在一定程度上造成在全国整体数据的基础上调整生育率的数值所反映的基金收支状况与现实不相符，而运用一个地区的数据进行模拟，则可以较好地避免这一问题。

② 根据重庆市统计局研究报告《人口红利能延续到何时——从年龄结构发展趋势看重庆市经济增长》一文的相关数据整理而成。重庆统计信息网，http://www.cqtj.gov.cn/html/tjsj/jdsj/。

五、结论与对策建议

为促进中国养老保险基金财务可持续，短期看无论是降低养老金替代率，还是提高养老金的缴费率都不太符合现实要求，而延迟退休年龄在改善中国未来养老基金缺口方面效果可能又是十分有限的。正如我们在图 1 中对中国养老保险基金收支趋势预测所分析的那样，若一项政策只能在短时期改善养老基金收支状况，而无法就养老金缺口的变化趋势作出反应，那么这一政策是否值得推行还有待考量。而此时我们更多地应该回归到中国养老保险基金的制度层面，从中国养老保险基金的统筹层次、投资渠道以及计划生育制度变革寻找对策。

首先，积极提高养老保险基金的统筹层次。目前职工基本养老保险的地区分割统筹状态致使地区间养老保险基金收支余缺分化，正如图 4 所描述的，尽管较高的生育率能够推迟基金缺口到来的时间，但重庆市的养老保险基金缺口远比全国出现的早。职工基本养老保险的地区分割统筹状态，扭曲了统账结合模式，不利于制度的可持续运行，并且较低的统筹层次也阻碍了社保基金多元化投资体制的改革。因此郑功成（2013）指出统筹层次问题是中国养老保险制度的根本性问题[21]。

其次，积极扩展养老保险基金的投资渠道。相信未来养老基金的管理制度将做出调整，政府应在维护安全性的前提下积极拓宽养老保险基金的投资渠道和投资空间，实现养老保险基金的保值增值。同时应在强化基金集中管理和监控的前提下，考虑到养老基金运作中的委托代理问题，应积极推动基金投资主体和治理主体相分离。并且应在继续加大财政补贴养老金的同时，增加国有资本收益对基本养老体系的支持。

最后，若国家从计划生育政策调整入手解决基金收支问题，应把握好政策调整力度。过小的调整力度尽管避免了政策的大开大合，但一味地讲究稳妥也将贻误改革发展良机。目前“单独二胎”政策陆续开展实施，但该政策的调整力度是否足以在增加劳动力供给，改善基金收支方面取得良好成效，我们还将拭目以待。同时在人口形势以及经济社会改革倒逼下，计划生育政策有必要进一步作出相应的调整。

参考文献

[1] John Bongaarts.（2004）. Population Aging and the Rising Cost of Public Pensions. *Working Papers*. No. 185.

[2] Ben J. Heijdra，&Ward E. Romp.（2009）. Retirement，Pensions，and Ageing. *Journal of Public Economics*. Volume 93.

[3] Christiane Nickel，Philipp Rother，&Angeliki Theophilopoulou.（2008）. Population Aging and Public Pension Reforms in a Small Open Economy. *Working Paper Series*. No. 863.

[4] Edward R. Whitehouse.（2007）. Life-Expectancy Risk and Pensions：Who Bears the Burden? *OECD Social，Employment and Migration Working Papers*. No. 60.

[5] Miroslav Verbic，&Rok Spruk.（2011）. Aging Population and Public Pensions：Theory and Evidence. *MPRA Paper*. No. 38914.

[6] Firouz Gahvari.（2009）. Pensions and Fertility：in Search of a Link. *International Tax and Public Finance*. Volume 16.

[7] Peter Haan，&Victoria Prowse.（2013）. Longevity，Life-cycle Behavior and Pension Reform. *Journal of Econometrics*.

[8] 郑伟，陈凯，林山君. 中国养老保险制度中长期测算及改革思路探讨［C］.“中国银行杯”第五届中国社会保障论坛论文集. 2013：22－46.

[9] 饶茜，江文昶，姜宇. 提高我国养老保险退休年龄的相关研究——财务平衡下对缴费率影响的定量分析［J］. 财经问题研究. 2005，(1)：64－70.

[10] 王增文. 城镇居民基本养老保险基金的财政支出与退休年龄的敏感性分析［J］. 保险研究. 2010，(1)：57－64.

[11] 康传坤. 提高缴费率还是推迟退休？［J］. 统计研究. 2012，(12)：59－68.

[12] 邓大松，李琳. 中国社会养老保险的替代率及其敏感性分析［J］. 武汉大学学报（哲学社会科学版）. 2009，(1)：97－105.

[13] 刘万. 延迟退休一定有损退休利益吗？——基于对城镇职工不同退休年龄养老金财富的考察［J］. 经济评论. 2013，(4)：27－36.

[14] 余立人. 延长退休年龄能提高社会养老保险基金的支付能力吗？［J］. 南方经济. 2012，(3)：74－84.

[15] 张熠. 延迟退休年龄与养老保险收支余额：作用机制及政策效应［J］. 财经研究. 2011，(7)：4－16.

[16] 陈沁，宋铮. 城市化将如何应对老龄化？——从中国城乡人口流动到养老基金平衡的视角［J］. 金融研究. 2013，(6)：1－15.

[17] 郑秉文，孙永勇. 对中国城镇职工基本养老保险现状的反思——半数省份收不抵支的本质、成因与对策［J］. 上海大学学报（社会科学版）. 2012，(3)：1－16.

[18] 曾毅. 中国人口老化、退休金缺口与农村养老保障［J］. 经济学（季刊）. 2005，(4)：1043－1066.

[19] 黄向阳. 养老精算软件 PROST 源代码分析与改进意见［J］. 中央财经大学学报. 2008，(3)：63－69.

[20] 姜向群. 延迟退休年龄对养老金总量以及个人养老金获取量得影响［J］. 人口研究. 2012，(6)：39－43.

[21] 郑功成. 全国统筹：优化养老保险制度的治本之计——关于我国职工基本养老保险地区分割统筹状况的调查［N］. 光明日报. 2013－7－23 (015).

中国机关事业单位养老保险改革须打破利益固化格局

刘晓静

【摘要】本文基于公平与效率视角，在简要回顾我国机关事业单位养老保险制度改革历程基础上，剖析2014年以前制度改革教训，分析目前机关事业单位养老保险改革必要性，借鉴社会养老保险制度改革经验，思考我国机关事业单位养老保险改革方向，从而为政府决策提供参考。

【关键词】机关事业单位　养老保险　改革　借鉴　方向

The Requirement of China's Old-age Insurance Reform in Government Departments and Institutions in Breaking the Interests Solidification Structure

Liu Xiaojing

(*College of Labor and Management*, *Renmin University*, *100872*; *College of Public Administration*, *Hebei Normal University*, *Shijiazhuang 050024*)

Abstract　This article is based on fairness and efficiency perspective, on the basis of brief reviewing of reform process of Chinese government departments and institutions old-age insurance, Analyzing the lessons of the reform of the system before 2014, as well as the necessity of old-age insurance reform in government institutions at present, Using the experience of foreign civil servants pension system reform, discussing the insurance reform orientation in government institutions in China, so as to provide reference for government decision-making.

Keywords　old-age insurance　government departments and institutions　reform reference　orientation

我国机关事业单位与企业基本养老保险“双轨”制改革问题一直成为“媒体”关注焦点，也成为中国养老保险改革的“硬骨头”，这项改革步伐缓慢、长期“试而不定”，制约了养老保险制度改革进程。因此，在梳理我国机关事业单位养老保险制度改革发展历程的基础上，剖析2014年以前改革的教训，分析目前机关事业单位养老保险改革必要性，借鉴国外公务员养老保险制度改革经验，思考我国机关事业单位养老保险改革方向。

一、机关事业单位养老保险制度改革历程

我国机关事业单位养老保险制度改革经历了三个阶段。

作者：刘晓静，现系中国人民大学博士研究生，河北师范大学公共管理学院讲师，主要从事社保理论与政策研究。
本文系2013年度河北省教育厅青年基金课题“城镇企业职工养老保险关系转移接续的政策建议”（编号：SQ131027）的部分研究成果。

（一）改革探索阶段（1991—2008年）

国务院于1991年6月发布《关于企业职工养老保险制度改革的决定》（国发［1991］33号），吹响了机关事业单位养老保险制度改革的号角；1993年12月，国务院办公厅下发《关于印发机关、事业单位工资制度改革三个实施办法的通知》（国发［1993］85号），较大幅度修改和调整国家机关、事业单位职工的退休养老制度；1994年云南省等在不同范围和人员中开始机关事业单位养老保险改革试点；2001年9月劳动部发布《关于职工在机关事业单位与企业之间流动时社会保险关系处理意见的通知》（劳社部发［2001］13号），规定职工在机关事业单位和企业单位之间流动时转移各项社会保险关系；2006年10月党的十六届六中全会提出加快机关事业单位养老保险制度改革；2007年10月党的十七大报告提出机关事业单位基本养老保险制度改革任务。

（二）改革试点阶段（2008—2013年）

2008年2月国务院常务会议通过《事业单位工作人员养老保险制度改革试点方案》（国发［2008］10号）确定5个试点地区，分别在山西、上海、浙江、广东、重庆，方案指出：基本养老保险制度实行社会统筹与个人账户相结合、养老保险费用由单位和个人共同负担、实行与缴费相联系的退休待遇、建立职业年金制度、基金逐步实行省级统筹、实行社会化管理服务等；2009年1月，人社部下发《事业单位工作人员养老保险制度改革试点方案》，提出建立职业年金制度；2012年5月国务院常务会议通过《社会保障“十二五”规划纲要》，提出机关事业单位养老保险制度改革任务；2013年财政部部长谢旭人表示稳步推进机关事业单位养老保险制度改革。

（三）实质改革阶段（2014年至今）

2014年国务院总理李克强在《政府工作报告》中明确提出机关事业单位养老保险制度改革任务和发展方向，我国机关事业单位养老保险改革将进入实质阶段。《政府工作报告》指出建立城乡统一的基本养老保险制度，改革机关事业单位养老保险制度，完善机关事业养老保险与职工养老保险的衔接办法，鼓励发展企业年金、职业年金和商业保险。

二、机关事业单位养老保险改革教训

到目前为止，中国机关事业单位养老保险改革初步实现了资金筹集的多元化，社会养老保险的统收统支发挥了保险的社会互助功能，推动了养老保险社会化管理，配合了人事制度改革。但是从改革历程看到：2014年以前中国机关事业单位养老保险制度改革未取得突破性进展，尽管2008年以来机关事业单位养老保险改革已经三次被写入政府工作报告，但是基本上停留在文件和口头上，正如郑秉文教授所说：“只听楼梯响，不见人下来”① 剖析2014年以前中国机关事业单位养老保险改革教训，为日后改革在良性轨道运行奠定了基础。

---

① 郑秉文.“专家：养老金并轨原则已确定 不降低机关单位退休金”［N］. 北京青年报. 2014－03－30.

（一）必须打破利益固化格局

2014年以前中国机关事业单位养老保险制度改革缺乏动力，决策者缺乏“破冰”的政治勇气，从而难以有效推进改革进程，正如杨立雄（2008）指出：“实力决定分配结果，在不同政治体制下，不同利益集团所掌握的否决点不同，因而在养老金改革中发挥作用也不同。”① 机关事业单位养老保险改革涉及利益的再分配和养老保险制度的重新构建，改革复杂性不容置疑。2014年以来，中国机关事业单位养老保险制度改革进展不大，因为改革涉及机关事业单位利益的调整，改革者担心自身利益受损，在改革的顶层设计、法律制度的确定、管理方面、社会化管理机制、相关配套改革方面进展缓慢，改革者也有抵触和不满情绪。机关事业养老保险制度，已经固化了某些阶层利益，要实现利益成功剥离确实需要一个过程。2013年7月23日，习近平同志在武汉强调：要以更大的政治勇气推进重大领域改革，改革体制机制上顽瘴痼疾，突破利益固化藩篱。可以看到，在权力和利益的博弈中，国家已经下定决心进行改革。

（二）缺失顶层政策设计

中国机关事业单位养老保险改革采取试点先行的改革方式。在改革初期，囿于复杂国情，各项改革均采用试点先行做法。但各地自下而上出现五花八门的创新模式，却难以成功推向全国，付出较大机会成本。由于机关事业单位养老保险改革没有明确改革路径和统筹全局的指导性政策，各地试点改革出台的政策并不能适用全国，导致制度存在多样性、随意性。比如存在以下几个方面问题：各地政策不统一、参保范围不统一、缴费基数不统一、养老金计发办法与标准不统一、养老金社会化发放与管理程度低等。2008年机关事业单位养老保险改革的五个试点县（市），不仅没有成型改革方案，而且相关事业单位人事制度改革也受到了阻力，比如，广东省事业单位人事制度改革就受到了“提前退休潮”影响。机关事业单位养老保险改革的顶层设计需要从养老金双轨制待遇差别、目前及今后资金安排、养老金投资运营、城乡及地区差别、转移接续、退休年龄、多层次养老保障、企业年金与职业年金发展几个问题着手。

（三）缺乏法律制度依据

2010年7月颁布实施的《社会保险法》：国务院规定公务员和参照公务员法管理的工作人员养老保险办法，这意味着涉及公务员和事业单位养老金改革并不在《社会保险法》覆盖范围内。因而，我国机关事业单位养老保险改革及地方试点缺乏法律依据，改革组织者以及机关事业单位工作人员，因缺乏法律依据，都无法积极参与到改革之中，延缓改革进程。

（四）尚未建立社会化管理机制

退休人员社会化管理改革进展缓慢，体现在以下几个方面：一是离、退休费没有实行社会化统一发放，造成一些地方机关事业单位迟发，欠发，甚至不发离、退休费，损害了退休

① 杨立雄. 利益、博弈与养老金改革——对养老金制度的政治社会学分析 [J]. 社会. 2008，(4)：168.

人员养老保险权益；二是一些地方把基本养老保险与福利相混同，随意设置统筹项目，加重了基本养老保险基金负担。在统筹项目中除基本养老金外，把防暑费、降温费、取暖费等补贴和补助也列入统筹项目，拉大不同单位待遇差距，违背社会化管理方向。①

（五）缺乏相关配套改革

一是收入分配制度改革滞后。一方面，目前劳动者报酬占 GDP 比例偏低，劳动者积极性受到影响；另一方面，有些机关公务员利用职权，造成了收入差距扩大化趋势，激发一些社会矛盾。二是机关事业单位人事制度存在弊端。目前机关事业单位人事制度存在人员众多、人浮于事、等级制度明显、人员选拔和任命制度不合理、人员流动不畅等问题。三是工资福利制度不完善。一方面公务员工资缺乏激励作用，尤其是一些基层公务员工资水平比较低。公务员工资内外收入倒挂现象比较严重，制度内、外的收入比例严重失调，工资收入仅为公务员全部收入的 1/3，地方各种政策补贴和各单位工资外收入所占的比例高达 2/3。②另一方面公务员福利收入比较混乱，存在着“多补贴、滥福利”现象。四是试点中职业年金制度没有给出具体措施。在 2008 年试点方案中，国务院虽然提出建立职业年金制度，但是试点方案没有任何具体措施，这直接造成了被改革群体担心自身待遇受损而消极对待的现象，影响改革进程。因此，机关事业单位改革需要其他配套改革同步进行。

三、目前机关事业单位养老保险改革必要性

机关事业单位养老保险制度建立在计划经济体制之上，这一制度的缺陷加重了国家财政负担，也不适应目前市场经济体制发展需要，与企业养老保险制度相比，改革明显滞后，其改革具有必然性。

（一）影响社会公平

我国养老金“双轨制”是历史遗留问题。计划经济时期，社会养老保险是以参保人身份为界限，使企业职工养老保险和机关公务员养老保险截然不同。1991 年国务院出台文件明确表示企业职工养老保险采取的是社会统筹与个人账户相结合的部分基金积累模式，养老金待遇随物价上涨等因素调整；而机关事业单位养老待遇与在岗工资增长挂钩，实行个人不缴费、现收现付制度。这样完全不同的退休金缴费和计发方式造成企业与机关事业退休人员养老金替代率差距过大，机关事业单位退休人员待遇要高出企业职工很多（见表 1）。“事业单位与企业养老保险制度存在巨大差异所造成的公平与效率缺失问题，应该是事业单位养老保险制度实施改革的深层次原因，同时也是推动企事业单位养老保险制度实现对接的内在动力。”③

（二）阻碍人力资源优化配置

机关事业单位养老保险和企业职工基本养老保险在缴费机制、基金管理、待遇增长机制

① 臧宏. 中国事业单位养老保险制度改革研究［D］. 2007.

② 王学力. 我国公务员工资的现状、问题与对策建议［J］. 经济研究参考. 2006，(32)：24—27.

③ 陈佳. 中国事业单位养老保险制度改革研究［D］. 2009.

表1　　1990—2005年全国企业、事业、机关单位人均离退休费

年份	平均		企业		事业		机关	
	绝对值（元）	增长率（%）	绝对值（元）	增长率（%）	绝对值（元）	增长率（%）	绝对值（元）	增长率（%）
1990	1 713	—	1 664	—	1 889	—	2 006	—
1995	4 311	18.7	3 976	20.7	5 310	12.3	5 783	12.7
2000	7 137	8.5	6 318	6.3	9 923	14.4	10 020	11.9
2001	7 717	8.1	6 573	4.0	11 324	14.1	12 215	21.9
2002	8 807	14.1	7 633	16.1	12 442	9.9	13 759	12.6
2003	9 407	6.8	7 957	4.2	14 077	13.1	15 319	11.3
2004	9 715	3.3	8 081	1.6	14 911	5.9	16 532	7.9
2005	10 668	9.8	8 803	8.9	16 425	10.2	18 410	11.4

注：本表不包括民政部门和总后事业单位支付离休、退休、退职费的数字，退休人员包括退职人员。数据来源：国研网数据中心。

等诸多方面都存在差别，制约了事业与企业之间养老保险关系转移接续，阻碍了人才资本在机关事业单位和企业之间正常流动，不利于形成自由选择、人尽其才的人力资源市场，最终阻碍市场经济顺利发展。

（三）激化了社会阶层矛盾

碎片化的养老保险制度，使得不同职业身份和地域的老年人，养老保险待遇存在较大差距，损害老年人养老保险权益。机关公务员个人不承担缴费责任，而退休金替代率却高于企业职工，新型农村养老保险和城镇居民养老保险金目前全国平均每月只有55元，同样年龄的老年人却因为不同制度在养老保障权益方面存在很大差距，减弱了国民对社会保障制度认同感，极易引发社会矛盾，影响和谐社会的构建。

四、国外公务员养老保险制度改革借鉴

国情差别导致各国公职人员养老保险制度有很大不同。西方公职人员养老保险制度经过多年改革发展已经积累了丰富的管理经验，对中国机关事业单位养老保险制度改革有着借鉴意义。

（一）健全的法律法规制度

立法先行是社会保障制度建设基本规律，许多国家公职人员养老保险建立了较完善的法律、法规。“在公职人员养老保险立法方面，全世界有超过70个国家单独为公职人员养老保险立法，其中OECD国家就有10个以上国家单独对公职人员颁布法律。”① 如加拿大公职人员养老保险单独立法，《公职人员养老保险法》是加拿大公职人员养老保险方面的基本法律。

① 陈佳. 中国事业单位养老保险制度改革研究［D］. 2009：62—63.

加拿大还对各种职务公务人员单独立法,《公职人员退休条例》和《政府文职机关和养老金退休法案》具体规范着加拿大各种文职机关公务人员养老保险事务。借鉴加拿大等国家立法经验,用法制化来规范和保障机关事业单位养老保险制度改革与发展。

(二)多层次的养老保险制度

大多数发达国家为保障公职人员生活水准,建立了多层次养老保险制度,这是世界各国经过多年实践总结得出的普遍经验。英国公务员养老保险制度有基本养老保险、职业养老保险、自愿养老保险三个层次。日本公务员制度也由国民年金制度、共济年金制度、个人储蓄三个层次组成。

(三)多元化的筹资机制

从历史发展来看,欧洲一些国家公职人员养老保险主要靠国家财政支付,但是随着人口老龄化推进,公职人员养老保险也会给国家财政造成很大负担。目前,世界上大多数国家在公职人员养老保险筹资模式上,实现由国家、单位和个人三方共同分担的机制,体现了权利和义务对等原则,体现了养老保险筹资的责任共担原则,减轻财政资金支付压力。

(四)基金部分积累制

在20世纪70年代开始的社会保障改革中,各国普遍认识到完全积累制和完全现收现付制各有弊端。完全积累制难以发挥社会成员之间的互济性;而个人账户资金完全采取市场化运作也存在一定风险。如果政府能够承担保底责任,就可以规避养老金市场化运作风险,保证劳动者最低养老保险水平。现收现付制虽然不受资金贬值风险,但是难以应对老龄化人口结构下的养老问题。因此,中国在人口老龄化背景下,鉴于目前尚不完善的资本市场,中国适宜选择由国家、企业、个人共同缴费的部分积累制。

五、打破利益固化格局

养老金"双轨制"固化了利益格局,中国机关事业单位养老保险改革应顺应国际公务员养老保险制度改革趋势,追求公平与效率的结合,打破现有利益格局。"公平与效率相结合是国外公务员养老保险制度改革的基本经验,也是我国养老保障制度改革应该坚持的基本原则。如何促进公平与效率的有效结合是确保公务员养老保险制度改革成败的重要因素。"①

(一)加快改革的顶层制度与机制设计确保公平

1. 加快改革的顶层制度设计

现阶段我国机关事业养老保险改革,应该用政府权威,推行自上而下改革,加快城乡一体化养老保险制度构建的顶层设计,养老保险"全国一盘棋",消弭身份差异。为取消制度设计差距,郑功成(2013)提出三步走改革方案:第一步强调通过责任分担,建立与企业职工一样的筹资机制与财务机制,让机关事业单位职工也像企业职工一样承担缴费义务;第二

① 龙玉其. 国外公务员养老保险制度发展与改革比较研究[D]. 2011:236.

步，机关事业单位在建立“基本养老保险金”的基础上，与“企业年金”相对应建立“职业年金”；第三步，实行与企业一样的养老金计发机制。在三步走方案中，贯彻“老人老办法、新人新办法、中人选择过渡办法”原则。针对“老人”“中人”“新人”，要出台多项措施保证平稳衔接。为了实现新旧养老保险制度有效衔接，可以在保证公平的前提下实行区别对待，“老人”（新办法实施前已退休的人）老办法，待遇不受改革影响；“中人”（已经在事业单位工作尚未退休的人）的养老金待遇可能受到影响，可以采取待遇补差方法，或养老金计发时乘以一定系数；“新人”则纳入改革后统一管理，各个群体享受平等待遇。这样改革才能妥善解决改革成本和历史遗留问题之间的矛盾，保持社会稳定。

2. 构建统一的责任分担型基本养老保险制度

机关事业单位养老保险制度改革，要重视建立新制度，郑功成（2013）指出：“‘双轨制’改革目的是实现制度公平而不是要消灭差距，要解决的是差距过大的问题。”① 建立与企业相似的机关事业单位养老保险制度并不是将机关事业单位简单地纳入企业职工基本养老保险，改革核心任务是要建立制度结构、缴费基数、计发办法一致的基本养老保险制度。“公职人员基本养老保险采取与企业职工一样的统账结合模式，实行同样的筹资标准与责任分担机制，采取同样的待遇调整办法或增长机制，以实现基本养老保险制度的统一。”②

3. 坚持整体同步推动改革机制

改革机关事业单位养老保险制度，要创立新机制，郑秉文（2009）建议实现“三个联动”，一是养老保险改革与建立职业年金“联动”，消除降低待遇水平的疑虑；二是事业单位三个类型“联动”，对其进行界定后，一起进行改革；三是事业单位和公务员“联动”。只有机关与事业单位、事业单位内部同步进行，养老保险制度改革与建立职业年金同步进行，才能减少社会矛盾，加速制度统一进程。

（二）加快法制化进程提高改革效率

1. 借鉴国外公务员养老制度立法经验

完善的法律保障是国外公职人员养老制度的成功经验之一，如果没有法律法规的支撑，任何制度都难以取得预期效果。目前迫切需要以国家立法形式明确规定机关事业单位养老保险缴费机制、计发办法、养老保险关系转移接续等问题，机关事业单位养老保险改革实现制度公平及规范化，提高机关事业养老保险制度改革的效率。

2. 明确机关事业单位养老保险立法的关键内容

机关事业单位养老保险立法，关键内容有以下几个方面：一是明确参保范围。机关事业单位人员均应纳入养老保险的缴费范围，按照“新人新办法，中人选办法，老人老办法”原则推进改革，并依法对欠缴养老保险单位、个人进行查处，对以前欠费的视同缴费单位给予免收滞纳金优惠，解决历史遗留问题。二是统一征缴比例。避免目前行业和单位性质不同而出现养老金征缴比例不同造成的不公平，实现机关事业单位与企业基本养老保险在缴费方式的并轨和机关事业单位养老保险责任分担原则，促进人才合理流动。三是明确计发办法。机

① 郑功成. 深化中国养老保险制度改革顶层设计［J］，教学与研究. 2013，(12)：17.

② 郑功成. 深化中国养老保险制度改革顶层设计［J］，教学与研究. 2013，(12)：18.

关事业单位养老保险计发办法不再因地、因人存在差别，要参照企业职工基本养老保险计发办法，将职工个人工作年限、当地社会平均工资、个人账户本金利息等结合起来，体现公平原则。四是明确社会化发放机制。可以依托社区服务机构发放或者银行卡等形式发放，有效避免单位克扣、欠发职工养老金现象。

（三）实现养老保险社会化提升管理效率

1. 加强机关事业单位养老保险基金统筹管理

提高机关事业单位养老保险基金统筹层次，发挥养老保险基金互助共济功能，增强抗风险能力。从管理上来讲，机关事业单位基本养老保险基金全额纳入机关事业单位养老保险基金财政专户，实行收支两条线管理，专款专用，任何单位和个人不得挪用。同时，积极探索机关事业单位养老保险基金投资运营机制，拓展投资渠道，强化风险监管，确保基金保值增值。

2. 明确机关事业单位养老保险社会化管理方向

机关事业单位养老保险社会化管理，主要有以下方面：一是加快机关事业单位退休人员社会化管理，按照居住地从属社区管理原则，将退休人员管理划归社区，由社区履行监管职能，这样既能方便退休人员，也可以减轻原来单位负担；二是机关事业单位养老保险基金增殖与社会化监管。随着机关事业单位社会统筹与个人账户缴费制度的建立，机关事业单位养老保险基金规模将会逐渐增大，因此要把基金交给由政府审核资质的基金管理公司进行专业化投资，强化监管责任，提高资金增值能力；三是实现机关事业单位养老保险制度社会化管理。包括退休人员管理信息化，与银行、社区等机构信息联网，资源共享，这样也实现养老保险个人查询、政策咨询和养老保险制度信息社会化公开。

（四）加强相关配套制度改革提升制度效率

机关事业单位养老保险改革是我国社会保障改革“深水区”，涉及诸多群体的利益，不能单项推进，需要与相关制度配套同步推进。

1. 加快收入分配制度改革

收入分配制度改革是机关事业单位养老保险改革的基础，这项改革顺利推进将为机关事业单位改革提供良好氛围和动力，激发劳动者积极性和创造性，有利于实现新旧制度平稳衔接。加快收入分配制度，要从以下方面入手：一是提高劳动者报酬在国民收入中比重，调动机关事业单位以及普通劳动者积极性；二是规范收入分配秩序，取缔非法收入，调节过高收入；三是完善税收调节功能。在税种方面，可以考虑征收房产税、遗产税；同时通过法律、行政手段强化税收征收力度。

2. 推进事业单位分类改革

机关事业单位养老保险改革，首先是要对机关事业单位进行分类改革：一是承担行政管理职能类型的事业单位；二是承担公益服务类型的事业单位；三是承担生产经营类型的事业单位。改革思路是承担行政职能型事业单位划为公务员，参加公务员养老保险制度；承担生产经营型事业单位纳入企业职工养老保险体系；公益型事业单位单独保留。在对事业单位进行分类改革基础上，实现企业、事业单位、党政机关这三大体系改革整体同步推进，实现社会公平目标。

3. 创建职业年金制度

职业年金是机关事业单位职工在依法参加国家基本养老保险的基础上，费用由单位和个人缴纳而建立的补充性养老保险。2008 年五省市养老保险改革试点遇到阻力主要原因就是职业年金制度没有建立起来，人们担心退休金减少。李克强总理在 2014 年政府工作报告中指出：鼓励发展企业年金、职业年金和商业保险。改革后，机关事业单位退休人员收入主体将由基本养老金和职业年金两部分构成。建立职业年金，可以保证机关事业单位待遇总体水平不下降，实现收入制度多元化和稳定化。职业年金基金必须通过市场化运作来保证职业年金不贬值。另外，国家可以应用相关税收优惠政策保障职业年金可持续发展。

4. 推进机关事业单位工资福利制度改革

推进机关事业单位工资福利制度改革需要从以下几方面努力：一是进一步优化公务员工资收入结构，提高工资收入在公务人员收入中的比例，发挥基本工资主导作用；二是尽快推行级别与工资待遇适当挂钩机制，激励基层公务人员通过级别提升来改善生活质量；三是积极稳妥地实施事业单位绩效工资，形成合理的绩效工资水平决定机制，形成对机关事业单位员工的分配激励机制；四是定期开展工资调查制度，使得公务员工资水平与国家经济发展水平相适应，稳定公务员队伍；五是推进工资管理法制化道路，依法保护公务员群体利益，对工资确定、调整、福利变动、增补等方面做出明确规定，避免工资调整的随意性。

中低收入人群居家养老服务筹资模式创新研究

——基于货币化子女照护责任的设想

杨翠迎　茆长暄　张新新

【摘要】在传统的家庭养老功能弱化、养老机构价格较高的背景下，居家养老受到越来越多的关注和青睐。但对于中低收入人群来说，居家养老服务的资金来源仍是一个迫切需要解决的问题。本文着眼于从既能解决现行社会养老保障遇到的资金不足困境又能规范子女赡养老人的责任和义务的双重目标出发，探索基于货币化子女照护责任的居家养老服务筹资模式，为中低收入者解决养老难题寻求新的出路与对策。

【关键词】居家养老　照护基金　货币化　子女责任

Innovation Financing of Home-based Care Services for the Medium and Low Income Family in China

Yang Cuiying　Mao Changxuan　Zhang Xinxin

(Center for Social Security Studies of Shanghai University of Finance and Economics, Shanghai 200433)

Abstract With the function decline of the traditional family old-age security and the rising price of institution endowment beds, home-based care services for the aged receives more and more attention in China. But for the medium and low-income population, the funding of home care services is still an urgent problem need to be solved. This article put forward the idea of the Monetization of Adult Child Supporting Responsibilities (MACSR) to solve the fund shortage problem for medium and low-income people, and make an empirical study on the necessity, feasibility and concrete design plan of MACSR based on the investigation of Hongkou, Yangpu and Baoshan Districts of Shanghai. Finally it gives some advice on how to implement MACSR.

Keywords home-based care　care fund　monetization　adult children supporting responsibility

---

作者简介：杨翠迎，上海财经大学公共经济与管理学院教授、博士生导师，社会保障研究中心主任，主要从事社会保障理论与政策问题研究；茆长暄，上海财经大学统计与管理学院教授、博士生导师，社会保障研究中心兼职研究员，主要从事应用统计、公共卫生与社会保障问题研究；张新新，上海财经大学社会保障研究中心硕士研究生，主要从事老年保障问题研究。

基金项目：上海市浦江人才计划（C类）项目“居家养老服务筹资模式创新与调查实证研究”（13PJC054）；上海财经大学服务国家财税事业和上海市经济社会发展重大研究项目“货币化子女赡养责任，以制度推动居家养老服务研究”（2013）；教育部哲学社会科学研究重大课题攻关项目“社会养老服务体系建设研究”（12JZD035）。感谢郭士征、张彦教授对本文思路的启发和建议，感谢课题组成员汪伟、张德远等教授对本研究的建议和帮助。

一、货币化子女照护责任的提出及定位

（一）货币化子女照护责任的提出

受人口老龄化、家庭少子化、人口流动常态化以及养老观念转变等诸多因素的影响，传统家庭养老功能日渐式微。虽然现代社会养老保障为老年人的晚年生活提供了有力的经济保障，但居家养老服务的资金问题仍未得到有效解决。

我国的居家养老服务的资金来源主要有以下四部分：一是财政拨款，二是彩票公益金的资助，三是社区筹集，四是个人出资。尽管政府已经拿出资金来支持居家养老服务的发展，由于我国已经进入人口老龄化的快速发展时期，老龄化、高龄化问题日益严峻，对服务的需求增加；同时服务人员工资的提高以及培训费用、管理费用等的增加，使得财政投入只能是杯水车薪。目前，财政投入主要用来解决一些特殊人群的养老服务问题，例如“三无”老人、经济困难老人、高龄老人、生活半自理和完全不能自理老人，覆盖群体十分有限。以上海市为例，早在2004年就将居家养老纳入政府实施项目与财政预算。根据《上海市民政局关于进一步规范本市社区居家养老服务工作的通知》（沪民福发［2009］26号），上海市的居家养老的政府补贴范围为：第一，60周岁及以上、低保或低收入家庭中、经评估照料等级为轻度、中度、重度的本市户籍老年人，按属地化原则可申请获得服务补贴。第二，80周岁及以上、独居或纯老家庭中、本人月养老金低于全市城镇企业月平均养老金的、经评估照料等级为轻度、中度、重度的本市户籍城镇老年人，在本人承担50%居家养老服务费的前提下，按属地化原则可申请获得服务补贴。第三，在沪民福发［2008］5号文之前已经享有居家养老服务补贴的老年人。截至2012年底，上海市共有12.7万名老人享受服务补贴，只占本市户籍老年人口的3.46%。对于不满足政府资助条件的老人，需要自费购买养老服务。另据2008年全国老龄办发布的《我国城市居家养老服务研究》显示，我国城市中48.5%的老年人有各种各样现实的养老服务需求，但居家养老服务需求总的满足率只有15.9%，其中家政服务满足率为22.61%，护理服务满足率为8.3%，聊天解闷服务满足率为3.16%。①

在上述背景下，挖掘和开发现有家庭养老资源，激励和发挥家庭养老的潜能和优势，对解决中低收入人群的居家养老照护资金问题，具有重要的意义。货币化子女照护责任，就是对家庭养老资源开发和利用的一种有效方式。

（二）货币化子女照护责任的内涵及功能定位

货币化子女照护责任的内涵就是把子女对老人应尽的赡养责任中的照护责任，通过收取照护费的形式制度化和规范化，即向不能亲自照护老人的子女征收照护费，形成专门的照护基金，用于老人的老年照顾费用支付，包括购买服务、补贴照顾者（含正规照顾者和非正规照顾者），其本质就是将家庭子女对老人的照护服务通过社会化的方式来实现，其是和现代核心家庭结构以及工业社会下人口流动社会形态相适应的一种养老方式。其功能定位为居家

① http://news.163.com/08/0221/15/45817QF1000120GU.html.

养老服务筹资，着重为老人购买社会化的照护服务提供资金支持，以确保老年人能够获得所需的养老服务，是现代社会养老保障制度的一种补充。该性质定位可以从两个方面来分析。

首先，该制度与现有的社会保障制度之间是互补关系。现有的企业养老金的替代率约为43%①，为退休职工的生活提供基本经济保障；医疗保险方面，相比在职职工，老年人的门、急诊报销比例更高，起付标准更低，从而在一定程度上减轻了老年人的医疗经济费用负担。总之，现有的社会保障制度着力从经济上保障老年人的生活水平。而货币化子女照护责任的定位是为老人购买养老服务筹资，收取的照护费是用来购买养老服务的，着力从服务上保障老年人的生活质量。两者相互补充，相互配合，实现高质量的“老有所养”。

其次，子女缴纳了照护费，并不意味着就完成了对父母的赡养责任，子女对于父母的赡养责任是不可免除的。该制度仅仅是从经济上部分规范了子女的赡养行为，按照相关法律规定，子女还有对老人进行精神慰藉的义务。

二、有关子女照护责任的研究现状及货币化意义

（一）研究现状

关于货币化子女照护责任的直接研究尚未发现，但是已有一些零星的相关研究散见于不同学科及领域，为货币化子女照护责任提供了一定的观点支持。

李淑霞（2008）认为，为解决异地赡养的问题，可以由子女或老人自己出资，购买服务。根据老人的需要，全日或不定期地组织专门工作人员，上门为老人提供全方位的生活服务。② 刘青（2009）提出重新构建赡养制度，由国家承担老人的物质保障，由自然人承担生活照料与精神慰藉，同时可以采用社区义工服务交换券的形式，解决子女在异地不能亲自及时探视情形。③ 马征（2008）提出，可以规定，除子女本身无收入外，每到一定时期，子女都应当向父母支付工资一定比例的赡养费。这应该是一种强制性规定，根据子女工资等级的不同确定不同的赡养费比例。④ 李欣（2011）从解决赡养纠纷问题出发，认为应该对现行的赡养费收取和执行模式进行改革，建议法院为赡养费的收取提供信息支持，当事人可自愿选择由法院代为收取赡养费。⑤ 2009年全国“两会”时，陕西省人大代表赵超曾提出“子女该为父母养老早点存钱”、建立“子女养老社会保险金制度”的提案，不过其是从缓解社会养老保险基金缺口角度出发。⑥

根据对国外的家庭养老梳理，除了瑞典法律没有规定，子女和亲属有赡养和照料老人的义务外（在瑞典赡养和照料老人完全由国家来承担）。⑦ 世界其他国家对子女赡养老人均有不同程度的规定。特别是法国，其在2002年颁布了老年人长期照护筹资的法令，它是由国

---

① http://money.163.com/12/0914/02/8BB3VOFK00253B0H.html.

② 李淑霞. 构建适合中国国情的家庭养老模式 [J]. 赤峰学院学报. 2008，(11).

③ 刘青. 明确赡养义务的个人与国家责任 [J]. 唯实. 2009，(3).

④ 马征. 老年人赡养制度的法律思考：(硕士学位论文) [D]. 2008.

⑤ 李欣. “家庭养老”保障论——以亲属法之保障为视角 [J]. 河北法学. 2011，(8).

⑥ 人民网：http://paper.people.com.cn/smsb/html/2009-03/10/content_207683.htm.

⑦ 郭竞成. 居家养老模式的国际比较与借鉴 [J]. 社会保障研究. 2010，(1).

家的普遍性税收支持的，将需求评估、经济审查和普遍性资格相结合的一项法令。福利的给付形式是现金，但这些钱必须用于购买由专业人士提供的社会或医疗服务的服务包。此外，使用者还要自付一部分服务费用，自付费用的多少取决于个人的经济状况。根据法国的民法，子女必须支付其父母的一部分服务费用。①

（二）货币化意义

货币化子女赡养责任，一方面，在社会养老与家庭养老都因人口老龄化趋势遇到发展瓶颈的背景下，通过货币化子女赡养责任，寻求将社会养老服务模式与家庭养老模式相结合的突破口，以化解现行养老保障模式发展的制度瓶颈，解决中低收入人群的养老服务资金问题；另一方面，将子女赡养老人的责任货币化，是对传统家庭养老模式的一种继承与发展，是一种适应新形势下家庭结构变迁的社会养老保障模式的制度和理论创新，也是对我国现有养老保障体系的一种完善和发展。其现实意义在于：

首先，能够有效缓解居家照护资金紧张矛盾，为老年人提供更加有保障的晚年生活。有数据表明，当前我国城乡老人空巢率分别达 49.7％和 38.3％，而上海市第一代独生子女家庭空巢率达 62.1％。在现实中，很多老年人身边即使有子女，他们也不见得愿意履行照顾老年人的职责。这些数据和现象表明，在当前社会下，家庭养老实质上成为老年人自我养老，或者配偶养老。因此，货币化子女照顾责任，可以从制度上通过社会化服务方式为老年人解决照顾服务需求问题，进而可以确保老年人晚年的照料需求。

其次，落实《宪法》与《老年人权益保障法》的相关规定，推动家庭养老的继承与发展。《宪法》与新修订的《老年人权益保障法》明确规定子女有照顾老年人的责任与义务，然而在现代工业社会（人口流动加剧）和新型家庭结构（少子化与较高的空巢率并存）下要子女亲善亲为，是不现实的。实际中，有心无力、有力无心、无心无力等诸多有意无意未尽赡养责任之现象随处可见。货币化子女照顾责任不但可以落实《宪法》与《老年人权益保障法》的相关规定，促进子女恪守孝道，继承传统家庭养老的美德，而且可以有效抑制与改善不孝和啃老现象，促进和提升全社会成员养老的社会责任感。

最后，有利于减轻现行社会保障制度的压力，尤其是有利于减轻政府财政补贴的资金负担，促进养老保障制度可持续发展。由于人口老龄化、高龄化给社会养老带来极大的压力和挑战，政府在很多保障项目中都承担了财政补贴和支持的责任，而养老为刚性需求，长此以往，这种财政责任会变成政府极大的财政负担。货币化子女照顾责任，就是让家庭成员分担责任，提高养老服务保障制度所需资金的可持续供给，减轻政府财政负担，进而促进居家养老服务可持续发展。

三、货币化子女照护责任的可行性

（一）具有一定的民意基础

为了解民众对货币化子女照护责任的看法，我们在上海地区展开了实地调查。在该项制

---

① 裴晓梅，房莉杰. 老年长期照护导论［M］. 社会科学文献出版社，2010.

度设计中，成年子女承担照护责任并负责缴纳照护费，老年人则作为此项制度的直接受益人，是照顾服务的接受者。两类人群在制度中的不同角色将会导致对该项目的不同态度，为此，调查问卷特别设计了成年子女卷（以下简称子女卷）和老人卷，子女卷的目标人群为工作年龄段人口，老人卷的目标群体为退休人口。从图1和图2可以看出，有57.35%的老人和65.15%的成年子女赞成货币化子女照护责任的做法，这为进一步的制度设计提供了较好的民意基础。

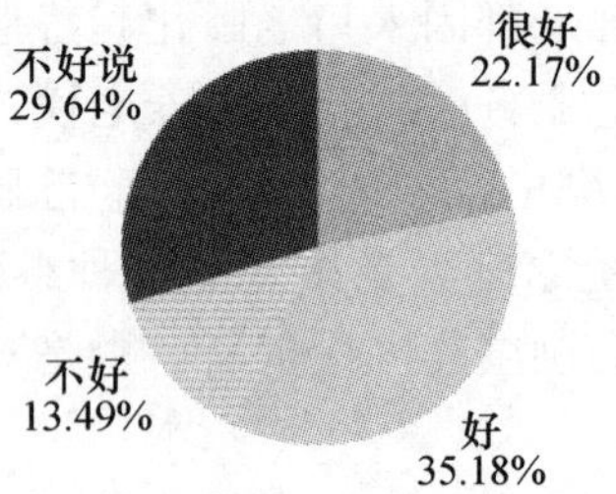

图1　老人对货币化照护责任的态度

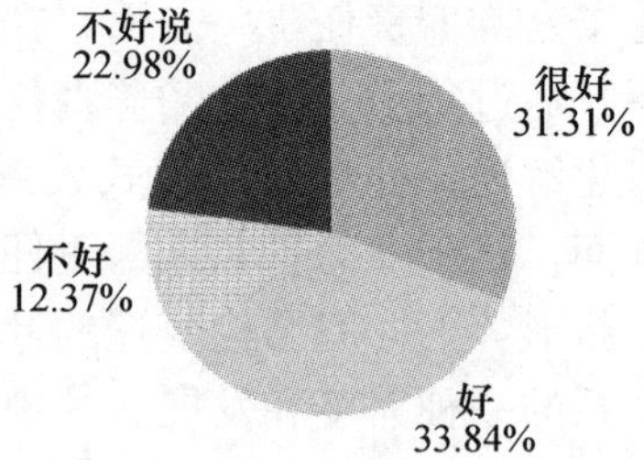

图2　成年子女对货币化照护责任的态度

为了进一步考察货币化照护责任的可行性和必要性，我们重点针对两种情况进行了调查，一是子女缴纳照护费，没有政府补贴；二是子女缴纳照护费，政府给予配套补贴。调查结果显示，在子女缴费无政府补贴的情况下，有42.60%的老人、56.40%的子女认为该项目具有可行性，当然也有28.06%的老人、26.63%的子女认为比较难或根本不可能（见图3）。若在子女缴费同时有政府配套补贴的情况下，有63.39%的老人、69.47%的子女认为该项目可行，比之前分别上升了20.79个百分点和13.07个百分点。从项目开展的必要性来看，在子女缴费无政府补贴的情况下，有47.57%的老人、55.05%子女认为货币化子女照护责任有必要，而在增加了政府提供配套补贴的因素后，相应的比例都有显著的提高，分别为83.84%、91.80%（图4）。可见，货币化子女照护责任不仅具有一定程度的支持率，而且也具有一定的可行性，尤其是在政府提供配套补贴的情况下，可以极大地提高民众对该项目的认可度和支持度，这为我们细化制度设计奠定了很好的基础。

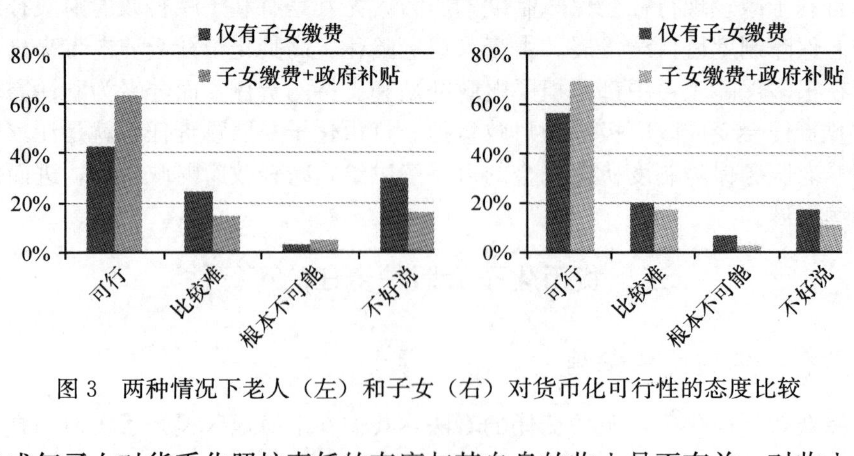

图3　两种情况下老人（左）和子女（右）对货币化可行性的态度比较

为检验成年子女对货币化照护责任的态度与其自身的收入是否有关，对收入与态度进行交叉分析，结果如表1所示，不论收入是在3 000元以下还是在8 000元以上，成年子女对

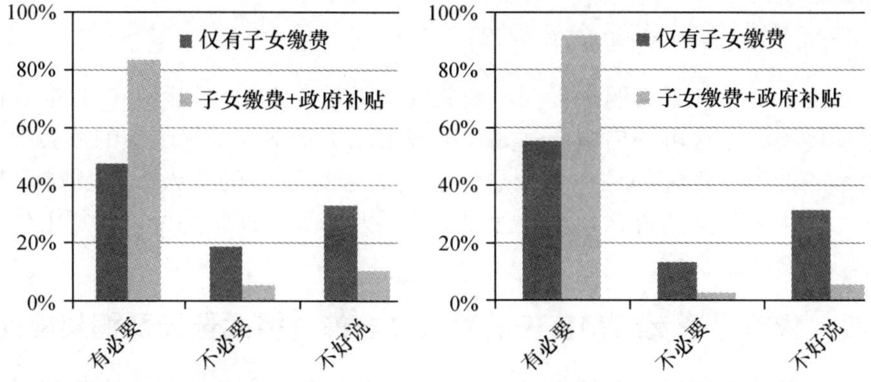

图 4　两种情况下老人（左）和子女（右）对货币化必要性的态度比较

货币化照护责任的态度并没有显著的变化。这说明，不管是低收入者还是较高收入者，绝大多数都对该项目持赞成的态度。

表 1　　不同收入程度的成年子女对货币化照护责任的态度　　单位：%

收入状况	很好	好	不好	不好说	合计
3 000 元以下	29.12	31.32	12.64	26.92	100
3 001～5 000 元	31.82	38.18	11.82	18.18	100
5 001～8 000 元	22.22	44.44	14.81	18.52	100
8 001～10 000 元	41.18	35.29	11.76	11.76	100
10 001～15 000 元	0.00	50.00	0.00	50.00	100
15 001～20 000 元	0.00	20.00	40.00	40.00	100
20 001 元以上	66.67	16.67	16.67	0.00	100

综上可知，超过一半的老人和成年人对该项目都持赞成态度，若辅以政府补贴，绝大多数人都认为该项目不仅必要而且可行。这也为我们进一步细化该项目提供了有力的民意支撑。

（二）具有较完善的经办组织体系

我国社会养老服务均由民政系统统一负责管理，居家养老服务统一依托社区（街道系统）开展。以上海市为例，目前上海的 17 个区县都设有居家养老服务指导中心。除虹口区、嘉定区、松江区和崇明县外，其余 13 个区县又在其主要街道设立了基层居家养老服务中心，大约有 141 个，它们为辖区老人提供各种居家养老服务。从县、区及街道社区，居家养老服务工作基本形成了由民政系统自上而下条条管理的组织模式，其为货币化子女照护责任、为老人提供社会化养老服务奠定了组织管理基础。居家老人的登记注册、照护费的收取、老年人的健康状态、照护服务的提供与事后评估等工作均可以通过社区居家养老服务中心逐级对上负责。这为开展货币化子女照护责任提供了良好的组织可行性。

（三）具有可供借鉴的资金管理技术

从技术角度，货币化子女照护责任，最关键的就是资金的管理问题。目前我们有成熟的社会保障管理经验和做法可资借鉴。例如我国城镇职工基本养老保险中的社会统筹及个人账户资金的收缴、使用及管理办法；城乡居民社会养老保险中的个人账户及财政补贴资金的计、发办法；住房公积金的资金收缴、管理及使用办法等，这些均可以为货币化照护责任提供技术借鉴，甚至技术支撑。

四、货币化子女照护责任的居家养老筹资模式选择及框架设计

货币化子女照护责任的资金筹集和管理形式，从理论上看，有三种可供选择的模式，即互济性合作模式、个人账户积累制模式以及税收统筹模式。但是三种模式各有优缺点（见表2），结合我国的实际及民意情况，我们从中选择易于操作且老百姓支持的、合理的个人账户积累制模式。

表2　　三种资金管理模式的比较

筹资模式	优点	缺点	现实条件
互济合作模式	有互济性，风险共担、有保障作用	个人成本与收益的不对等；自愿缴费下的激励效果不佳	对人口稳定性要求较高；参合人数遵循大数原理
个人账户模式	体现个人责任，透明度高，权利与义务对等	没有互济性；管理成本高；面临贬值风险；难以做到全覆盖	民众有认识
税收统筹模式	强制性，资金来源稳定，依托现有的征税系统可节约征税成本	基金统筹使用，权利与义务不对等，容易加重子女负担	缺乏直接法律依据；以税收模式解决社保问题尚不成熟；当前职工税负已经很高

（一）三种筹资管理模式的比较

1. 互济性合作模式

互济性合作筹资模式，是指在一定的人口区域范围内，按照“风险共担，互助共济”的原则，在该区域内通过子女缴纳照护费，建立专门的照护基金，为参加互济的、需要居家养老服务的老年人提供费用支持。根据区域的范围不同，可以分为社区互济合作、镇（区）互济合作及市级互济合作等。这种制度模式一般是现收现付的，基金在统筹区域内参加人之间互济使用。

互济性合作模式的优点是具有一定程度的社会福利性质，实现了风险共担。社会保障并不是谁对谁的恩赐，其实质是社会成员创造的财富供给社会成员自己享有，因此，社会保障由社会成员普享是理所当然的。在兼顾公平与效率统一的前提下，按照需要分别提供，特别是尽可能向社会弱势群体倾斜，这就十分明显地突出了社会保障的互济性。特别是在市场经济下，不可预测的事件频频发生，威胁着人们的正常生活，这是谁也不能避免的，这就需要人与人之间、群体与群体之间，相互伸出援手，共同来面对各种危难。马克思在《哥达纲领批判》一文中指出：“从一个处于私人地位的生产者身上扣除的一切，又会直接或间接用来

为处于社会成员地位的社会生产者谋福利。”可见，人们的一生在不断为他人提供物质帮助的同时，也在不断享受他人为自己提供的各种帮助，这也体现了社会保障的初衷和同舟共济的精神。①

互济合作模式的缺点也是显而易见的。正是这种福利性，弱化了个人成本与收益的对等关系，自愿缴费情况下对于参保人的激励效果不佳。新型农村合作医疗制度就是这种互济合作模式的代表。在新农合的开展初期，农民仅从自己短期得失的角度考虑，认为自己身体好，生病住院的概率低，没有必要花那个冤枉钱，加之政府配套的财政措施不到位，导致前期的参保率不高。低覆盖率必然又会导致这种互济合作模式难以发挥其“风险共担”的作用。另外，管理层级的权威性也直接影响到参保的积极性。若由较基层的政府组织管理基金，参保人可能担心基金会被挪用或难以做到保值增值。

2. 积累性个人账户制模式

根据国际社会保障协会（SISA）的定义，个人账户是一种制度安排，在这种制度中，通过强制性或自愿性缴费，为每个人清晰记录账户项目并积累资金，当满足规定的事件发生时参保人方可支取。它是完全积累式、以收定支，实行自我保障储蓄。② 货币化子女赡养责任的积累性个人账户制，就是让子女定期缴费到专为其父母设置的个人账户中，实行一人一账户或一家一账户的管理，待特定事件发生时，如老人达到一定年龄或是需要购买养老服务的时候再支取。当然，为了鼓励子女为老人缴纳赡养费，可以对其个人账户进行适当的财政补助和税收优惠。例如当账户金额累积到一定标准时，财政按照一定的比例进行补贴，同时允许子女用税前收入为父母缴费等。

个人账户的优点是透明度高。这是因为在这种模式下，子女缴纳的照护费用用于自家老人，不存在社会成员之间的再分配，而且强调权利与义务对等，容易被国民所接受。

这种积累性的个人账户制也有其固有的不足。首先，采取完全积累式的个人账户制，按照“多缴多得、少缴少得、不缴不得”法则实施，缺乏纵向公平性，没有互济性。货币化子女赡养责任是希望通过这种制度安排建立一种风险共担机制，让暂时无须购买养老服务人的钱用于急需购买服务的人身上，减少后者因年老缺乏照顾带来的生存困难。个人账户名下的积累方式，并不能使由赡养费形成的照护基金实现上述的转移支付，这样势必会加剧该项制度的不平等，加大社会中高龄、失能等弱势老年人在购买养老服务方面的风险。③ 其次，个人账户的管理成本高。个人账户基金是以参保者个人或者参保家庭为单位，每个单位都有个人账户，本意是个人自行管理，以提高参保面，提高覆盖率，但是若赡养费的收、管、投资、支出等所有过程全由相关机构操作，这项工作的复杂性、专业性使管理成本高，管理效率低，加重了制度的负担，影响制度正常的运转。④ 第三，对于个人账户基金的保值增值困难。个人账户实行以收定支，其支付水平除了受缴费水平、缴费年限的影响，还在很大程度上与基金的保值增值有关。一般地，个人账户基金投资于风险小、收益低的资产，把安全性放在首位的同时使得基金的保值增值困难，削弱了参保的积极性。第四，难以做到全覆盖。

① 郭士征．社会保障学［M］．上海财经大学出版社，2009.

② 汪衍礼．中国养老保险个人账户管理与国际借鉴［D］．2009.

③ 姚玉群．浅议我国医疗保险个人账户及对策思路［N］．北京劳动保障职业学院学报，2010，(3).

④ 高李．我国社会基本养老保险个人账户风险及其控制［D］．2006.

货币化赡养责任是以子女缴费为基础的，这样对于无子女的老人，其养老服务的问题仍然无法得到保障。

3. **税收统筹模式**

税收筹资模式是国家凭借其政治权力，并按照法律规定，强制地、无偿地取得财政收入，直接构成政府的财政收入，并通过专门的社会保障预算进行管理。福利经济学派的创始人庇古认为政府征税时，应符合公平和效率两项原则：一是公平原则。税收公平原则有两重含义：横向的公平和纵向的公平。横向的公平指对经济情况相同的人应当课以相同的税收。纵向的公平指对经济情况不同的人应当课以不同的税收。二是效率原则，即课税时应考虑税收对于工作、储蓄、投资和资源的合理有效配置等方面所产生的影响。税收的征收和缴纳应尽可能达到确定、便利和节约费用的原则。税收的课征应尽可能避免额外负担。①

相比较前两种筹资模式，税收模式最大的特点就是其强制性。税收的责任主体是国家，凭借政治权力，并且依照法律，强制性收取的。在这里，突出的是税收的法定性，即它不以人的意志为转移，不管纳税人是否愿意缴纳，都必须遵循相关的法律制度，依法纳税。② 在我国，税收的征收是以《税收征管法》为依据的，税务机关凭借法律赋予的权利，强化征缴渠道和手段，从法律意义上堵塞税费收入上的虚报、少报、拖欠等漏洞，保证税收收入的及时足额入库，提高征缴率，保证了资金来源的稳定。另外，税收方式筹资有征收成本低的优势。税务机关是专业化的征收机构，基础设施完备、管理规范。同时，税务机构遍布全国，点多线长，拥有一大批经验丰富的税务人员，有严格的管理机制和完善的征管手段，便于规模化、集约化管理，从而可以大大降低税费征收成本。③

税式筹资，其缺点主要体现在两个方面。首先，税收的无偿性使得资金的使用存在不确定性。税收的无偿性是指政府向特定的个人或团体征收特定的税种，但是并不一定对应相应的产品和服务，也就是权利和义务并不是对等的，纳税人缴纳税收的多少与获得的回报并不是呈正相关比例的。另外，强制收税的方式在推行时会加重在职职工的负担，引发社会问题。

（二）现行条件下，上述三种筹资管理模式运行的可行性分析

互济合作模式推行的条件较高，要求在一定区域内的人口流动具有相对稳定性，而目前城市社区人口流动日益加大，且极其不稳定，从而使得互济合作模式的实施具有一定的难度。也正因为如此，它会弱化参保者成本与收益的对等关系，使得民众的参与热情降低，从而也使得该种模式得不到多数居民的支持。

相比较互济合作模式，税收统筹模式要求的条件会更苛刻。首先，税收的征收必须要有法律依据，目前的《税收征管法》并没有对类似于赡养费的税收规定，法律上的空白使得征税缺乏必要的依据，难以保证税收来源的稳定。其次，即便是较为成熟的养老保险制度、医疗保险制度，我国目前仍采用的是缴纳社会保险费而非征收社会保险税的方式。“费改税”

---

① 薛睿. 我国社会主义市场经济条件下的社会保障税制模式探索 [D]. 2008.

② 田建荣. 我国社会保障筹资方式的“费改税”问题研究 [D]. 2009.

③ 王文童. 社会保障筹资模式及其税式管理问题的研究 [J]. 税务研究，2007，(4).

的呼声由来已久，但需首先解决几个问题，包括社会保障制度的人大立法问题、中央与地方的税收管理体制问题、社会保障税收入的统筹调剂问题以及与现行社会统筹办法的衔接问题等。① 再次，目前中国的税负率为43.9%，1年为税工作161天（2011年），② 还不包括各类的社会保险费。若在此基础上再增加一道赡养“税”，必然会加重在职职工的负担。第三，规范子女收入登记。目前我们的收入统计及登记系统很不统一，也不规范，这对子女赡养税应税所得额的确定带来困难。第四，对子女征收赡养税，从技术操作上也需要充分的准备。至少要保证在全国层面上实行征税联网。以上种种条件，充分说明了当前实行税收统筹模式还有很大的难度。

相比较以上两种模式，完全积累式的个人账户制在当前条件下比较具有可操作性。首先，基于自己交钱自己家人享用，从经济人、理性人的角度看，个人账户模式深受老百姓的欢迎。第二，个人账户具有私有性，对于尚未发生养老服务需求的家庭，这笔费用依然归缴纳者所有，所以对个人来讲，缴费没有风险。第三，个人账户的功能和做法已为百姓所熟悉，推行个人账户制易于被老百姓所接收。当然，这种模式在实施中也存在一定的问题，货币化子女赡养责任的制度在推行初期，实行的是自愿的模式，民众的风险意识不足很有可能导致在初期参加人数少，覆盖面小，赡养费收入面临不足的风险。当然，仅靠个人账户难以满足老年人日益增长的服务需求，基金存在缺口，难以实现制度设想的老年人服务保障功能。此外，我国金融市场不够完善，投资收益低，使个人账户资金具有贬值的风险。以我国的基本养老保险的个人账户基金为例，出于安全性考虑，对个人账户基金的投资范围和投资工具进行了严格的限制，再加上宏观经济波动及通货膨胀的影响，使得基金的投资效率低下，难以实现保值。

总之，货币化子女照护责任的资金管理，在筹资阶段，必须定位为依靠子女，政府扶持；在资金的使用与管理阶段，必须实行收支两条线，业务管理归民政，资金管理在财政部门设立财政专户。

然而，根据我们的实地调查结果看，民众对货币化子女照护责任的资金管理模式选择意向不是特别显著（见图5和图6）。总体来看，三种模式具有相当程度的支持率。具体比较来看，个人账户的支持率略高一筹。从图5和图6可以看出，有40.06%的子女及43.68%

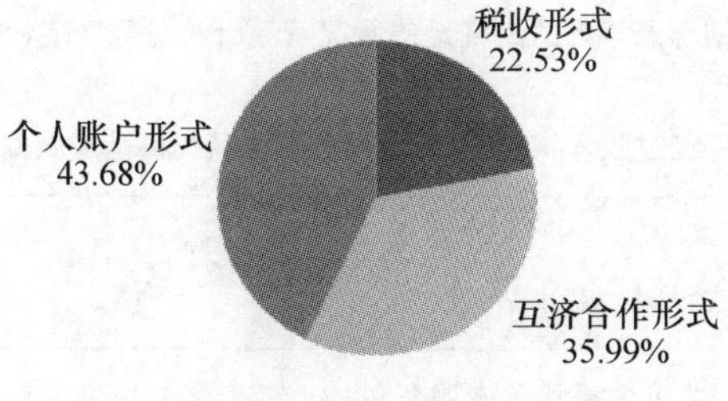

图5　老人对照护费管理形式的支持率

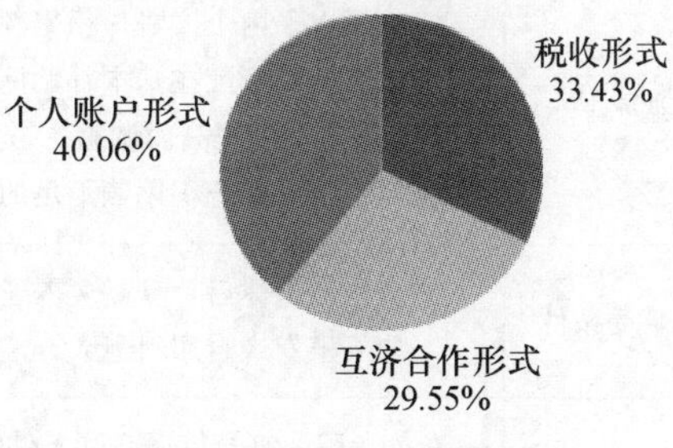

图6　子女对照护费管理形式的支持率

① 汪俊秀. 社会保障税：优化社会保障筹资模式的最佳选择［J］. 税务与经济，2006，(6).

② http://money.msn.com.cn/tax/20110419/08501226626.shtml.

的老人赞成以个人账户的形式管理照护费。只有29.55%的子女及35.99%的老年人认为照顾费应该互济使用（包含社区互济和地区互济）。从进一步的分析来看，收入程度对成年子女选择照护费管理模式的意向影响不显著（见表3）。

表3 不同收入水平的子女对照护费管理形式的支持率 单位：%

收入程度	税收形式	互济合作形式	个人账户形式	合计
3 000元以下	35.33	27.54	37.13	100.00
3 001～5 000元	29.25	29.25	41.51	100.00
5 001～8 000元	35.71	17.86	46.43	100.00
8 001～10 000元	35.29	23.53	41.18	100.00
10 001～15 000元	20.00	60.00	20.00	100.00
15 001～20 000元	66.67	0.00	33.33	100.00
20 001元以上	20.00	20.00	60.00	100.00

（三）货币化子女照护责任的居家养老筹资模式的制度框架设计

结合上述模式的选择，我们初步确定按照个人账户模式设计，并拟定了货币化子女照护责任的制度框架，如表4所示。

表4 货币化子女照护责任的制度安排

保障目标	解决养老服务问题
保障范围	60岁及以上且在社区进行登记注册老人
缴费范围	24～56岁有劳动收入的子女，自愿缴纳
缴费办法	按照子女上年度月平均工资或者相应收入的1%、3%、5%或8%等比例缴费，所缴费用计入个人账户或者家庭账户
政府补贴	按账户缴费积累额和缴费时间进行比例性配套补贴，补贴时点为老年人需要使用照顾费时
缴费长度	建议并鼓励子女长期缴费，但是不设最低缴费年限
待遇水平	1. 待遇水平由个人账户积累额、老年人的家庭和健康状况等因素综合决定 2. 政府补贴额度在基本补贴标准基础上，结合老年人的家庭经济状况及健康状况等确定，并随着经济发展水平的提高而调整 3. 对于个人账户积累额不足的低收入老人（经过收入核对），由政府补贴为其提供基本服务
待遇享受条件	1. 老年人退休后，且需要养老服务时启用 2. 如果子女亲自照料老人，经核查，可以获得照顾者津贴
资金使用	专款专用。符合待遇享受条件时，政府或相关机构委托养老服务机构上门为老人提供服务，并把资金直接划转给服务提供方。资金并不经过老人

五、基于货币化子女照护责任的居家养老保障模式的建议

（一）政策性建议

1. 明确政府主要职责及定位。政府负有组织、管理、监督和推行等责任。第一，政府应确立组织管理体系。市民政部门对货币化子女照护责任承担行政管理职能；街道社区居家养老服务中心对货币化子女照护责任承担经办职责；照护基金委托有关基金管理中心托管。第二，组织试点、完善制度。选择典型省市先行试点，着重对制度设计参数、实施环节、管理等方面进行评估，以促进制度的完善。第三，加强宣传、分步推广。对于试点完善的制度加强宣传，并分步推广。可以分三步实施，第一步，优先对城镇空巢老人家庭的子女照护责任货币化。由于空巢老人的子女不在老人身边，无法为老人提供必要的照顾责任，空巢老人的照顾问题是重中之重，因此可以优先在空巢老人家庭子女中展开货币化政策。第二步，将所有城镇中低收入老人家庭的子女纳入货币化范围。由于低收入家庭老人购买当期所需要的服务能力不足，建议由其儿女提早进行缴费积累，以确保低收入家庭老人的养老服务需求。第三步，将所有普通老人家庭子女纳入货币化范围。在条件成熟时，货币化范围扩面至所有城镇普通老年人和农村老人的子女。

2. 建立健全社区居家养老服务中心网络平台。力争在每一个街道社区建立一个居家养老服务中心，同时要健全中心与居民家庭、社会服务组织和机构以及政府的相关职能部门的联网工作。中心主要承担社区老年人、家庭子女的登记注册和缴费信息的登录、查询及资讯发布；与周边的服务供给点的服务项目、质量反馈与评价及资讯发布等动态联结；通过该平台，还为老年人家庭与服务点实现对接与互动功能。该网络平台建设是货币化子女照顾责任，促进居家老人实现社会化养老服务的中心枢纽。

3. 培育居家养老照料人员队伍。目前居家养老服务的提供者，一类是受薪的服务人员，另一类是不受薪的志愿者。而针对老年人越来越多的状况，单靠志愿者的无偿付出显然不现实。有资料表明，目前居家养老服务员受过专业培训的比例仅占总数的30%，专业居家养老服务员缺口很大。缺乏高素质和数量稳定的专业人员队伍是限制养老服务发展的一大瓶颈。面对居家养老服务大力发展过程中巨大的人力需求，除了要扩大宣传、提高待遇，还要加大力度对服务人员进行必要的专业知识培训。建议政府用财政资金花3～5年的时间进行居家养老服务所需的管理人员，尤其是一线服务照料人员的业务和资质培训，为居家养老提供充足的照料服务供给。培训对象的重点可以放在中低收入家庭中具有劳动能力的待业、失业人员中，不仅解决了社会养老服务照料人员紧张的问题，也为那些就业难的人员提供了就业与再就业的机会与岗位，实现了社会养老与就业的双赢。

4. 加强居家照料服务行业规范。建议将居家照料服务行业纳入正规的职业范畴，对其服务项目、服务内容、服务标准、服务技术和要求以及服务价格（居家养老服务费用）等进行标准化职业规范，实现居家养老照料服务行业的质与价的统一。同时，加强居家养老服务行业的质量管理与监督机制。

5. 建立居家养老、社区养老与机构养老的联动机制。适时为接受居家养老服务的老年人可能发生的在居家养老、社区养老及机构养老体系下进行的迁转提供方便。

6. 尽快制定专门规范子女货币化赡养责任的法规。上海市居家养老服务建设走在全国前列，其相应的条例建设也处于超前地位，但专门规范货币化子女赡养责任的有关法律法规仍处于空白状态，这对推行货币化子女赡养责任处于不利状态。我们的调查也显示，约有10.35％的老年人和6.79％的成年人认为缺乏相应的法律依据会是该项制度推广的一大阻力。同时现行的有关法规和条例远远不能满足货币化子女赡养责任的需要，如现有的《老年人权益保障法》虽然规定子女有赡养老人的责任，但并没有就如何赡养老人进行详细规范。为此制定一部专门规范子女货币化赡养责任的详细的法规，很有必要。

7. 加强货币化子女赡养责任的政策研究。货币化子女赡养责任需要处理各方面的矛盾，建议在进一步的政策研究基础上，稳步实施和开展。

（二）其他支持与配套措施

1. 加大政策的宣传，提高民众参与意识。货币化子女赡养责任旨在解决90％的老年人的照护服务的资金问题，必将在保障老年人居家养老服务方面发挥了积极作用。但作为一项新的制度，老百姓对其缺乏深入的了解和理解，因此加大宣传，提高认识，争取老百姓的积极配合非常重要。这一工作，一是可以促进大家积极参保，提高覆盖面；二是利于促进和提升全社会成员养老的社会责任感，改善社会风气。

2. 实施财税优惠，提高参与的积极性。在日本和美国，不只是老人孩子，连家庭主妇、残疾的弟妹，都可以作为赡养人口减免个人所得税。香港的个税起征点是10万元港币，赡养父母可以少缴税。因此，对于子女缴纳照顾费的部分，可以实行个人所得税减免等财税优惠政策，同时配套政府补贴，从而扩大参与面，提高参与率。另外，利用经济利益调节，在社会保障方面对与老人同住的家庭实行优先优惠，鼓励并帮助子女赡养老人。如对与70岁以上老人同住的成年独生子女，优先购买经济适用房，优先入住廉租房和公租房等。此外，机关、企事业单位可通过增设护理假等方式鼓励独生子女经常回家探望照料。

3. 完善服务内容，更加符合老年人的需要。社区老年服务开展的内容和项目，应充分考虑老年人的实际需求。在条件允许的情况下，应多加强和老年人的沟通，了解老年人的需求，不断完善服务内容，打造全方位的社区老年服务。要逐步扩大社区老年服务的覆盖面，加强日托所服务力度。对老年人普遍关注的生活照料和医疗保健知识要格外重视，以老年人对服务的评价为标准。针对老年人的医疗健康需要，要建立起社区老年医疗保健服务体系，加强医疗服务设施的建设，尝试多种不同的服务形式，像设立家庭病床、老年人健康档案等。同时，各个地方的社区之间应加强联系，互相借鉴，并因地制宜为自己社区的老年人进行服务。

4. 完善基金管理办法。照护基金能否安全、保值增值，事关整个制度的平稳运行。参照上海现有的社保基金的监管工作来看，主要的依据是国务院以及中央有关部门颁布的《关于加强社会保障基金监督管理工作的通知》《关于进一步加强社会保险基金管理监督工作的通知》《社会保险基金监督举报工作管理办法》《社会保险基金行政监督办法》，劳动保障部、财政部等七部委颁布的《关于加强社会保障基金监督管理工作的通知》和上海市政府批准实施的《上海市社会保险基金财务管理办法》等。从这些通知或者办法看，目前在社保基金管理与投资方面还没有专门的法规，这对基金的投资与运营有较大的制约作用。如果没有一部正式的法规规定来规范照护基金，必定给基金安全埋下隐患。制定基金管理办法将对照护基金的管理具有重要的意义。

参考文献

[1] 李淑霞. 构建适合中国国情的家庭养老模式 [N]. 赤峰学院学报，2008，(11).

[2] 刘青. 明确赡养义务的个人与国家责任 [J]. 唯实，2009，(3).

[3] 马征. 老年人赡养制度的法律思考 [D]. 2008.

[4] 李欣."家庭养老"保障论——以亲属法之保障为视角 [J]. 河北法学，2011，(8).

[5] 郭竞成. 居家养老模式的国际比较与借鉴 [J]. 社会保障研究，2010，(1).

[6] 裴晓梅，房莉杰. 老年长期照护导论 [M]. 社会科学文献出版社，2010.

[7] 杨翠迎. 优化家庭资源推进居家养老服务可持续发展的建议. http://society.people.com.cn/n/2013/0802/c168256-22422619.html.

[8] 杨翠迎、茆长暄、张维录. 新时期居家养老服务：文化与制度协调推动 [J]. 社保财务理论与实践，2013，(1).

信息

中德社会保障发展研讨会暨德国社会史首站展览在中国人民大学举行

2014 年 4 月 14 日，由中国人民大学中国社会保障研究中心、社会转型与社会治理协同创新中心、德国艾伯特基金会联合主办的中德社会保障发展研讨会暨德国社会史展览在中国人民大学国学馆、图书馆举行。德国国务秘书、劳动和社会事务部副部长阿斯穆森，德国艾伯特基金会副主席、德国工会联合会主席、国际工会联合会主席左默尔，中国人民大学校长陈雨露，中国全国总工会副主席江广平，中国社会保险学会会长、原劳动保障部副部长王建伦，中国欧洲学会会长、中国社科院学部委员周弘和来自中、德两国劳动保障部门、工会部门、德国驻华使馆官员，以及首都高校师生代表约 140 多人出席会议。

政策认知与福利判断：农民参加新农保意愿的实证分析

——基于对中国5省样本农民的问卷调查

钟涨宝　聂建亮

【摘要】了解农民参加新农保的意愿及影响因素，对进一步推进新农保，最终实现对农村适龄居民的全覆盖具有重要的现实意义。本文基于对中国东部地区、中部地区以及西部地区5省样本农民的问卷调查，考察了新农保推行中农民的参保意愿，并通过建立Logistic回归模型分析了影响农民参保意愿的因素。研究发现，农民的参保意愿较高，且不同地区农民的参保意愿存在一定差异；农民对新农保政策的认知及福利判断均在一定程度上显著影响了农民的参保意愿，农民对新农保政策的认知程度越高，认为参保后福利提升越高，其参保意愿越高。而社会人口学变量中仅年龄和是否承包或耕种了土地对农民的参保意愿有显著的影响，年龄越大的农民越愿意参加新农保，没有承包或耕种土地的农民更愿意参加新农保。可以发现，与社会人口学变量相比，和新农保政策本身紧密相关的政策认知及福利判断才是影响农民参保意愿的核心变量。

【关键词】农民　新农保　参保意愿　政策认知　福利判断

Cognition on Policy and Judgment on Advantages: The Influencing Factors of Farmers' Willingness to Buy New Rural Social Endowment Insurance

——Based on the Questionnaire Survey on Sample Farmers from 5 Provinces in China

Zhong Zhangbao　Nie Jianliang

(*Department of Sociology, Research Center for Rural Social Construction and Management of Huazhong Agricultural University, Wuhan 430070*)

Abstract　It is of great practical importance to know farmers' willingness and influence factors of buying the New Rural Social Endowment Insurance (NRSEI). Based on a questionnaire survey from 5 provinces in the eastern, the middle and the western part of China, the study focused on farmers' willingness to buy the NRSEI and analyzing the influencing factors of farmers' willingness to buy the NRSEI by building logistic re-

---

作者：钟涨宝，教授，博士生导师，华中农业大学社会学系/农村社会建设与管理研究中心主任；聂建亮，华中农业大学社会学系，农村社会建设与管理研究中心博士研究生。

本文系国家社会科学基金重点项目“我国农村社会养老保障问题调查研究”（10ASH007）和北京郑杭生社会发展基金会·杭州国际城市学研究中心学子项目“快速城市化过程中城乡养老保险一体化研究”（13ZHFD06）的阶段性研究成果。

gression model. Results showed that farmers' willingness to buy the NRSEI was relatively high and there were differences in buying the NRSEI at different areas. Farmers' higher cognition on the NRSEI and their judgment on the advantages of the NRSEI have significant effect on farmers' willingness of buying the NRSEI. A higher cognition on the NRSEI promoted a higher willingness of buying the NRSEI. However, in social demography variables, only the age and 'whether contract or farming farmland' had a significant effect on farmers' willingness to buy the NRSEI. The older farmers had a higher willingness to buy the NRSEI and those who do not contract or farming farmland preferred to buy the NRSEI. Finally, the study shows that farmers' cognition of the NRSEI and their judgment on the advantages of the NRSEI which are closely related with the NRSEI are kernel independent variables that can influence farmers' willingness to buy the NRSEI.

Keywords farmers New Rural Social Endowment Insurance farmers' willingness to buy the NRSEI cognition on policy judgment on advantages

一、引　　言

2009年9月，国务院出台了《国务院关于开展新型农村社会养老保险试点的指导意见》，决定从2009年起开展新型农村社会养老保险（简称“新农保”）试点。2009年试点覆盖面为全国10%的县（市、区、旗），以后逐步扩大试点，在全国普遍实施，2020年之前基本实现对农村适龄居民的全覆盖。截至2012年9月，新农保已基本实现了在所有县级行政区的全覆盖[①]，但与基本实现对农村适龄居民全覆盖的目标相去甚远，仍然有部分地区农民的参保率不高。新农保坚持政府引导和农民自愿参保相结合的原则，这就表明在新农保推行中不能使用强制手段，而只能尊重农民意愿。计划行为理论认为行为意向是影响行为最直接的因素[②]，所以，了解农民的参保意愿，尤其是在新农保推行中农民的参保意愿，并分析影响农民参保意愿的因素，对深入推进新农保，最终实现对农村适龄居民的全覆盖具有重要的现实意义。基于此，本文将探讨新农保推行过程中农民的参保意愿及其影响因素，以期提出促进新农保进一步推进的建议。本文第二部分为已有研究的文献综述，第三部分为分析框架及研究假设，第四部分为数据来源与变量测定，第五部分为结果分析，第六部分为研究结论及启示。

二、文献综述

在新农保制度实施之前，我国部分地区实行的是“以个人交纳为主，集体补助为辅，国家予以政策扶持”的农村社会养老保险（简称“老农保”）。从1986年开始，民政部就根据“七五计划”关于“抓紧研究建立农村社会保险制度，并根据各地经济发展情况，进行试点，逐步实行”的发展目标，开始对农村社会养老保险制度进行积极的探索。在进行了大量试点工作的基础上，1992年1月3日民政部颁布并开始实施《县级农村社会养老保险基本方案（试行）》[③]，标志着我国农村社会养老保险制度开始建立。但是老农保的保险对象主要为村

① 数据来源：中华人民共和国人力资源和社会保障部农村社会保险司. 巩固、完善、提高、推动城乡居民养老保险工作再上新台阶. http://www.mohrss.gov.cn. 很多人据此认为新农保提前八年实现了制度的全覆盖，这样的论断并不科学，新农保的任务目标是在2020年之前基本实现对农村适龄居民的全覆盖，而不仅仅是对所有县级行政区的全覆盖。

② Ajzen I (1991). The Theory of Planned Behavior. *Organizational Behavior and Human Decision Processes*.

③ 乐章. 现行制度安排下农民的社会养老保险参与意向. 中国人口科学，2004，(5).

办企业职工、私营企业、个体户、外出人员以及乡镇企业职工、民办教师、乡镇招聘干部、职工等，不具有对农村居民的普适性。随着老农保的推行，其制度设计缺陷逐渐显露。最终因为我国农村尚不具备普遍实行老农保的条件，这一制度在1999年7月被国务院叫停，我国农村社会养老保险进入停滞与整顿时期①。

2009年9月我国开始新农保试点后，众多学者对新农保进行了大量的调查研究，也包括一些对农民参加新农保意愿的研究。张朝华对广东珠海与茂名茂南两试点地区农户的调查表明，农户户主受教育的年限越长、农户家庭纯收入越高，农户参保的意愿就越强，农户家庭的人口数与土地面积越多、农户的年龄越大、农户户主的务农年限越长、非农收入所占的比重越高，农户参保的意愿就越弱②。郝金磊、贾金荣基于2010年4月在甘肃省的调查数据，利用Logistic模型分析发现，农民对新农保有较强的参与意愿，年龄、健康状况、个人年收入、家庭劳动力数、家庭男孩数、家庭女孩数、家庭承包土地数及是否了解新农保等变量对农民参保意愿影响显著；性别、婚姻状况、文化程度、从事职业、家庭人口数等变量对农民参保意愿并无显著影响③。田北海、丁镇基于2010年在鲁、冀、皖、黔四省的调查数据，对农民的参保意愿进行研究发现，大部分农民愿意参加新农保，收入主要源于务农、劳动能力低、子女定期给钱用、子女未读过大学、认知程度较高、未来预期乐观的农民参保意愿更强④。还有一些研究者在研究中将农民的参保行为等同于参保意愿进行研究，这样处理显然并不科学。意愿指愿望、心愿，农民参与新农保的意愿具体指农民主观上是否愿意参保，以及希望通过什么样的方式参保⑤。众多研究结果显示，农民的参保意愿决定其参保行为，作为一项以自愿参加为原则的惠民政策，提高农民的参保意愿才是政策良性运行的基础。

分析既有的关于农民参加新农保意愿的研究，我们发现：首先，一些被研究地区在调查时并未进行新农保试点，也有的被研究地区中既有已经进行试点的地区，也有未进行试点的地区，在以上情况下询问农民的参保意愿，并不能对政策推行有实质性的帮助。哈贝马斯曾提出"情境理性"概念，即人类的理性总是嵌入在具体情境中的，并随着情境的变化而变化⑥。非新农保试点地区的农民，其并不处于新农保推行的情境之中，并不了解新农保的内容以及推行路径，所以其参保意愿不能反映农民在新农保推行情境中的参保意愿，得出的研究结论不适用于新农保的推行情境。所以，笔者认为要了解农民参加新农保的真实意愿，以有助于新农保的深入推进，选择正在推行新农保的地区进行研究是比较可取的。其次，虽然有些研究是在新农保试点地区进行的调查，但是样本量太少，这样就使统计结果的推广性较差。再次，已有研究的样本都包括60岁以上的老人，根据新农保政策，60岁以上老人在新农保实施时，不需缴费即可每月领取基础养老金，所以对这一群体进行调查，对推进新农保

① 龙玉其. 中国农村社会养老保险筹资问题研究——基于供求分析的模式选择与机制构建［J］. 农村金融研究，2010，(8).

② 张朝华. 农户参加新农保的意愿及其影响因素——基于广东珠海斗门、茂名茂南的调查［J］. 农业技术经济，2010，(6).

③ 郝金磊，贾金荣. 西部地区农民新农保参与意愿研究［J］. 西北人口，2011，(2).

④ 田北海，丁镇. 农民参与新型农村社会养老保险的意愿研究［N］. 甘肃行政学院学报，2011，(3).

⑤ 田北海，丁镇. 农民参与新型农村社会养老保险的意愿研究［N］. 甘肃行政学院学报，2011，(3).

⑥ 哈贝马斯. 后形而上学思想［M］. 译林出版社，2001.

并无多大意义。最后，已有研究自变量的选择主要集中在社会人口学方面，而很少有对与新农保本身紧密相关的政策认知、福利判断变量的考察，这里认为新农保作为一种嵌入性惠农政策，与其本身紧密相关的变量才应该成为考察农民参保意愿的关键。

针对现有研究的不足，并借鉴已有研究，笔者尝试以在我国东部地区的浙江省温州市、山东省武城县，中部地区的江西省寻乌县、湖北省广水市以及西部地区的四川省宜宾市的调查为基础，选择16～59岁的适龄参保人口，主要从对新农保的政策认知以及福利判断方面，对农民参加新农保的意愿及影响因素进行研究，探讨农民参保意愿的个体差异，并提出完善新农保制度的对策建议。

三、分析框架及研究假设

（一）分析框架

计划行为理论是社会心理学中最著名的态度行为关系理论，由阿耶兹（Ajzen）在1985年初步提出，1991年阿耶兹（Ajzen）发表的《计划行为理论》，标志着该理论的成熟，该理论认为行为意向是影响行为最直接的因素①。所以这里认为，农民参加新农保的意愿是影响农民参加新农保行为最直接的因素，研究农民的参保意愿有助于更好地解释农民的参保行为，有利于促进新农保的可持续发展。新农保是国家根据本国农村实际并借鉴国际经验实施的一种嵌入性惠农政策，由政府部门推动，以农民自愿参加的形式开展。参加新农保是对未来的投资，具有投资时间长，收益晚，不确定性大的特征。所以，这里借鉴已有对农民参保意愿的研究，结合新农保嵌入性特点，提出了农民参保意愿影响的一个分析框架。

在新农保嵌入农村之时，农民面对的是一个陌生的政策，因此欲推进新农保首先需要农民了解政策，对政策有正确的认识，所以政策认知便是影响农民参保的首要因素。在对新农保有一定认知之后，农民才可能对新农保的福利效力进行判断，农民参保决策的关键便是对参保后自身福利变化的判断，如果新农保可以明显提高参保农民的福利水平，那么农民可能更愿意参保，反之亦然。农民参保意愿影响的分析框架见图1。

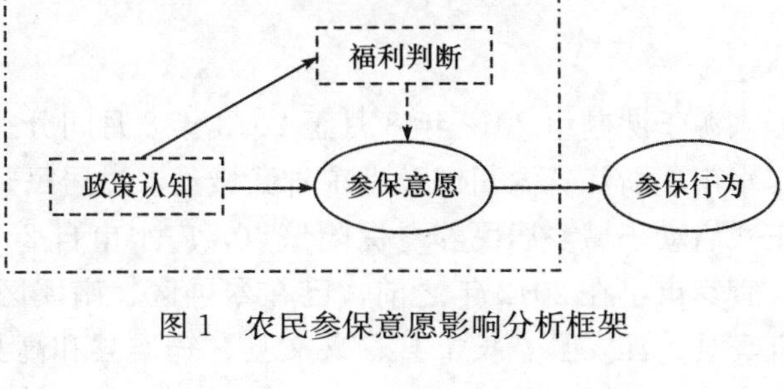

图1 农民参保意愿影响分析框架

（二）研究假设

基于以上分析，这里提出以下研究假设：

① Ajzen I. (1991). The Theory of Planned Behavior. *Organizational Behavior and Human Decision Processes*.

假设1：政策认知对农民的参保意愿有影响，政策认知程度越高，农民的参保意愿越高。

一个人对事物的预期和认知会影响其对该事物的态度①。农民对新农保政策的认知包括对新农保政策总体的了解程度以及对新农保的认识，即对参保权利义务观念的看法。对新农保越了解，则更能理解其惠农的制度品质以及潜在的长期收益，更可能接受新农保；而越不了解政策，则更可能将其视作一种负担，更可能排斥新农保。农民对新农保的认识，对农民参保意愿也有重要的影响。如果农民对新农保有比较正面的认识，即认为参保是自己应享有权利，而缴费是自己应尽的义务，那么更可能愿意参加新农保，反之亦然。因此，基于以上分析本文提出以下两个推论：

1. 农民越了解新农保，越愿意参加新农保；

2. 农民参保权利义务观念越强，越愿意参加新农保。

假设2：福利判断对农民的参保意愿有影响，福利提升越高，农民的参保意愿越高。

对新农保进行福利判断需要考虑其保障效果和收益状况。新农保作为一种制度化的保障方式，保障效果是对其进行评价的根本标准。养老保障的目的在于抵御风险，因此一种养老保障形式是否有效在于其是否具有特定的保障能力。农民在做出参保行为选择时，会对新农保的保障效果进行考虑，如果新农保没有保障效果，或者不能达到自己的保障预期，那么农民可能不愿参保；相反，如果新农保具有较好的保障效果，或者达到了农民的保障预期，那么农民更可能愿意参保。同时，作为理性的经济人，农民在做出选择时会考虑成本—收益的比较分析②。如果农民认为从长远来看参保可以带来收益，那么其便可能愿意参加新农保，反之如果参保从长远来看并不能带来收益，那么农民便不太可能愿意参保。所以，根据以上分析提出以下两个推论：

3. 新农保的保障效果越好，农民越愿意参加新农保；

4. 新农保的收益状况越好，农民越愿意参加新农保。

四、数据来源与变量测量

（一）数据来源

本文研究所用数据来源于课题组2012年8月至2013年8月间分别对江西省寻乌县、四川省宜宾市、湖北省广水市、浙江省温州市及山东省武城县农村居民开展的问卷调查。寻乌县自2010年10月便正式启动了城乡居民养老保险试点，广水市自2011年8月开始推行城乡居民社会养老保险。宜宾市早在2012年之前，已在翠屏区、南溪区、珙县和屏山县开展了新农保试点工作，宜宾县、江安县、长宁县、兴文县、筠连县和高县从2012年7月份开始推行新农保。在宜宾市调查的地区包括翠屏区、兴文县和高县。武城县则从2011年7月开始进行新农保试点。

① 田北海，丁镇．农民参与新型农村社会养老保险的意愿研究［N］．甘肃行政学院学报，2011，(3)．

② 宁满秀，谭晓婷，谢青青．我国新型农村合作医疗制度的可持续性发展研究——基于农户参合行为的实证分析［J］．农业技术经济，2010，(8)．

调查采用分层抽样的方法选取样本乡镇（街道）、样本村（社区），每个市（县）抽取3～6个乡镇（街道），每个乡镇（街道）抽取2～4个行政村（社区），每个行政村（社区）抽取30个样本。本次调查共抽取了22个乡镇（街道）的58个行政村（社区）。

调查均由华中农业大学社会学系研究生组成的调查小组分赴不同乡镇（街道）进行入户调查，调查质量较高。调查共发放问卷约1 700份，收回有效问卷1 661份，有效收回率近94%，剔除非农户口问卷，剩余农业户口居民问卷1 599份。因为60岁及以上的老人，在新农保推行之时不需缴费，便可以按月领取基础养老金，对其测试参保意愿并无实际意义，因此根据研究主题，本文选取了16～59岁适龄参保的样本进行分析，有效样本数量共1 268人。在所选样本中，浙江省温州市共214人，山东省武城县共266人，江西省寻乌县共309人，湖北省广水市共228人，四川省宜宾市共251人。

（二）模型构建

本文的被解释变量为农民参加新农保的意愿，有“愿意”与“不愿意”两种情况，为二分类选择变量，因此，本文拟建立二元Logistic模型。其模型形式为：

$$p_i = F(y) = F\left(\alpha + \sum_{j=1}^{n} \beta_j x_j\right) = \frac{1}{1 + e^{-(\alpha + \sum_{j=1}^{n} \beta_j x_j)}} \tag{1}$$

（1）式中，p_i 为农民 i 愿意参加新农保的概率，α 为常数项，x_j 表示第 j 个影响农民参加新农保意愿的自变量，n 为自变量的个数，β_j 是自变量回归系数。农民愿意参加新农保的概率与不愿意参加新农保的概率的比值 $\frac{p_i}{1-p_i}$ 为事件发生比，对其进行对数变换，得到Logistic回归模型的线性表达式为：

$$Ln\left(\frac{p_i}{1-p_i}\right) = \alpha + \sum_{j=1}^{n} \beta_j x_j \tag{2}$$

（三）变量选择与测量

1. 参保意愿

参保意愿是本研究的核心变量，也是因变量。根据研究目的，本文直接询问农民的参保意愿，从而避免了将参保行为和参保意愿进行混淆的做法。因变量为二分变量，包括“愿意”和“不愿意”两个选项，分别赋值1和0。

2. 政策认知变量

这里用2个子变量考察农民对新农保政策的认知。第1个子变量是农民了解新农保的程度，已有研究基本是通过一道李克特量表题目进行测量，这样很难准确测量农民了解新农保的程度。新农保政策有一些基本的规定，通过考察农民对这些基本规定的认识，可以在一定程度上得到农民对新农保的了解程度。在问卷中主要通过询问农民是否知道新农保的相关规定进行测量，具体的回答情况参见表1。表中的每项规定都有“是”和“否”两个选项，分别赋值1和0。将全部的5种情况的分值加总，得到一个新的连续变量，取值范围是0～5。调查对象的总分值越高，意味着农民对新农保的基本规定知道得越多，即农民越了解新农保。

表 1　　农民知道新农保基本规定的比例

新农保基本规定内容	频数	百分比
引导农民参保应遵循自愿原则，不能强迫农民参加	1 002	79.0
政府会对参加新农保的农民给予参保补贴	841	66.3
农村居民年满 16 周岁（不含在校学生）且未在城镇参保，便可在户籍地参加新农保	726	57.3
参保人外迁时，若迁入地尚未建立新农保制度，其个人缴纳全部本息退还给本人	458	36.1
若参保人死亡，个人账户中的资金余额，除政府补贴外，可以依法继承	583	46.0

第 2 个子变量是农民对参保权利义务观念的看法，来自问卷中农民对以下两种说法的看法："社会养老保险是所有公民应享有的权利""缴纳社会养老保险费是所有公民应尽的义务"，选项是"完全同意""比较同意""说不清""比较反对"和"完全反对"，为定序变量，分别赋值 5、4、3、2、1（见表 2）。将以上两题进行因子分析，得到一个新的连续变量。调查对象的分值越高，意味着农民越认同参保的权利义务。

表 2　　农民对参保权利义务观念的看法描述

看法	选项	赋值	频数	百分比
社会养老保险是所有公民应享有的权利	完全同意	5	673	53.2
	比较同意	4	424	33.5
	说不清	3	146	11.5
	比较反对	2	19	1.5
	完全反对	1	4	0.3
缴纳社会养老保险费是所有公民应尽的义务	完全同意	5	497	39.3
	比较同意	4	477	37.7
	说不清	3	199	15.7
	比较反对	2	64	5.1
	完全反对	1	28	2.2

3. 福利判断变量

这里从两个方面测量新农保的福利，一方面是新农保的保障效果，另一方面是新农保的收益状况。新农保保障效果来自问卷以下两题："在您看来，新型农村社会养老保险待遇是否能够满足本地老年人的基本生活需要?""在您看来，新型农村社会养老保险在改善老年贫困人口的生活方面，有多大作用?"前一道题的选项分别是"完全不能满足""很难满足""基本能满足""完全能满足"，分别赋值 1、2、3、4；后一道题的选项分别为"几乎没有什么作用""作用较小""作用一般""作用较大""作用很大"，分别赋值 1、2、3、4、5（见表 3）。将以上两题进行因子分析，得到一个新的连续变量。调查对象的分值越高，意味着农民越认可新农保的保障效果，即新农保的保障效果越好。

新农保收益状况来自问卷中对以下说法的看法（见表 4）："缴纳农村社会养老保险费，

表3　　新农保保障效果描述

问题	选项	赋值	频数	百分比
在您看来，新农保待遇是否能够满足本地老年人的基本生活需要？	完全不能满足	1	339	32.2
	很难满足	2	529	50.3
	基本能满足	3	176	16.7
	完全能满足	4	8	0.8
在您看来，新农保在改善老年贫困人口的生活方面，有多大作用？	几乎没有什么作用	1	78	7.4
	作用较小	2	270	25.6
	作用一般	3	367	34.9
	作用较大	4	255	24.2
	作用很大	5	83	7.9

还不如把钱存到银行”。选项是“完全同意”“比较同意”“说不清”“比较反对”和“完全反对”，赋值分别为1、2、3、4、5。调查对象的分值越高，则认为新农保的收益状况越好，反之亦然。之所以将缴纳保险费与将钱存银行进行比较来考察新农保的收益状况，是因为农民在对投资行为进行成本——收益计算时，很少参照机会成本，而往往是将可能收益与银行利息比较，即与可能的最低收益比较，如果投资行为的收益低于银行利息，那么该项投资行为并不经济。

表4　　新农保收益状况描述

看法	选项	赋值	频数	百分比
缴纳农村社会养老保险费，还不如把钱存到银行	完全同意	1	57	5.4
	比较同意	2	101	9.6
	说不清	3	188	17.9
	比较反对	4	386	36.7
	完全反对	5	320	30.4

4. 其他控制变量

本文回顾了关于新农保参保意愿影响因素的各种研究，除政策认知和福利判断之外，其他变量在研究模型中按照控制变量处理。遵循以往的研究传统，我们模型中的控制变量分别是：①性别，分为男性和女性，分别赋值1和0。②年龄，为连续变量，按照周岁计算，并在样本选择时控制年龄的范围在16～59岁。③文化程度，为定序变量，赋值分别为：“小学及以下”＝1，“初中”＝2，“高中/中专/技校”＝3，“大专及以上”＝4。④家庭规模，为连续变量，范围在1～20人之间。⑤赡养老人数量，为连续变量，范围在0～6人之间。⑥是否承包或耕种了土地，为二分变量，分别是“有”和“无”，分别赋值1和0。⑦家庭全年收入，指调查时全家前一年的收入，为连续变量。⑧所在地区，为分类变量，赋值分别为：“四川”＝1；“江西”＝2；“湖北”＝3；“山东”＝4；“浙江”＝5。以上①～⑦为社会人口学变量，是已有研究主要的考察变量。

各变量的描述性统计分析结果见表5。

表5 计量模型变量的描述性统计分析结果

变量名称	定义变量	均值	标准差
控制变量			
性别	男=1；女=0	0.583	0.493
年龄	连续变量	42.784	9.946
文化程度	小学及以下=1；初中=2；高中/中专/技校=3；大专及以上=4	1.936	0.827
家庭规模	连续变量	4.663	1.681
赡养老人数量	连续变量	1.244	1.096
是否承包或耕种了土地	是=1；否=0	0.845	0.362
家庭全年收入	连续变量	46 653.005	61 894.027
所在地区	四川=1；江西=2；湖北=3；山东=4；浙江=5	2.908	1.383
自变量			
政策认知变量			
了解新农保的程度	连续变量	2.847	1.659
参保权利义务观念	连续变量	−0.006	1.012
福利判断变量			
新农保保障效果	连续变量	−0.012	1.009
新农保收益状况	连续变量	3.727	1.156
因变量			
参保意愿	愿意=1；不愿意=0	0.871	0.335

五、结果分析

（一）农民参加新农保意愿的描述分析

农民参加新农保意愿的频次分析结果显示（见表6），有1 104个样本愿意参加新农保，占样本总量的87.1%，有164个样本不愿意参加新农保，占样本总量的12.9%。由此可见，农民愿意参加新农保的比率较高，即农民的参保意愿较高。表6还显示，不同地区农民的参保意愿存在一定差异：四川宜宾样本中愿意参保的比例最低，为72.9%，其次是浙江温州样本，愿意参保的比例为84.1%，其余江西寻乌、湖北广水、山东武城样本愿意参保的比例接近，都在90%以上。四川宜宾样本农民参保意愿最低，可能因为课题组在四川宜宾调查时，选择的是2011年启动新农保的翠屏区和2012年刚启动新农保的高县和兴文县，多数样本来自刚启动新农保的地区，当地农民参保意愿相对较低。浙江温州样本农民参保意愿不高，可能因为该地区农民收入及生活水平处于高位，往往选择收益率高的商业保险，而对保障能力仅处于基本保障层次的新农保需求并不强烈。虽然山东武城与浙江温州同处于东部地区，但武城县地处鲁西北，其经济状况更接近于中部地区，因此，山东武城样本农民与中部地区样本农民的特质比较接近。江西寻乌、湖北广水地处中部，经济发展水平不及东部，农民很难承受需要交纳高额保费的商业保险，而对缴费水平偏低的新农保的需求较高，且这些地区已推行新农保一年以上，农民对新农保了解程度较高，对新农保的惠农特质感触较深，所以参保意愿较高。

表 6　　农民参保意愿的描述统计

地区	不愿参保（%）	愿意参保（%）	样本量（N）
四川	27.1	72.9	251
江西	6.5	93.5	309
湖北	8.8	91.2	228
山东	8.3	91.7	266
浙江	15.9	84.1	214
合计	12.9	87.1	1 268

（二）农民参加新农保意愿的影响因素

为探讨影响农民参加新农保意愿的因素，本文采用二元 logistic 回归模型对农民参保意愿进行估计，通过逐步回归法，设计了 3 个模型。模型Ⅰ是放入了主要控制变量的基本模型，包括所有社会人口学变量及地区变量，模型Ⅱ增加了政策认知变量，模型Ⅲ更是增加了福利判断变量的最终联合模型。回归分析的结果参见表 7。

表 7　　农民参保意愿影响因素的 Logistic 回归结果

变量	模型Ⅰ		模型Ⅱ		模型Ⅲ	
	系数	标准误	系数	标准误	系数	标准误
控制变量						
性别	0.088	0.184	−0.035	0.192	−0.083	0.196
年龄	0.043***	0.010	0.041***	0.010	0.041***	0.010
文化程度	0.288**	0.119	0.006	0.130	0.002	0.133
家庭规模	−0.018	0.056	−0.007	0.058	−0.015	0.060
赡养老人数量	−0.041	0.082	−0.058	0.085	−0.077	0.087
是否承包或耕种了土地	−0.415	0.259	−0.562**	0.274	−0.588**	0.279
家庭全年收入	0.000	0.000	0.000	0.000	0.000	0.000
所在地区[a]						
四川宜宾	−0.298	0.279	−0.461	0.295	−0.746**	0.307
江西寻乌	1.363***	0.328	0.886**	0.350	0.519	0.362
湖北广水	0.996***	0.334	1.059***	0.344	0.882**	0.348
山东武城	1.080***	0.334	1.047***	0.340	0.759**	0.348
自变量						

续表

变量	模型Ⅰ		模型Ⅱ		模型Ⅲ	
	系数	标准误	系数	标准误	系数	标准误
了解新农保的程度			0.397***	0.063	0.388***	0.065
参保权利义务观念			0.300***	0.087	0.305***	0.089
新农保保障效果					0.406***	0.101
新农保收益状况					0.335***	0.081
常量	−0.663	0.648	−0.656	0.672	−1.403**	0.715
−2倍对数似然值	872.289		808.454		772.140	
Nagelkerke R^2	0.127		0.208		0.255	

注：a. 以浙江温州为参照；b. ***和**分别表示变量在1%和5%的统计水平上显著。

1. 社会人口学变量对农民参保意愿的影响

就农民的参保意愿来看，在不考虑其他因素的情况下，社会人口学变量有一定的影响。模型Ⅰ显示，年龄在1%的统计水平上显著正向影响农民的参保意愿，即年龄越大，农民的参保意愿越高。年龄的EXP值为1.044（$e^{0.043}$），意味着在控制其他变量的情况下，农民的年龄每增加1岁，其参保意愿相应地增加4.4%。可能因为不同年龄段的农民，对老年生活保障的紧迫感不同，年龄较大的农民养老需求更加迫切。另外，从投入和收益角度来看，年龄越大的农民，距离享受养老金的时间越短，需要缴费的总金额也较少，收回成本的时间也越短，所以有更强烈的参保意愿。相反，年龄越小的农民，距离享受养老金的时间越长，需要缴费的总金额就越多，收回成本的不确定性也越强，所以参保意愿相对较弱。文化程度在5%的统计水平上显著正向影响农民的参保意愿，即文化程度越高，农民越愿意参加新农保。可能因为文化程度越高的农民，越容易理解新农保的惠农特质，从而也更容易接受新农保。

在政策认知和福利判断变量逐步放入模型的过程中，社会人口学变量的这些影响发生了一定的变化。年龄变量一直在1%的统计水平上显著正向影响农民的参保意愿。而文化程度变量对农民参保意愿的影响在模型Ⅱ和模型Ⅲ中消失了，这就意味着文化程度的影响被政策认知及福利判断变量削减了。在模型Ⅱ和模型Ⅲ中，是否承包或耕种了土地这一变量在5%的统计水平上显著负向影响农民的参保意愿，即没有承包或耕种土地的农民更愿意参保。这可能是因为农地承载着养老保障的作用。土地保障被认为是农村家庭保障能力的基本核心①，这也是农村养老与城镇养老的一个重要差别。土地对于广大农民来说，是就业保障、生活福利和医疗养老保障的可靠手段，是“衣食之源，生存之本”②。拥有土地的农民，面对养老可能更加自信，而没有土地的农民则更需要来自外部的保障，新农保就成为一种重要的替代选择。可以发现，在最终联合模型Ⅲ中，影响农民参保意愿的社会人口学变量仅年龄和是否承包或耕种了土地2个变量。

2. 政策认知变量对农民参保意愿的影响

由模型Ⅱ和模型Ⅰ的比较可以看出，当加入政策认知变量后，模型Ⅱ的−2倍对数似然

① 吴晓东. 中国农村养老供给的困境与出路［J］. 社会科学研究，2004，(1).

② 韩芳，朱启臻. 农村养老与土地支持——关于农村土地养老保障功能弱化的调查与思考［J］. 探索，2008，(5).

值大幅下降了，由872.289下降到了808.454，而 Nagelkerke R^2 由0.127提高到了0.208，这就意味着政策认知方面的变量对农民的参保意愿有强烈的影响。在模型Ⅱ中，反映对新农保政策认知的2个变量均在1%的统计水平上与农民的参保意愿呈显著的正相关关系。了解新农保的程度变量的EXP值为1.487（$e^{0.397}$），意味着在控制其他变量的情况下，农民对新农保的了解程度每增加1个单位，农民的参保意愿将提高48.7%。对新农保越了解，则更能理解其惠农的制度品质以及潜在的长期收益，更可能接受新农保；而越不了解政策，则更可能将其视作一种负担，更可能排斥新农保。调查统计结果就显示，对新农保“很熟悉”的样本中认为“搞农村社会养老保险，实质上是增加农民负担”的比例为8.3%，而“没听说过”新农保的样本认为“搞农村社会养老保险，实质上是增加农民负担”的比例高达31.3%。因此，推论1得到了验证。农民参保权利义务观念变量的EXP值为1.349（$e^{0.300}$），意味着在控制其他变量的情况下，农民参保缴费的权利义务观念每提高1个单位，农民的参保意愿将提高34.9%。调查统计结果显示，完全同意社会养老保险是所有公民应享有权利的样本中，89.6%的被调查人愿意参加新农保，而完全反对社会养老保险是所有公民应享有权利的样本中，仅有25.0%的被调查人愿意参加新农保；同样，完全同意缴纳社会养老保险费是所有公民应尽的义务的样本中，90.7%的被调查人愿意参加新农保，而完全反对缴纳社会养老保险费是所有公民应尽义务说法的样本中，仅有60.7%的被调查人愿意参加新农保。因此，推论2也得到了验证。

3. 福利判断变量对农民参保意愿的影响

分析显示，新农保福利判断变量与农民参保意愿的关系显著，增加了新农保福利判断变量的模型Ⅲ与模型Ⅱ相比，－2倍对数似然值下降了36.314，Nagelkerke R^2 则增加了0.047，可以说模型Ⅲ的解释力相较模型Ⅱ有所增加。模型Ⅲ显示，反映对新农保福利判断的2个变量均在1%的统计水平上与农民的参保意愿呈显著的正相关关系。因此推论3和推论4得到了验证。新农保保障效果的EXP值为1.501（$e^{0.406}$），意味着在控制其他变量的情况下，农民对新农保保障效果的认同每增加1个单位，农民的参保意愿将提高50.1%。调查统计结果显示，认为新农保可以满足本地老年人基本生活需要的样本中，有91.6%的被调查人愿意参加新农保，而认为新农保完全不能满足本地老年人基本生活需要的样本中，有83.6%的被调查人愿意参加新农保。同时，认为新农保在改善老年贫困人口的生活方面，作用很大的样本中，90.3%的被调查人愿意参加新农保，而认为新农保在改善老年贫困人口的生活方面，几乎没有什么作用的样本中，有76.8%的被调查人愿意参加新农保。新农保收益状况的EXP值为1.398（$e^{0.335}$），意味着在控制其他变量的情况下，农民对新农保收益状况的认同每增加1个单位，农民的参保意愿将提高39.8%。调查统计结果显示，完全同意缴纳农村社会养老保险费还不如把钱存到银行说法的样本中，有81.1%的被调查人愿意参加新农保，而完全反对这一说法的样本中，有高达94.1%的被调查人愿意参加新农保。

六、研究结论及启示

基于对我国东部地区、中部地区以及西部地区5省农民的问卷调查，本文考察了新农保推行中农民的参保意愿，发现农民的参保意愿较高，且不同地区农民的参保意愿存在一定差异。并通过建立 Logistic 回归模型分析了影响农民参保意愿的因素。结果表明：农民对新农保的政策认知及福利判断均在一定程度上显著影响了农民的参保意愿，农民对新农保政策的认知程度越高，认为参保后福利提升越高，其参保意愿越高。而社会人口学变量中仅年龄和是否承包或耕种了土地对农民的参保意愿有显著影响，其中年龄越大的农民越愿意参加新农保，没有承包或耕种土地的农民更愿意参加新农保。可以发现，与社会人口学变量相比，与新农保政策本身紧密相关的政策认知和福利判断才是影响农民参保意愿的核心变量，而已有的研究却很少注意这一点。这与已有研究多是在没有推行新农保的地区收集数据有关，非新农保推行地区的农民，其并不处于新农保推行的情境之中，并不了解新农保的内容以及推行路径，所以其参保意愿不能反映农民在新农保推行情境中的参保意愿，得出的研究结论不适用于新农保的推行情境。

基于以上研究结论，政府在推行新农保的过程中，应该注意以下几点：首先，应加大对新农保的宣传力度，提高农民对新农保的政策认知。借助电视、广播、网络等多种媒介，通过悬挂横幅、发放宣传单、召开村民会议、村组干部上门宣传等多种形式加强新农保的政策宣传，使更多的农民充分认识参加新农保的收益以及必要性。其次，各地政府在制定新农保实施办法时，应充分考虑不同农民的个体及家庭特征，制定吸引农民参保的规定，尤其是制定吸引年轻农民参保的规定。最后，在保证新农保基金不出风险，并保持健康的替代率基础上，应尽量提高基础养老金标准，提高政府补贴比例，鼓励农民提早参保并选择较高档次缴费，让农民真正从新农保制度中受益，使新农保成为农村养老保障体系中不可或缺的组成部分。

医疗保障

我国医疗保障从“无感增长”到“有感发展”的路径研究

黄国武

【摘要】 随着我国医疗卫生投入不断增加，我国基本实现了全民医保，覆盖率和保障水平都有了较大提升，但是国民似乎并没有在这个过程中明显受益。“看病难、看病贵”问题也没有得到根本解决，我国医疗保障陷入“无感增长”困境。造成这种情况的原因，除了城乡居民医疗支出超过收入增长、农村居民医疗保健支出占消费支出的比重不断提高等，医疗支出的健康效用边际递减之外，大病风险不断上升，而大病保障体系发展相对滞后，大病给国民带来的损失大于医保带来的效用，这也是导致医疗保障“无感增长”的重要原因。本文提出从权利贫困视角扩展国民化解健康风险的权利集，提高经办机构服务能力，明确制度边界，构建无缝衔接的大病保障体系，转变医疗保障理念，才能促进我国医疗保障制度的转型。

【关键词】 无感增长　繁荣型贫困　大病保障　灾难性医疗支出

The Research of Our Medicare from “No Feeling Growth” to the Path of “Feeling Development”

Huang Guowu

(*School of Labor and Human Resources*, *Renmin University of China*)

Abstract With the medical and health spending was increasing universal health care coverage has been achieved and the level of protection has been greatly improved in our country, But people do not seem to benefit significantly . “Difficult and expensive” problem has not been solved, our Medicare has got into a “no feeling growth” dilemma. The reasons for this situation, in addition to medical expenses exceed income growth of urban and rural residents, health care spending accounted consumption expenditure of rural residents continued to increase, such as medical expenses diminishing marginal utility of health, but also lead people to Medicare produce no sense of growing importance reasons. From the perspective of the rights of poor people extended to defuse the right set of health risks and improve the ability of agencies to insured services, build seamless health care system, changes in Medicare philosophy, promote the transformation of China's medical insurance system.

作者：黄国武，中国人民大学劳动人事学院博士生，加州大学伯克利分校访问学者。

本文是国家社会科学基金一般项目“城乡统筹背景下我国医疗保障制度转型与路径选择研究”（项目编号：13BGL114）的阶段性研究成果。

Keywords　No feeling Growth　the prosperity of poverty　critical illness protection catastrophic health expenses

一、问题的提出

我国从试点新型农村合作医疗（以下简称新农合）和城镇居民基本医疗保险（以下简称城居保），到公费医疗与城镇职工基本医疗保险的逐步并轨，再到2009年中共中央、国务院提出关于深化医药卫生体制改革的意见，开始新一轮医改。我国医疗保障制度不管是从覆盖面，保障水平，还是基层医疗服务体系建设都得到了较大发展。政府公共卫生的财政投入不断增加，医疗保障制度体系基本构建完成，我国基本实现了全民医保。但是近年来，尤其是新医改以来，一方面我国政府投入了大量的资金，三年新医改全国财政医疗卫生累积支出1.5万亿，① 远远超过预期。但是另一方面，“看病难、看病贵”没有得到根本的解决（申曙光，2012）；医疗保障中核心关系——医患关系，也没有较大改善，甚至在个别地区“医患矛盾”越来越严重。人们并没有在医疗保障快速发展的过程中明显受益，我国医疗保障似乎陷入了“无感增长”困境。

“无感增长”是郑杭生教授用来描述我国经济多年来快速增长，而这种增长与很多老百姓切身利益的关系不直接和不明显；没有形成增长成果共享的氛围和现实，造成国民生活幸福感不强，导致国民似乎感觉经济增长与自己无关的状态（郑杭生，2011）。诺贝尔经济学奖获得者阿玛蒂亚·森，曾经在其著作《贫困与饥荒》中，用“繁荣型贫困（扩张型饥荒）”来形容这种情况。森通过对1943年孟加拉邦饥荒的分析，认为即使在经济繁荣，粮食增产的情况下，国民也可能遭受严重的饥荒。繁荣过程自身就可能成为饥荒的诱因，因为在争夺市场控制或支配权力的斗争中，一部分人会因为另外一部分人的繁荣而受损（阿玛蒂亚·森，2001）。

从国内外两位教授的定义来看，虽然用词有所不同，但是两者背后逻辑一致，即经济、社会或制度的“增长”，本身并不必然会让所有国民受益。甚至部分国民在这种增长过程中利益受到损害，陷入“无感增长”的困境。而目前我国医疗保障建设似乎出现了这样的特征。

二、我国医疗保障“无感增长”的原因分析

（一）我国个人医疗卫生支出增长速度超过城乡居民收入增长速度

虽然我国政府卫生支出从2003年的1 117亿元，增加到2012年的8 366亿元②，政府财政投入增长了近6.5倍。但是快速增加的财政投入并没有让国民感觉到明显受益。首先，虽然我国财政投入快速增长，国民个人医疗卫生支出占卫生总费用支出的相对比重不断下降——从2002年的57.72%下降到2012年的34.35%，但是个人卫生费用支出的绝对数也快速增长，从2002年的3 342.14亿元上涨到2012年的9 564.55亿元，并且近年来卫生费

① 数据来源：国务院医改办《深化医药卫生体制改革三年总结报告》。

② 数据来源：2013年中国卫生和计划生育统计年鉴。

用支出增长的整体速度要大于城乡居民收入增长的速度（如表1），同时农村居民的医疗保健支出占消费性支出的比重不断上升——从2003年的6.0%上涨到8.7%。

表1　　2006—2012年我国个人卫生支出、城乡居民收入增长情况

	2006	2007	2008	2009	2010	2011	2012	平均值
个人卫生支出增长率（%）	7.4	5	15.2	11.8	7.3	20.1	13	11.4
农村居民人均纯收入增长率（%）	7.4	9.5	8.0	8.5	10.9	11.4	10.7	9.49
城镇居民人均可支配收入增长率（%）	10.4	12.2	8.4	9.8	7.8	8.4	9.6	9.51

数据来源：根据历年中国统计年鉴和卫生统计年鉴计算整理得来。

其次，医疗机构“以药养医”和“以械养医”的局面并没有根本改变。2012年各类医疗卫生机构总收入中财政补助占13.58%，其中各类医院中财政补助占收入比重为7.61%；基层医疗机构财政补助占收入比重为28.73%；即使是提供纯公共物品性质的专业公共卫生机构（如疾病预防控制中心、妇幼保健院、卫生监督所等）财政补助也仅占总收入的39.62%①。我国各类医疗卫生机构主要收入来源于医疗收入和事业收入的基本格局并没有改变，而患者作为医院重要的收入来源，其承担了医疗费用快速增长的负担，使其产生对医疗保障“无感增长”的感觉。

（二）未参保人群在医疗费用快速增长的情况下面临更大风险

首先，由于基本医疗保险管理主体不统一，新农合主要由卫生部门主管，城镇职工和居民基本医疗保险由人社部门主管，重复参保情况严重。并且我国流动劳动力总量较大，流动频率较高，如2013年我国有2.67亿农民工，其中外出农民工为1.66亿②。同时统筹地区一般各自为政，信息交流不畅，甚至在利益的驱使下，加剧了重复参保问题。因为，重复参保不仅可以得到财政补贴，提高政绩，还能给流入地参保地带来“健康红利”。即流动劳动者在工作时期，身体较健康，疾病风险较小，在流入地工作时较少使用医疗保险统筹基金。但是当流动劳动者年老不能工作时，由于户籍原因，主动或者被动退回原户籍所在地，参加流出地（户籍所在地）的医疗保险；而这时候劳动者一般疾病风险较大，花费医疗费用较多。这种隐性的风险转移，使得流入地获得了流动劳动者的“健康红利”，而流出地却承担着这种红利的成本。由于流出地一般是经济较落后地区，加剧了地区之间的不公平，违背了公平医保的原则。目前我国多达12个省份出现参加三大保险人数超过当地总人口数的情况，超过人数高达6 200万人，其中超出当地人口数最多的重庆市约超出2 437万人，几乎等于当地总人口数。这意味着我国相应的存在大量的未参保人。即使不考虑重复参保人数［人社部认为我国重复参保的比例在10%左右（赵鹏，2010）］，2012年参加新农合人数80 530.9万人，参加城镇基本医疗保险人数53 641.3万人，2012年我国总人口数为135 404万人，如此计算我国也有1 231.8万人没有参加基本医疗保险，对于国家来说只有不到1%的人没有参加基本医疗保险，而对于这1%的国民来说他们就是100%的没

① 数据来源：根据2013年中国卫生和计划生育统计年鉴计算整理得来。

② 数据来源：2013年国民经济和社会发展统计公报。

有参加医疗保险。同时赵绍阳等学者研究发现，由于部分企业无力负担或者故意逃避医保费导致我国还存在2 100万医保夹心层职工。这部分群体健康保健意识较弱，有病不医，而且一旦生病住院，医疗负担较重。实证研究显示该群体整体健康状况较差（赵绍阳等，2013）。并且随着我国医疗技术发展，先进医疗设备引入，医疗费用不断快速增长，会大大加重他们的医疗负担。因此对这部分没有参加医疗保险的群体来说，我国医疗保障的发展是"无感增长"，他们陷入了"繁荣型贫困"的困境。因此，如果不进行制度的整合和无缝衔接，更多的财政投入将被巨大的制度"漏洞"浪费，使国民产生"无感增长"的感觉。

其次，基本医疗保险参保人由于跨统筹地区、跨省等原因，出现的异地就医费用无法得到合理补偿，也会造成"无感增长"。除了部分异地就医参保人因为探亲、养老等原因，其他大部分异地就医的患者往往是遭受重特大疾病的患者，需要跨统筹地区、跨省，寻找更好的医疗服务、更高的医疗水平。而这些疾病的治疗费用往往较高，并且在异地就医前，患者家庭已经支出了大量的医疗费用，甚至可能已经陷入了家庭灾难性医疗支出的困境。但是目前我国医疗保障对异地就医不仅没有很好的衔接办法，而且为了防止异地就医产生的骗保或给当地医保基金收支平衡造成的冲击，往往会设置较多限制性条件。造成异地就医报销的障碍，降低报销比例，从而使得这部分群体产生"无感增长"的感觉。

最后，制度衔接问题产生的未参保群体。如刚出生的婴儿，尤其婴儿父母有工作单位，他们更容易错过参保。因为职工保险和居民保险分属不同的经办机构，职工一般在工作单位参加保险，而他们刚出生的孩子参加居住地或者户口所在地居民医疗保险。如果父母户籍地和工作地不一致时，从目前的法律看，国家法律并没有规定经办机构有告知参保人参保的义务，而参保人一般因为对政策不了解而错过了给孩子参保。只有当小孩生病，花费了较高医疗费用时才开始为孩子办理保险。而保险的基本原则是先参保后享受待遇，因此，没有参保前的医疗费用只能由自己承担。而一般婴幼儿身体较弱，容易遭受疾病，健康风险较高，生病住院花费也较高，往往给一般工薪家庭带来一定的负担，使他们陷入"无感增长"的困境。

（三）医疗支出的健康边际效用递减

从健康经济学的角度来看，医疗支出与健康状况也符合边际收益递减规律（詹姆斯·亨德森，2008），随着我国医疗保障事业快速发展，医疗支出的不断增加，健康效用的增量逐渐减少。即当总医疗费用处于较低水平时，医疗支出的增加能大大改善健康状况，人们感觉明显受益。而当总医疗费用处在较高水平时，医疗费用增加，将得到较少的健康效用的增加，人们健康状况改善速度减缓，人们感觉不再明显。

从我国人均卫生费用支出增长和健康水平的关系分析，即随着卫生费用的不断增加，人们的健康水平的总效用增加，但是随着我国医疗保障制度的全覆盖，单位卫生费用的投入和健康增量不断减少，弹性逐渐变小。也就是说，随着卫生投入的增加，国民健康效用增加量会越来越小，逐渐趋于不太明显。例如，国民健康水平的重要指标新生儿死亡率，与政府卫生支出之间的关系，根据 1991—2012 年全国新生儿死亡率和政府卫生支出数据情况①，做出新生儿死亡率对政府卫生支出的弹性图和对数趋势图（见图 1），可以看到其弹性逐渐变小并趋于零。

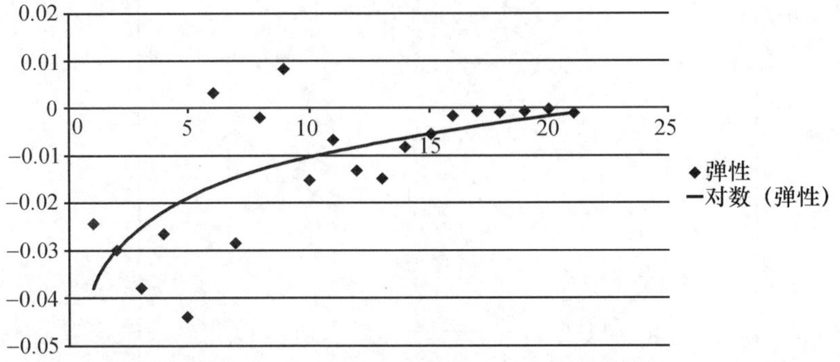

图 1　新生儿死亡率对政府卫生支出弹性图

同时根据该数据构建两者的对数模型（见表 3）：y＝70.051－7.288ln＊x，y 为新生儿死亡率，x 为政府卫生支出，拟合优度 R 方为 0.955。从其对数曲线（见图 2），可以明显发现政府医疗卫生投入的增加对新生儿死亡率的降低影响越来越小。因此，在边际效益递减的规律下，单纯依靠医疗支出的增长来改善国民健康效用的方式，也会使医疗保障制度发展陷入“无感增长”的困境。

表 3　模型汇总和参数估计值

因变量：新生儿死亡率（‰）

方程	模型汇总					参数估计值	
	R 方	F	df1	df2	Sig.	常数	b1
对数	0.955	421.245	1	20	0.000	70.051	−7.288

注：自变量为政府卫生支出（亿元）。

数据来源：根据历年中国卫生统计年鉴计算整理得来。

（四）大病风险不断上升，而大病保障发展相对滞后

随着我国经济、社会发展，城市化进程加快，影响国民健康的因素越来越多。国民遭受大病，尤其是重特大疾病的风险不断上升。同时我国疾病谱从以传染病为主向慢性病为主转变，加之人口老龄化，家庭规模变小，城乡居民大额医疗费用的负担越来越重。虽然整体上我国个人卫生支出占总卫生费用比重继续下降，但 2013 年比重仍然高达 33.9%。世界卫生组织的研究表明，一个国家卫生总费用中，个人支出比重降低到 15%～20%，才能基本解决“因病致贫，因病返贫”②。由于我国社会医疗保险主要以保基本为主，并且一直以来多层次的医疗保障体系建设滞后，各制度之间没有实现无缝衔接。当

① 数据来源：根据历年中国统计年鉴整理。

② 吴鹏，卫生部将考评医院控费情况，个人支出不超过 30%。人民网 2011 年 01 月 07 日，http://politics.people.com.cn/GB/1027/13673416.html。

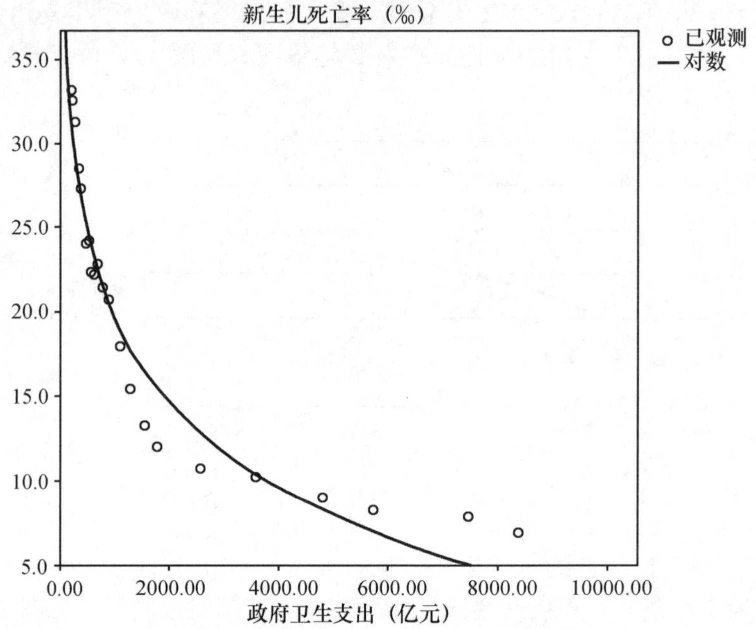

图2 新生儿死亡率与政府卫生支出对数图

城乡居民遭受大病风险，面临灾难性的医疗支出时，基本医保往往保障不足，如2012年城镇居民医保政策范围内住院报销比为65%，实际报销比为55%①，而农村居民报销比更低。因此在筹资水平较低的情况下，需要调动社会各种资源提高风险化解能力，而目前我国社会资源、商业医保对国民医疗保障方面的作用有限，没能形成动态、综合、多层次的大病风险化解机制。虽然2012年国家发改委等6部门联合印发了《关于开展城乡居民大病保险工作的指导意见》，但是由于大病保险在理论和实践上都存在较大争议，并且也没有建立可持续的筹集机制。因此，发达地区由于财政筹资能力较强，大病保险发展较快，而其他欠发达地区发展缓慢。整体上国民的大病保障需求没有得到充分的满足，遭受家庭灾难性医疗支出的风险不断上升，而这些风险给个人和家庭都带来较大的负担和损失，从而大大削弱了我国医保发展给国民带来的效用，进而使医保制度陷入“无感增长”的困境。

总之，一方面由于政府医疗卫生投入对我们健康效用增量的不断减少；另一方面由于我们的医保制度衔接不畅，导致异地就医补偿低和部分国民未参保等问题，使部分家庭医疗负担加重。尤其是大病风险不断上升，而大病保障体系发展滞后，家庭容易遭受灾难性医疗支出风险，而陷入困境。所以导致部分国民在医疗保障快速发展中受益不明显，尤其在医疗费用快速上升的情况下，这部分群体的利益甚至会遭受更大的损害。而这些群体正是社会弱势群体，他们冲击着我们的社会公平，再经过媒体和舆论的进一步放大，加剧了人们“无感增长”的情绪。

① 数据来源：人力资源和社会保障部社会保障研究所，城镇居民大病保险政策与管理研究（主报告），2013年8月。

三、医疗保障从“无感增长”到“有感发展”的路径分析

“有感发展”具有纵向和横向的维度，纵向上体现个人的受益比过去有较大提高，能充分体现其劳动价值和个人努力；从横向上个人受益能够与社会经济发展同步，社会分配公平、机会平等。而医疗保障上的“有感发展”是指随着国家经济发展，国民的医疗风险得到有效的化解，对医疗费用的担忧，尤其是重特大疾病的恐惧，有较大的缓解，个人医疗负担明显减轻，能够便捷获得高质量的医疗服务。因此，医疗保障要实现从“无感增长”到“有感发展”的转型，需要从扩大健康风险的权利集，提高医保经办机构能力、明确制度边界实现无缝衔接，加快大病保障建设等方面，完善我国的医疗保障体系。

（一）从权利贫困的视角扩大国民化解健康风险的权利集

森通过分析繁荣型贫困，提出用权利贫困的视角来分析和化解这种问题。他认为导致繁荣型贫困的原因是：个体化解贫困风险的权利集不足够大，无法帮助其摆脱贫困的状态；这种状态并不会因为国家整体经济快速增长，粮食产量不断增加而改变。因此，需要从扩大个体权利集的方法来解决繁荣型贫困问题。根据阿玛蒂亚·森对“繁荣型贫困”提出权利贫困的视角，可以给我国医疗保障制度从“无感增长”到“有感发展”转型提供借鉴。我国可以通过动态过程扩大国民权利集，增强化解健康风险的能力，从而使每个国民能够在我国医疗保障事业快速发展的过程中均等受益。

从充分实现国民医疗保障权的角度出发，不仅需要法律、法规和政策明确权利，同时也需要为实现权利提供可获得的途径。虽然我国《宪法》《劳动合同法》《社会保险法》明确规定了每个公民都有享有医疗保障的权利，但并没有为国民实现这个权利提供充分的便捷。目前法律并没有明确规定经办机构为国民提供实现其医疗保险权利的责任（如告知、提醒等义务），所以导致了部分国民不了解制度而未参加基本医疗保险。同时经办机构为了实现基金的平衡，给参保人实现医疗保障权益设置较多的障碍，增加参保人报销的交易成本，导致其医疗费用补偿不能及时、有效完成，造成隐性的权利贫困。导致个体主动或者被动放弃其医疗保障权益。因此需要消除制度的限制因素，减少不合理的限制因素，加快推进医疗费用实时报销，和全国性参保信息的有效衔接。对于没有经济能力参保的人，需要国家政府从财政上给予补贴，帮助其参加基本医疗保险。对于有能力，由于制度等原因没法参加的，这需要从国家层面消除阻碍医保权益实现的制度，如户籍制度的障碍。这些权利的实现也需要国家从操作层面进一步明确和具体化，使他们的权利集增大到足以化解健康和疾病风险，免除疾病恐惧的范围。

（二）技术和管理创新增强经办机构能力

通过技术和管理创新，增强经办机构能力建设，产生改革红利。红利来源于效率提升，减少了劳动力成本，提高了满意度。这可以是管理方式的改进，使得运作效率更高；也可以是引入了先进技术，通过技术的创新提高效率。笔者曾经在杭州调研时，发现杭州的医疗保险经办机构（医疗保险管理服务中心）通过技术创新，引入先进的审核系统。全面对就医购药行为进行审查，2天的时间可以审核一个月内500多万次就医购药行为。而原来的审查主

要依靠管理服务中心的工作人员，不仅工作繁重，而且根本无法全部审核。因而只能采取抽样审查，和放大惩罚的方式，这样造成了新的不公平和违规的侥幸心理。而当引入新的医疗服务管理技术，不仅减少了审查的工作人员，节约了成本，也大大提高工作效率，并且也提升了公平性。

针对婴幼儿错过参保的情况，可以由婴儿出生所在医院，告知婴儿父母办理医疗保险的方法和途径。甚至在符合条件的情况下，可以由医院代办婴儿第一年医疗保险，并发放后续参保的相关资料，保证婴儿父母充分知晓这方面的权利。当然这需要经办机构和医疗机构之间进行充分有效的协商，同时需要处理好责任分担与衔接的问题。这也要求从制度上对经办机构的权责进行明确，因为目前我国法律法规制度，并没有明确规定经办机构负有告知参保人参保的义务和责任。所以经办机构也没有动力告知参保人，从而造成这部分群体主动或被动放弃参加医保的权利。

因此，医疗保险经办机构需要从法律、制度、管理、技术等方面加强能力建设，实现职能的转变，充分维护参保人权益，提升其健康水平。

（三）明确制度边界，加快大病保障体系建设，满足多层次健康需求

我国基本医疗保险制度是以社会医疗保险为主体的运行模式，因此它需要遵循社会保险模式的一般规律，而不能在基本的医疗保险制度中又杂糅其他制度（如免费医疗或商业健康保险），导致整体运行的混乱。当然并不是不需要其他制度，而是必须明确每个制度边界和范围，只有这样才能实现制度的有序衔接，更好的保障国民的健康。

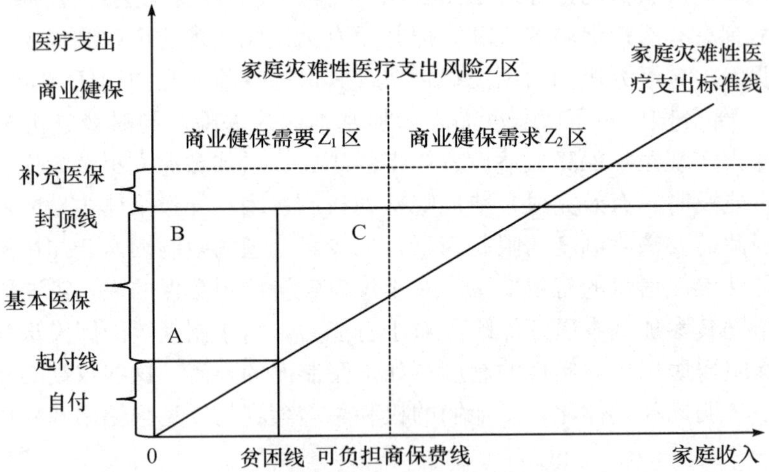

图3 医疗保障各制度之间关系图

如图3所示，横坐标是家庭收入，纵坐标是医疗支出。根据医疗支出与家庭收入的关系，存在家庭灾难性医疗支出（catastrophic health expenditure）的分界线，灾难性医疗支出是指在医疗上的累积支出超过了非食品家庭支出的40%（Xu Ke，2003；WHO，2009）。而按照国内一般标准：灾难性医疗支出相当于城镇居民年人均可支配收入，或农村居民年人均纯收入的水平（孙志刚，2012）。因此在斜线左上方为遭受灾难性医疗支出的家庭，是以

下主要谈论的重点；而右下方部分由于医疗支出占其家庭收入比重较低，对其消费支出不会造成较大变动，不是讨论的重点，不过他们也属于医疗保障的范围。横坐标根据收入情况可以分为贫困家庭和非贫困家庭区域。纵坐标根据基本医疗保险起付线和封顶线，划分为医疗救助、基本医疗保险、补充医疗保险和商业医疗保险等区域。结合医疗支出和家庭收入情况，我国的医疗保障制度为国民提供全方位立体的保障。对于贫困家庭除了救助其不能自付的部分（包括自付线以下部分及基本医疗保险自付部分），还需帮其缴费并参加社会医疗保险。由社会医疗保险基金补偿基本医疗保险中除个人自付部分，虽然这种方式看上去似乎给贫困家庭造成麻烦。但是这样一方面有利于明确制度的性质和职责，符合制度的基本规律，有利于制度的可持续发展；另一方面只要合理利用技术和管理，这种保障方式不会造成麻烦，相反会大大提高保障和服务水平。如陕西宝鸡市城乡医疗救助与基本医疗保险、大病统筹救助无缝衔接，实行“一站式”服务，极大地提升了制度保障能力。当然社会救助不可能无限制的救助贫困个体，当其医疗费用到达基本医疗保险封顶线后，医疗救助和基本医疗保险在其范围内不再承担补偿的责任。这实质上是一种公平，因为其他国民即使不是贫困人群的国民，超过基本医疗保险封顶线后，其医疗费用也需要通过参加其他制度来化解。相对于强制性的基本医疗保险而言，商业保险完全是市场化运作，谁缴费谁受益。而补充医疗保险，可以说是一种过渡性的制度保障，由于目前我国整体保障水平还不够高，因此在政策支持下，企业或者财政帮助职工或者居民参加补充医疗保险，补充医疗保险资金来源多方，而受益主要是参保人，由商业保险公司运作。这是介于强制基本医疗保险和自愿商业保险之间的保障方式，当然目前对这种保障存在一定的争议，尤其是大病保险，但是实践中确实提高了城乡居民的保障水平。

在一些准公共物品的供给中，不管是政府还是市场总会存在失灵。即完全由政府供给可能效率低下，而完全由市场供给可能显失公平，这样纯粹由政府或市场来提供都会导致失灵。而这种空隙地带，存在一种介于“公”与“私”之间的公共事业型产品。这种产品的特性决定了它需要政府提供财税优惠，法律法规监督等维护公平性（席恒，2003）。又需要市场利用自身运行优势尤其节约成本优势保障效率。实现两种的有机结合，因为个人健康是具有较强外部性且是基本人权之一，具有公共产品的一些基本特性。另一方面个人健康又与个人密切相关，尤其是较高层次的健康需要，因此个人需要承担一定的责任。而目前对大病保险性质并没有统一的认识，各地试点中存在多种模式，有些试点地区把大病保险作为纯公共产品完全由政府来提供；有些地方把其作为纯私人物品完全交给市场来运行。这样的定位就会混淆大病保险与其他医疗保障的性质，导致边界的模糊，影响到制度的筹资机制和责任分担机制。例如在大病保险筹资中片面强调不增加参保人负担，会导致参保人对责任的弱化，违背权利和义务统一的基本制度规律。同时在保险公司不愿承保或者部分地方出现流标等情况，政府也不应该给保险公司“画饼”，即保险公司承办大病保险有利于未来开展商业健康保险这样一个不确定和诱导性的利益，因为这样会导致大病保险（准公共产品）和商业健康保险（纯私人产品）的绑架，使政府干预正常健康保险市场秩序，造成市场竞争的不公平。也损害了参保人的利益。

（四）转变医疗保障理念，综合提升健康水平

虽然医疗支出对健康的提升效果逐渐开始变小，但是通过卫生环境、生活方式等方面改善人们健康状况的因素不断增加。20世纪的前60年是“医学时代”，这一时期主导卫生措施是大规模地接种疫苗，和为了对抗感染而广泛使用抗生素。世界卫生组织认为，当前历史阶段，发达社会正进入一个“后医学时代”，此时生理健康在很大程度上被社会和环境因素所侵蚀，健康生活方式在改善人们健康方面变得越来越重要（威廉·考克汉姆，2011）。加拿大高级研究所的研究结果显示，影响人们健康的因素主要有以下几个部分：生物学和基因遗传（15%）；物质环境（10%）；社会和经济环境（50%）；医疗体系（25%）（董维真，2009）。尤其在“后医学”情境中，通过改变生活习惯和方式可以改善我们的健康。当我们的生活方式、习惯，卫生环境等改善时我们的健康将会得到较大提高，而这个提升甚至是无限的医疗支出都无法实现的。尤其随着我国步入老龄化社会，疾病谱由传染性疾病为主转向非传染病为主，慢性病成为最主要死因，其中恶性肿瘤、脑血管病、心脏病、呼吸系统疾病占我国城乡居民疾病死亡原因的前四位。例如，2012年这四大疾病致死人数占死亡总人数的百分比分别是城市80.19%，农村77.43%[①]。而慢性病治疗费用高，不能治愈等特点也要求我们转变医疗保障的理念。由被动治疗到主动预防，通过健康宣传和教育，提升国民对自身健康的认识。在保障基本医疗服务需求的前提下，增强个人对自身健康的责任感。

四、小　　结

虽然近年来国家医疗卫生投入增加，个人医疗支出占卫生总支出的相对比不断下降；但是，个人卫生支出绝对值和增长幅度都超过城乡居民的收入增长，并且农村居民的医疗保险支出占消费支出的比重不断上升。加之我国医疗机构“以药养医”和“以械养医”的基本格局没有根本改变，大病风险不断上升，而大病保障体系发展滞后，国民遭受家庭灾难医疗支出的可能性变大，尤其是未参保人群在医疗费用快速增长的情况下，受损严重。随着医疗支出的健康效用边际递减，使我国医疗保障陷入“无感增长”的困境。因此，从权利贫困视角扩大国民化解健康风险的权利集；通过技术和管理创新，增强经办机能力建设；厘清医疗保障各制度的边界，加快大病保障体系建设，实现制度无缝衔接；转变医疗保障理念，综合促进健康水平提升，满足多层次健康需求；从而实现医疗保障从“无感增长”到“有感发展”的转型。

参考文献

[1] Xu K，Evans D B，Kawabata K，er al. （2003）. Household Catastrophic Health Expenditure：a Multicountyanalysis. *Lancet*.

[2] WHO. *Health Financing Strategy for the Asia Pacific Region*（2010—2015）. 2009.

[3] 阿玛蒂亚·森著，王宇. 贫困与饥荒 [M]. 王文玉译. 北京：商务印书馆，2009.

[4] 董维真. 公共健康学 [M]. 北京：中国人民大学出版社，2009.

---

① 数据来源：根据2013年中国统计年鉴计算得出。

［5］詹姆斯·亨德森．健康经济学［M］．向运华等译．北京：人民邮电出版社，2008．

［6］申曙光，侯小娟．我国社会医疗保险制度的碎片化与制度整合目标［J］．广东社会科学，2012，(3)．

［7］孙志刚．实施大病保险是减轻人民就医负担的关键［J］．行政管理改革．2012，(12)．

［8］威廉·考克汉姆．医学社会学（第11版）［M］．高永平，杨渤彦译．北京：中国人民大学出版社，2011．

［9］席恒．公与私：公共事业运行机制研究［M］．北京：商务印书馆，2003．

［10］赵鹏．我国1亿城乡居民重复参保［N］．京华时报，2010－09－17．

［11］赵绍阳等．强制医保制度下无保险人群的健康状况研究［J］．经济研究，2013，(7)．

［12］郑功成．中国社会保障改革与发展战略——理念、目标与行动方案［M］．北京：人民出版社，2008．

［13］郑杭生．民生为重、造福于民的体制创新探索——从社会学视角解读“大民政”的本质和重要意义［J］．新视野，2011，(6)．

信息

中国社会保障研究中心举办第七次东亚社会保障模式研讨会

2014年4月19—20日，由中国人民大学中国社会保障研究中心主办的第七次东亚社会保障模式研讨会在友谊宾馆召开。来自中国人民大学、浙江大学、南京大学、中山大学、西南财经大学、华中科技大学、北京师范大学、日本东京大学、日本福祉大学、日本女子大学、日本东京经济大学、日本静冈大学、日本千叶商科大学、韩国中央大学、韩国成均馆大学、韩国梨花女子大学等高校的30多位专家学者与代表出席了会议。中国人民大学教授郑功成主持了这次会议。与会教授围绕各自国家面临的挑战与可能进展进行了深入的专业交流，并讨论了东亚社会保障模式研究成果的发表问题。

农民工参加城镇职工医疗保险的影响因素分析

秦立建　秦雪征　惠　云

【摘要】 北京市将农民工纳入城镇职工医疗保险，在全国范围内率先施行农民工与城镇职工享有相同的医疗保障待遇，为实现各类劳动者“同工、同酬、同保险”的改革目标提供了范例。本文根据北京市的调查问卷数据，使用Logit模型分析农民工参加城镇职工医疗保险的主要影响因素，发现农民工的教育水平、健康状况、打工经历和就业身份等显著影响其参保。以此为基础，本文提出加强农民工的职业培训，以及将用工单位全部员工整体参保等政策建议。

【关键词】 农民工　城镇职工医疗保险　影响因素　北京市

The Determinants on the Migrant Workers' Participation in the Medical Insurance for Urban Employees

Qin Lijian　Qin Xuezheng　Hui Yun

(*School of Finance and Public Administration, Anhui University of Finance & Economics, Bengbu 233030; School of Economics, Peking University, Beijing 100871*)

Abstract The Medical Insurance for Urban Employees of Beijing covers the migrant workers. It is the first insurance to afford the equality imbursement between the migrant workers and the urban hukou employees, which becomes a model for the reforming goal of the same treatments among all workers. Based on the survey data, this paper adopts Logit model to examine the determinants of migrant workers' participation in the Medical Insurance for Urban Employees. We find that the education attainment, health status, the experience of floating and the status of employment are all statistically significant influence factors. Therefore, the occupation training for the migrant workers should be strengthened, and the enterprises should be taken as one unit to participate in the project so that the enrollment rate can be enhanced.

Keywords migrant workers　the Medical Insurance for Urban Employees　determinant　Beijing

一、引　言

农民工是我国产业工人的重要组成部分，为我国工业化和城镇化的发展做出了重要贡

作者：秦立建，安徽财经大学，财政与公共管理学院博士（后），副教授，健康经济研究中心主任；秦雪征，北京大学经济学院，博士，副教授；惠云，安徽财经大学财政与公共管理学院，硕士研究生。

本文是国家社科基金“农民工基本医疗保险的异地转接研究”（13CGL102）、教育部人文社科基金“新型农村合作医疗与城镇居民基本医疗保险两制衔接研究”（12YJC790152）、中国博士后科学基金“新医改背景下城乡医疗保障一体化研究”（2012M510316）、中国博士后科学基金特别资助项目“农村劳动力转移的健康选择机制研究”（2013T60058）、北京高等学校青年英才计划（YETP0039）、北京市社科联青年项目“北京健康城市建设中的农民工医疗保障问题研究”（2012SKL002）、教育部哲学社会科学研究重大课题“中国社会转型期的居民信用管理和公共服务体系建设研究”（12JZD036）和中浦院“农民工医疗保险长三角区域内转移接续研究”的阶段性成果。

献。农民工主要从事体力劳动较为繁重、工作环境较为恶劣、流动性较强的职业，对自身健康的损害程度较为严重。然而，长期以来，农民工的医疗保障较为缺失。如果农民工的劳动保护状况不能得到改善，则劳动力的质量必将趋于下降，不利于转变经济增长方式和长期经济发展（中国发展研究基金会，2011）。北京市将农民工纳入城镇职工医疗保险，农民工享受城镇职工的同等待遇，这在全国还是首创。研究北京市的农民工参加城镇职工医疗保险的影响因素，对于维护农民工的健康和促进农民工市民化具有重要意义。

推进农民工参加城镇职工医疗保险是政府和学术界关注的热点问题。禾刀①、邵长龙②和刘颖颖等③认为，户籍制度是阻碍农民工参加城镇职工医疗保险的制度性根源。户籍制度导致农民工事实上处于游离或边缘状态，既非传统意义上的城镇居民，也非传统意义上的农村居民。梁金刚④、仇雨临等⑤和刘靖等⑥认为，在研究和制定农民工医疗保障政策的时候，往往仅仅考虑正式员工，将签订劳动合同作为参保的前提条件。然而农村外出务工劳动力却以非正规就业为主，从而使得多数农民工无法参保。王震⑦、郭瑜等⑧和罗小锋等⑨认为农民工的流动性较强严重阻碍了农民工参加城镇职工医疗保险。以往文献多是定性分析，缺乏系统的实证研究。本文将通过分析北京市的调查问卷，寻找农民工参加城镇职工医疗保险的重要影响因素，为提高农民工的参保率提供合理的政策建议。

二、数据来源及描述性统计

本文研究的数据来源于北京市外来务工人员医疗保险模式的调查。该次调查于 2013 年 11 月展开，调查区域涵盖了北京市主城区的 6 个区。所有调查员均由在校大学生担任，共调查 1 480 份问卷。经过数据清理，最终得到有效问卷 1 436 份，问卷的有效率达到 97%。表 1 是本文有关变量的定义和描述性统计。受访农民工参加北京市城镇职工医疗保险的比例为 15%。大约 4%的农民工患有慢性病。受访农民工在京外平均打工城市的数量为 2 个，最多的达到 30 个，体现了农民工流动性较强的特点。大约 22%的农民工是正式员工，非正式员工的比例远远高于正式员工的比例。在私营、合资或外资企业务工农民工的比例高达 84%，表明农民工就业主要集中于非国有企业。然而，只有不足 5%的农民工成为工会会员，说明农民工在劳动力市场上的谈判地位较弱，维护自身福利水平的能力有待提高。

---

① 禾刀. 农民工参保率低源于户籍壁垒 [J]. 人才资源开发，2012，(8).

② 邵长龙. 我国农民工医疗保险实施现状研究 [J]. 价格理论与实践，2013，(3).

③ 刘颖颖，熊寿伟，李明刚. 城乡一体化背景下农民工医疗保险模式设计探索 [J]. 劳动保障世界，2009，(12).

④ 梁金刚. 流动人口基本医疗保险关系转移接续方略 [J]. 中国医疗保险，2011，(3).

⑤ 仇雨临，翟绍果. 城乡医疗保障制度统筹发展研究 [M]. 中国经济出版社，2012.

⑥ 刘靖，毛学峰，熊艳艳. 农民工的权益与幸福感 [J]. 中国农村经济，2013，(8).

⑦ 王震. 乡城流动工人医疗保险覆盖率及其影响因素的经验分析 [J]. 中国人口科学，2007，(5).

⑧ 郭瑜，白雪飞. 从二元离散选择模型解析农民工参加基本医疗保险的影响因素 [J]. 中国卫生经济，2011，(3).

⑨ 罗小锋，段成荣. 新生代农民工愿意留在打工城市吗 [J]. 农业经济问题，2013，(9).

表1　本文有关变量的定义和描述性统计

变量名称	定义	均值	标准差
参加城镇职工医疗保险	调查时参加城镇职工医疗保险为1，否为0	0.146 8	0.354 0
性别	女性=1，男性=0	0.462 9	0.498 8
年龄	受访者年龄（年）	32.619 8	10.960 5
教育程度			
小学及以下	受访者为小学及以下文化程度为1，其他为0	0.200 1	0.400 2
初中	受访者为初中文化程度为1，其他为0	0.473 6	0.499 5
高中	受访者为高中文化程度为1，其他为0	0.251 6	0.434 1
大专及以上	受访者为大专及以上文化程度为1，其他为0	0.074 7	0.263 0
职业培训	受访者接受过职业培训为1，否为0	0.157 4	0.364 3
婚姻状况	受访者已婚为1，其他为0	0.632 2	0.482 4
慢性病	受访者患有慢性病为1，否为0	0.038 3	0.192 0
月工资	月收入（元）	3 103.390 0	8 501.650 0
外出打工年数	受访者在其他城市的打工年数（年）	9.071 7	6.893 7
打工城市数量	受访者曾经打工的城市数量（个）	2.029 4	2.149 8
在北京打工年数	受访者在北京的打工年数（年）	5.862 1	5.712 7
污染	受访者的从业环境有污染为1，否为0	0.298 9	0.458 0
职业身份	受访者是正式员工为1，否为0	0.223 0	0.416 4
从事行业			
制造业和运输业	受访者从事制造业和运输业为1，其他为0	0.152 7	0.359 8
住宿和餐饮业	受访者从事住宿和餐饮业为1，其他为0	0.528 5	0.499 4
商业和居民服务业	受访者从事商业和居民服务业为1，其他为0	0.281 5	0.449 9
研发、信息和广告业	受访者从事研发、信息和广告业为1，其他为0	0.025 3	0.157 2
其他行业	受访者从事上述行业之外的行业为1，否为0	0.012 0	0.108 8
单位性质			
私营、合资或外资企业	受访者属于私营、合资或外资企业为1，否为0	0.844 2	0.362 8
国有和集体企业	受访者属于国有和集体企业为1，否为0	0.115 6	0.319 8
政府机关和事业单位	受访者属于政府机关和事业单位为1，否为0	0.040 2	0.196 6
工会会员	受访者是工会会员为1，否为0	0.047 3	0.212 5
家庭人数	家庭全部人口数量（人）	4.607 3	1.625 3
家庭土地面积	家庭全部土地面积（亩）	5.631 3	7.416 3
家庭经济地位			
较低	受访者的家庭在家乡的经济地位较低为1，其他为0	0.091 6	0.288 6
中等	受访者的家庭在家乡的经济地位中等为1，其他为0	0.823 2	0.381 6
较高	受访者的家庭在家乡的经济地位较高为1，其他为0	0.085 2	0.279 3

三、研究方法

本研究中的因变量，即农民工是否参加城镇职工医疗保险，是典型的0～1离散选择变量。二元Logit模型能够较好地满足离散选择变量相关问题的研究。Logit模型采用逻辑概率分布函数，其标准形式如式（1）所示。

$$L_i = \ln\left(\frac{p_i}{1-p_i}\right) = T_i = \alpha + \beta M_i \tag{1}$$

上式中的因变量是农民工选择参加与不参加城镇职工医疗保险的机会比率的对数，L被称为Logit，所以这一模型被称为Logit模型。本研究采用的Logit模型具体形式如下。

$$y_i = \gamma_0 + \gamma_1 \Pi_i + \gamma_2 W_i + \gamma_3 H_i + \varepsilon_i \tag{2}$$

式（2）中的y_i表示第i个农民工是否参保的二分变量，我们能够观察其实际值。如果受访的农民工参加城镇职工医疗保险，则赋值为1，没有参加则为0。Π_i是农民工的年龄和教育水平等个人基本特征变量向量；W_i是农民工的外出打工特征变量向量，包括曾经打工过的城市数量、在北京打工年数，以及职业身份等变量；H_i是农民工的家庭特征变量向量，包括家庭人数和家庭土地面积等变量。γ_0至γ_3是待估参数，ε_i是随机误差项。为了消除数据的非正态性，本文将农民工的月工资取对数进行了调整。此外，我们将农民工的个人基本特征作为基本模型进行估计，并在此基础上进行拓展，逐步加入农民工的打工特征和家庭特征变量向量，以考察社会经济变量对农民工参加城镇职工医疗保险的影响。

四、参加城镇职工医疗保险的因素分析

表2是农民工参加城镇职工医疗保险影响因素的Logit模型回归结果。模型一是本文研究的基本模型，主要考察农民工的自身特征对参加城镇职工医疗保险的影响；模型二在模型一的基础上增加了农民工的打工特征变量；模型三在模型二的基础上进一步增加了农民工的家庭特征变量。大多数变量的OR值和统计显著性在各个模型之间并没有发生较大的变化，说明模型的回归估计结果比较稳健。本文主要报告模型三的回归结果。

表2　农民工参加城镇职业医疗保险影响因素的Logit模型回归结果

变量名	模型一		模型二		模型三	
	OR值	标准差	OR值	标准差	OR值	标准差
性别（女性=1，男性=0）	1.041 5	0.173 5	1.223 0	0.268 8	1.205 9	0.272 0
年龄	1.069 3	0.065 4	1.253 2***	0.108 1	1.245 8**	0.112 8
年龄平方	0.999 6	0.000 8	0.997 2**	0.001 1	0.997 3**	0.001 2
教育程度（对照组：小学及以下）						
初中	3.417 2***	1.081 5	4.082 8***	1.658 4	3.698 1***	1.514 4
高中	4.725 1***	1.604 9	5.519 4***	2.409 6	5.624 6***	2.482 0
大专及以上	7.509 7***	2.938 1	9.943 2***	5.039 3	8.400 6***	4.327 5
职业培训（接受过=1，否=0）	2.378 6***	0.453 9	1.682 9**	0.401 7	1.765 3**	0.432 5
婚姻状况（已婚=1，其他=0）	0.407 3***	0.100 9	0.462 5**	0.153 0	0.422 8***	0.143 5

续表

变量名	模型一		模型二		模型三	
	OR 值	标准差	OR 值	标准差	OR 值	标准差
慢性病（有＝1，无＝0）	2.100 9**	0.808 6	3.273 7**	1.608 0	3.025 5**	1.541 9
月工资	0.863 9	0.138 6	1.153 8	0.232 2	1.152 8	0.242 7
外出打工年数			0.928 0**	0.029 9	0.928 4**	0.030 3
打工城市数量			0.832 2**	0.068 6	0.835 3**	0.069 9
在北京打工年数			1.080 6**	0.036 7	1.090 2***	0.037 7
污染（有＝1，无＝0）			0.963 0	0.213 4	0.982 0	0.223 6
职业身份（正式员工＝1，否＝0）			4.869 0***	1.060 2	4.335 9***	0.970 8
从事行业（对照组：制造业和运输业）						
住宿和餐饮业			0.536 8*	0.174 9	0.551 2*	0.182 2
商业和居民服务业			1.314 7	0.416 1	1.294 9	0.416 7
研发、信息和广告业			1.067 9	0.591 9	1.263 4	0.719 1
其他行业			1.858 4	1.702 5	2.910 3	2.754 3
单位性质（对照组：私营、合资或外资企业）						
国有和集体企业			6.236 6***	1.653 6	6.688 2***	1.833 0
政府机关和事业单位			5.999 2***	2.644 2	6.221 6***	2.771 0
工会会员（是＝1，否＝0）			2.164 8**	0.810 4	2.485 7**	0.973 8
家庭人数					0.979 2	0.065 5
家庭土地面积					0.974 1*	0.013 6
家庭经济地位（对照组：较低）						
中等					1.049 9	0.399 0
较高					1.251 7	0.605 1
伪 R 平方	0.076 3		0.274 4		0.278 7	

注：***、**和*分别表示在 1%、5%和 10%的统计水平上显著。

（一）良好的人力资本存量促进参保

结果显示，农民工的教育水平越高，则有更大的机会比率参加城镇职工医疗保险。模型三教育程度虚变量表明，相对于小学及以下文化程度的农民工，则初中、高中、大专及以上文化程度农民工参保的发生比率分别是 3.70、5.62 和 8.40。较高的文化水平，有助于农民工理解医疗保险的就医规则和补偿政策，减少医疗服务利用和医疗费用补偿过程中的信息不对称。职业培训促进了农民工的参保机会比率。职业培训变量的 OR 值表明，接受过职业培训的农民工，相对于没有接受过职业培训的农民工，其参保的发生比率为 1.77。职业培训不仅能够增加农民工的人力资本存量，提高劳动生产率，而且还能够拓宽农民工了解健康知识的渠道，增强劳动保护理念，提高农民工的参保机会。

（二）健康状况较差者更加倾向于参保

相对于没有慢性病的农民工，患有慢性病的农民工有更高的机会比率参加城镇职工医疗保险。患有慢性病农民工相对于没有慢性病农民工，参保的发生比率为是3.03，并且这一结果在5%的统计水平上显著，这说明农民工参加城镇职工医疗保险存在严重的逆向选择现象。患有慢性病的农民工，身体健康状况较差，这类人群利用较多的医疗服务，医疗支出较多。他们参加医疗保险，期待能够获得更多的就医费用补偿。逆向选择问题将导致按照正常参保人群设计的医疗保险筹资政策和补偿等政策不再有效，最终将导致医疗保险项目的不可持续性。本文的这一研究发现，则有力地提示政策设计者，需要采取适当的措施减少和避免农民工参保的逆向选择问题。

（三）在京务工时间越长越有助于参保

外出打工经历显著影响农民工参加城镇职工医疗保险。在北京市之外其他城市的务工时间越长，则显著降低了农民工参保的发生比率；而在北京市的务工时间越长，则显著促进了农民工参保的机会比率。如果农民工在北京的务工时间较长，则说明该农民工从事的职业较为稳定；并且，随着在北京工作时间的延长，能够更好地了解打工所在地北京的医疗服务供给状况，有助于提高农民工的参保机会比率。曾经打工的城市数量与参加城镇职工医疗保险呈现负相关关系。打工城市的数量越多，则平均在每个城市务工的时间较短，不利于农民工参保。我国的城镇职工医疗保险实行属地管理的方式，对于农民工来说，不同地区之间医疗保险的转接比较困难。而农民工的流动性较强，在地区间无法转接的医疗保险不能适应农民工职业流动较为频繁的客观需要。

（四）正式员工身份有助于参保

职业身份对农民工参保起到重要的作用。相对于农民工群体中的非正式员工，正式员工参保的发生比率是4.34。朱玲①认为我国的社会公共政策存在正式员工与非正式员工的重要差异，正式员工享有政策提供福利的优先权，非正式员工往往无法享受相应的福利待遇，参加城镇职工医疗保险往往被视为正式员工的福利。相对于私营、合资或外资企业，国有和集体企业、政府机关和事业单位的农民工，有更大的参保机会比率。这也说明私营、合资或外资企业，是今后扩大农民工参加城镇职工医疗保险覆盖面的重要对象。是否为工会会员显著影响农民工参保。相对于非工会会员的农民工，成为工会会员农民工参保发生比率是2.49。成为工会会员，增强了农民工在劳动力市场上的谈判能力，能够更好地争取自身的福利待遇，有助于农民工参加城镇职工医疗保险。

五、结论与建议

基于北京市外来务工人员的医疗保险参与模式调查数据，本文使用Logit模型研究了农民工参加城镇职工医疗保险的影响因素。本文发现，良好的教育水平显著提高了农民工参加

---

① 朱玲. 农村迁移工人的劳动时间和职业健康［J］. 中国社会科学，2009，(1).

城镇职工医疗保险的机会比率。相对于没有接受过职业培训的农民工，接受过职业培训的农民工有更大的参保机会比率。农民工参加城镇职工医疗保险存在严重的逆向选择问题，患有慢性病农民工的参保发生比率显著高于没有慢性病的农民工。打工经历显著影响农民工参保，在北京市打工的年数越长，则显著增加了农民工的参保机会比率；而曾经打工的城市数量越多、在北京之外其他城市打工的年数越长，则降低了农民工的参保机会比率。相对于非正式员工，则正式员工的参保比率较高。工会会员相对于非工会会员有较高的参保比率。

本文建议采取以下措施促进农民工参加城镇职工医疗保险。首先，加强农民工的职业培训。职业培训能够提高农民工的劳动技能，有助于农民工适应升级后的产业需求，为获得长期稳定的工作岗位奠定良好的基础。其次，采取将用工单位全部员工整体参保的方法。不要区分正式员工与非正式员工，将全部员工整体参保，并且将私营、合资和外资企业作为扩面的重点，这样可以改善参保人群的结构，减少和避免逆向选择问题。再次，加强工会建设。工会以维持和改善劳动者的工作条件、生活状况，以及保障农民工的合法权益为职责，有助于农民工参加城镇职工医疗保险。最后，提高城镇职工医疗保险的可携带性。要根据农民工流动性较强的职业特征，加强城镇职工医疗保险在不同地区之间的转移接续，为维护农民工的健康和建立全国统一的劳动力市场奠定基础。

中国长期护理保险费率测算

曹信邦　陈　强

【摘要】我国当前老年人护理需求问题十分严重，长期护理保险是解决老年人护理问题的有效途径，本文利用现收现付制下的基金平衡法测算出我国当前的总体费率水平。研究发现，2015 年长期护理保险的成本支出总额为 2 587.25 亿元，占 2015 年全国 GDP 的比例为 0.4%，总体缴费率为 2.01%，但是 2030 年的缴费率将达到 3.59%，2050 年的缴费率更是达到 8.61%，可见长期护理保险费用负担越来越重，需要政府进行财政补贴。

【关键词】长期护理保险　基金平衡　费率

Estimates of China's Long-term Care Insurance Rate

Cao Xinbang　Chen Qiang

Abstract The problem of elderly current demand for long-term care is serious, long-term care insurance is an effective way to solve that. This article measures out overall lever of rate with the use of fund balance under PAYG, and finds that the cost of long-term care insurance will be 258.725 billion yuan in 2015, which accounts for the proportion of the entire GDP is 0.4% and the overall contribution rate is 2.01%. But the overall contribution rate in 2030 will reach 3.59%, and in 2050 the contribution rate will reach 8.61%, the long-term care insurance fee is getting heavier and heavier, so the government needs to give subsidies.

Keywords long-term care insurance　balance of fund　contribution rate

2010 年全国第六次人口普查数据显示，全国 65 岁以上老年人口为 1.19 亿，达到总人口的 8.92%。老龄化社会首先带来的就是老年人的健康问题，失能老人数量增加，而大量的失能老人护理支出对需要护理服务的家庭带来沉重的经济和精神负担，成为社会一个不可忽视的共同的经济风险。建立强制性公共长期护理保险共摊失能老人长期护理费用风险已经为德国、日本、荷兰、韩国等国所采用，也是我国化解长期失能老人护理费用风险的一个发展趋势。而建立我国的长期护理保险制度，有必要对我国长期护理费率进行研究，这有助于量化老年化带来的护理费用支出压力，以便及时采取有效措施化解长期护理财务危机，也从财务角度为制度建立的可行性提供依据。

作者：曹信邦，西安交通大学公共政策与管理学院博士生，南京财经大学就业与社会保障研究中心教授。陈强，中国银行如皋支行职员。

本文为作者主持的国家社会科学基金项目《长期护理保险制度的财务规划理论与方法研究》(项目编号：12BGL086)、南京市老年学学会 2013 年委托课题《南京市失能老人长期护理保险财务规划》阶段性成果，并受“江苏高校优势学科建设工程项目”资助。

本研究基于以下几个假设：

（1）假设长期护理保险采用强制性公共护理保险制度，即所有有工资收入的人口都需按照规定费率缴纳保险费。

（2）长期护理保险财务筹资模式实行现收现付制。

（3）假设不同年龄组老年人失能率是一定的，不发生变化。

（4）由于本文只测算参保者和被保险者的内部财务均衡，并且基金运营采用现收现付制，因此暂不考虑政府的财政补贴和保险机构的投资运营收益，长期护理保险基金的收入主要依赖于护理保险缴费收入。

（5）所有缴费人群的缴费费率相同。

一、我国失能老人未来护理费用测算

强制性公共长期护理保险的财务筹资模式一般采用现收现付制，依据“以支定收、收支平衡、略有结余、合理增长”的费率测算原则，首先要计算出我国失能老人的未来护理费用支出，在此基础上确定缴费人群和缴费基数，以此来厘定费率。我国失能老人的护理费用支出模型为：

$$TE(t)=\sum_{i=1}^{m}\sum_{j=1}^{n}I(t)\times P_i(t)\times U_{ij}(t)\times S_{ij}(t)\times[1+f_j(t)]+FE(t)+OE(t) \quad (1)$$

其中，$TE(t)$ 表示护理保险的总支出额，$FE(t)$ 表示固定费用支出，$OE(t)$ 表示其他支出。$\sum_{i=1}^{m}\sum_{j=1}^{n}I(t)\times P_i(t)\times U_{ij}(t)\times S_{ij}(t)$ 表示 t 年的护理费用支出，$I(t)$ 为 t 年的老年人口数，$P_i(t)$ 为老年人中各失能等级比例，$U_{ij}(t)$ 为护理等级为 i 的老人对第 j 类护理方式的利用比例，$S_{ij}(t)$ 为 t 年护理等级为 i 的老人利用第 j 类护理方式的成本费用，$f_j(t)$ 表示 t 年第 j 类护理成本的增长率，根据相关文献资料设定 2015—2050 年的工资增长率为 3%。

（一）我国未来老年人口预测

基于不同的方法和假设，国内外很多专家和机构对我国未来老年人口进行了预测，经过综合比较，本文选取联合国《World Population Prospects：The 2012 Revision》中预测数据作为我国未来老年人口数目。通过比较联合国《World Population Prospects：The 2010 Revision》预测结果与中国“六普”调查数据，发现其数据的质量较高，所以本文采用联合国 2012 年中国人口预测数据。

表 1　2015—2050 年我国 65 岁及以上老年人口预测　单位：千人

年龄段＼年份	2015	2020	2025	2030	2035	2040	2045	2050
65～69	50 809	70 576	69 240	87 260	103 327	101 447	81 111	91 163
70～74	33 870	44 164	61 776	61 028	77 439	92 278	91 179	73 332
75～79	24 610	26 734	35 246	49 795	49 680	63 674	76 593	76 395
80～84	14 910	16 372	18 064	24 191	34 660	35 078	45 632	55 653
85＋	8 258	9 845	11 280	11 280	16 830	24 249	27 442	34 772

资料来源：联合国经济和社会事务部《World Population Prospects：The 2012 Revision》。

（二）老年人失能等级比例

目前国外的长期护理政策中，护理需求等级是依据老年人的健康状况来划分的，而对失能的评估主要是考察功能障碍的程度。老年人的健康状况判断方法有三种：日常生活活动能力功能（ADL）、工具性日常生活活动功能（IADL）和认知功能障碍（CI）。日常生活活动能力（ADL）包括洗澡、穿衣、室内活动、上厕所、吃饭、控制大小便六个项目；工具性日常生活活动能力（IADL）包括能否到邻居家串门、举起5公斤重物，洗衣服、做饭等八项内容；老年人的认知功能一般用认知功能简易量表（MMSE）来测量，认知功能量表包括五个主要方面：方向定位能力、反应能力、注意力和计算能力、回忆能力以及语言、理解和自我协调能力。目前失能老人的判断依据主要是日常生活活动功能（ADL）和工具性日常生活活动功能（IADL），而实际上认知功能障碍（CI）与二者联系密切，很多老人的身体失能都是源于认知障碍，因而我国在设定护理需求等级时，不仅要考虑ADL和IADL的指标，还应该综合考虑生理、心理和认知方面的障碍。本文借鉴了埃瑞克·斯托拉德（Eric Stallard）① 对老年人失能状况的划分标准，将所有65岁以上老年人分为6个状态：

表2　　　　老年人失能等级划分标准

失能状态等级	具体内容
1	健康，日常生活无障碍
2	轻度失能，1项ADLs或IADLs失能
3	中度失能，2项及以上ADLs或3项及以上IADLs失能
4	重度失能，1项ADLs或IADLs失能，且有认知功能障碍
5	极重度失能，2项以上ADLs或3项及以上IADLs失能，且有认知功能障碍
6	死亡

不同的状态表示老年人的不同的健康状况，其中状态6表示死亡，不具有可逆性，其他状态之间可以相互转移。对于轻度失能的老年人，即只有1项ADLs或IDALs失能的老年人，对于其自身的自理能力影响较小，我们不予提供专业护理服务。本文建议对于失能状态3、4、5的老年人群体进行护理服务，并规定失能状态3、4、5分别对应的护理等级为一级护理、二级护理和三级护理。

本文失能率测算的样本数据来源于2008年中国老年健康影响因素跟踪调查（CLHLS）。CLHLS始于1998年，随后的跟踪调查分别在2000年、2002年、2005年、2008年以及2011年进行。CLHLS基线调查主要针对65岁及以上老年人群，样本覆盖23个省市自治区，区域总人口达到11.56亿，约占全国总人数的85%。调查人员在23个调研省份中随机选取约一半的市、县作为调研点进行调查，2008年共选取了16 199位老人，其中男性老人有6 834位，女性老人9 365位，分别占总样本数的42.2%和57.8%。本文把调查的老年人按年龄分为5组，依据公式计算每组老年人的失能比例。m_i 表示各年龄组老年人中失能等

① Eric Stallard. Estimate of the Incidence, Prevalence, Duration, Intensity and Cost of Chronic Disablity among the U. S. Elderly. [J]. *Society of Actuaries*. USA, 2008, 1: 7—9.

级为i的老年人数，$\sum m_i$表示各年龄组老人数，P_i表示各年龄组老年人失能等级比例。从年龄分布的比例来看，由于调查数据在样本设计时对高寿老人进行了超比例抽样，因此在计算全体样本的失能率时应当利用实际年龄结构对样本结果进行加权处理。

$$P_i(t)=\frac{m_i}{\sum m_i} \tag{2}$$

表3　　各失能状态的老年人的分布比例　　单位：%

年龄组	等级1	等级2	等级3	等级4	等级5
65～69	90.1	5.9	2.7	1.1	0.2
70～74	80	12.6	4.6	1.8	1
75～79	76.2	10.8	8.5	2.3	2.2
80～84	63.4	15.7	13.4	4	3.5
85＋	24.4	13.2	28.7	6.8	26.9
男性	84.3	7.2	5.6	1.5	1.5
女性	71.0	13.1	8.9	2.8	4.2
加权平均	77.5	10.2	7.2	2.2	2.9

从结果来看，随着年龄的增大，健康老人的比例不断下降，65～69岁年龄组中健康老人占90.1%，85岁及以上年龄组中完全健康的老人仅占24.4%，最重度失能达到26.9%，高龄老人的自理能力较差。从全体样本来看，65岁及以上老人的失能率为22.5%，轻度失能率为10.2%，中度及以上失能率为12.3%，其中男性老人的失能状况要明显好于女性老人。假设未来老年人失能率不变，利用2015—2050年我国老年人口预测数据乘以当前失能率，可以得到2015—2050年不同健康等级老年人数量。

表4　　2015—2050年我国不同健康等级老年人数量　　单位：万人

年份	2015	2020	2025	2030	2035	2040	2045	2050
等级1	10 310	13 207	15 287	18 348	21 899	24 190	24 001	24 278
等级2	1 335	1 649	2 000	2 350	2 888	3 320	3 533	3 620
等级3	940	1 123	1 337	1 587	2 005	2 406	2 689	2 977
等级4	289	351	417	494	620	729	799	867
等级5	372	439	520	576	781	1 028	1 174	1 390
失能人口总量	2 936	3 562	4 274	5 007	6 294	7 483	8 195	8 854
增长率（%）	100	121	146	171	214	255	279	302

从预测结果来看，2015年失能老人达到2 936万人，其中轻度失能老人为1 335万，中度及以上失能老人为1 601万。2030年失能人数预计为5 007万，到2050年预计达到8 854万，超过目前失能老人数量的3倍。

（三）失能老人对不同护理方式的使用比例

护理方式分为家庭护理/门诊护理和机构护理，不同护理等级的人群可以随意选择这两种护理项目。由于我国尚未全面实行长期护理保险制度，相关数据引用德国 2010 年每种护理方式的使用人群所占的比例[①]，如表 5 所示。

表 5　　2010 年德国各护理方式的使用人群比例和人数

护理等级	家庭/门诊护理		机构护理	
	比例（%）	人数（万人）	比例（%）	人数（万人）
一级护理	76.90	102.37	23.10	30.75
二级护理	62.88	49.93	37.12	29.48
三级护理	49.86	14.70	50.14	14.78

2010 年底德国约有 242 万人接受长期护理服务，其中有 167 万人是在家接受家属、邻居或者社区医疗机构的门诊服务，另外有约 75 万人是在福利院、养老院等专业护理机构接受护理服务[②]。

（四）不同护理方式的使用成本

1. 家庭护理成本结构

目前我国开展家庭护理的地区较少，张薇、刘锦丹等（2010）[③] 根据上海市卫生局政府信息公开处 2008 年统计数据，将上海市已全面开展的家庭护理服务项目作为核算对象，采用项目成本法对家庭护理成本展开研究。家庭护理服务项目包括血糖监测、血压监测、肌肉注射、静脉输液、血标本采集、导尿、膀胱冲洗、中小换药、老人安全指导、心理护理、服药指导、健康咨询以及照顾者技能指导 13 项服务。家庭护理的成本核算主要为家庭层面的护理服务成本和专业护理人员提供的上门服务成本。家庭的护理服务成本由人力成本（A）、材料成本（B）、设备成本（C）、管理成本（D）和教育成本（E），五项成本的计算公式如下：

（1）人力成本（A）＝单位时间人力成本（A1）×单项护理工时（A2）×项目操作人数＝月平均工资/月平均工时×（直接护理工时＋间接护理工时）×项目操作人数

（2）设备成本（B）＝一次性材料成本（B1）＋价格低于 500 元的仪器设备和低值易耗品（B2）＝单项护理操作所使用的各种材料含税单价×实际消耗量＋（物品价格/估计可使用次数）×单次项目操作使用次数

（3）管理成本（C）＝（月设备折旧金额/月使用金额）×每次使用时间

（4）D＝（A＋B＋C）×5%

（5）E＝（A＋B＋C＋D）×5%

总成本即单项护理操作成本 F＝A＋B＋C＋D＋E，上海市目前开展的 13 项家庭护理服务可归为一般治疗、特殊治疗、辅助监测和教育指导 4 类。基于上述核算模型和数据收集方法，对 13 项家庭护理成本进行核算，其成本核算结果如表 6 所示：

① BMG, *Bericht der Bundesregierung über die Entwicklung der Pflegeversicherung und den Stand der pflegerischen Versorgung in der Bundesrepublik Deutschland*, Berlin, 2010, S. 47－48.

② 冯麒婷. 国外长期照护保险计划比较分析——以日本、德国为例［D］. 2012.

③ 张薇，刘锦丹，王志红. 上海市家庭护理服务项目成本核算研究［J］. 护理研究，2010，(24)：2650－2652.

表6　　上海市家庭护理服务项目成本核算结果　　单位：元

类别	护理项目	人力成本	材料成本	设备成本	管理成本	教育成本	总成本
一般治疗	中小换药	6.83	2.49	0.00	0.47	0.49	10.28
	肌肉注射	5.71	1.76	0.00	0.37	0.39	8.23
	静脉输液	6.42	3.60	0.00	0.50	0.53	11.05
	血标本采集	6.28	2.60	0.00	0.44	0.47	9.79
特殊治疗	导尿	16.39	20.10	0.00	1.82	1.91	40.22
	膀胱冲洗	8.24	12.69	0.00	1.05	1.09	23.07
辅助监测	血糖监测	6.10	7.24	0.69	0.70	0.74	15.47
	血压监测	2.40	0.00	0.12	0.13	0.13	2.78
教育指导	健康咨询	2.87	0.00	0.00	0.14	0.15	3.16
	照顾者指导	2.48	0.00	0.00	0.12	0.13	2.73
	服药指导	7.54	0.00	0.00	0.38	0.40	8.32
	老年人安全指导	6.29	0.00	0.00	0.31	0.33	6.93
	心理护理	3.33	0.00	0.00	0.17	0.18	3.68
合计		80.88	50.48	0.81	6.60	6.94	145.71

由上表可以计算出，人力成本、材料成本、设备成本、管理成本和教育成本分别占总成本的比例为55.51%、34.64%、0.56%、4.53%和4.76%，从人力成本来看，家庭护理的总成本是人力成本的1.80倍。

2. **机构护理成本结构**

机构护理成本一般包括直接护理成本和间接护理成本，直接护理成本包括人力成本、耗材成本和护理设备成本等；间接护理成本包括设施费用、管理成本、培训成本等，以分摊形式核算。机构护理成本核算公式如下：

（1）人力成本：服务成本主要是护理服务人员的工资成本，依据卫生部等级医院的标准，要保证病人得到足够的护理服务，普通病房的床位与护理人员比例应该达到1∶0.4，重症监护病房的床位与护理人员比例要达到1∶2.5。

普通病房的每床位日平均人力成本＝全国在岗职工平均工资÷251（年平均工作日）×0.4

重症监护病房每床位日平均人力成本＝国在岗职工平均工资÷251（年平均工作日）×2.5

（2）耗材成本：耗材成本是指护理服务所损耗的卫生材料的价值。

耗材成本＝材料单价×实际消耗量

（3）设备成本：护理设备成本主要是指提供护理服务的过程中设备的折旧。

护理设备成本＝（月设备折旧金额÷月使用时间）×每次使用时间

（4）设施费用：设施费用主要是指水电费、物业费等。

（5）管理成本：管理成本包括管理、人事、会计等部门的人员工资、设备折旧、材料耗费。一般按总成本的3%～5%核算。

管理成本＝（人力成本＋耗材成本＋设备费用＋设施费用）×（3%～5%）

（6）培训成本：培训成本主要指护理人员的教学研究、培训等费用，按总成本的5%核算。

培训成本＝（人力成本＋耗材成本＋设备费用＋设施费用）×5%

综上，根据护理服务的直接成本和间接成本就可以计算出护理机构的总成本。

机构护理总成本＝人力成本＋耗材成本＋设备费用＋设施费用＋管理费用＋培训成本

＝（人力成本＋耗材成本＋设备费用＋设施费用）×［1＋（3%～5%）＋5%］

＝（人力成本＋耗材成本＋设备费用＋设施费用）×（108%～110%）

彭雅君、李文燕等（2010）对42名护士长及资深护理专家进行问卷调查，利用上述护理成本核算公式计算出不同等级护理项目的成本以及比例[①]，如表7所示。

表7　　不同等级护理实际成本构成比例　　单位：%

护理等级	人力成本	设备费用	耗材成本	设施费用	管理费用	培训成本	合计
一级护理	56.16	2.27	18.28	18.53	2.64	2.12	100
二级护理	52.90	1.58	14.26	22.72	3.42	5.12	100
三级护理	46.80	1.62	13.28	25.25	4.90	8.15	100
平均	51.95	1.82	15.27	22.16	3.65	5.15	100

机构护理的实际成本中，所占比例最高的是人力成本，三级护理人力成本的比重分别达到56.16%、52.90%和46.80%，相应的护理等级一、二、三的每床位日机构护理成本是人力成本的1.78倍、1.89倍和2.14倍，平均达到1.92倍。

3. 护理给付方式成本核算

家庭/门诊护理的总成本是人力成本的1.80倍，机构护理的成本从低到高分别是人力成本的1.78倍、1.89倍和2.14倍。国家统计局发布的数据显示，2012年卫生、社会保障和社会福利业城镇集体单位就业人员平均工资为43 265元，按年平均工作日251天和日平均工作8小时计算，每小时工资为21.55元。对于家庭/门诊护理，一级护理、二级护理和三级护理选取的平均护理时间分别为一周5小时、7.5小时和10小时。对于机构护理，依据史承明等（2011）的调查，各等级护理病人的24 h的护理操作耗时为：三级护理平均每人376 min，二级护理平均每人339 min，一级护理平均每人92 min。按照卫生部的规定，普通病房的床位与护理人员比例为0.4。

家庭/门诊护理的月给付成本＝各等级一周护理时长×每月周数（4）×家庭护理的成本系数（1.80）×在岗职工平均小时工资（21.55元）

机构护理的月给付成本＝各等级一天护理时长×每月天数（30）×机构护理的成本系数（等级3为1.78、等级4为1.89和等级5为2.14）×在岗职工平均小时工资（21.55元）×普通病房的床位与护理人员比例（0.4）

根据上述，可以测算出2025年我国长期护理保险家庭/门诊护理，机构护理的给付成

① 彭雅君，李文燕，陈瑞华等. 急诊病房分级护理服务项目成本研究［J］. 护理学杂志，2010，（2）：68—70.

本，见表 8。

表 8　　2015 年我国长期护理保险给付成本　　单位：元/月

护理等级	家庭/门诊护理	机构护理
一级护理	776	706
二级护理	1 163	2 761
三级护理	1 551	3 468

（五）长期护理保险支出费用总计

依据长期护理保险费用支出模型和老年人失能比例、老年人口数、护理方式使用比例、护理方式成本等相关参数假设，可以计算出护理成本年增长率在 3%的水平下我国未来长期护理保险对失能老人的给付费用总额，如表 9 所示。

表 9　　2015—2050 年长期护理保险年支出费用总额　　单位：亿元

年份	总支出额	增长率（%）
2015	2 587.25	—
2020	3 580.54	38.39
2025	4 931.62	37.73
2030	6 593.15	33.69
2035	9 937.65	50.73
2040	14 341.77	44.32
2045	18 696.70	30.37
2050	24 687.34	32.04

由计算结果可知，2015 年长期护理保险的成本支出总额为 2 587.25 亿元，约占 2015 年全国 GDP 的比例为 0.4%。从纵向角度看，德国 1995 年实行长期护理保险的费用支出总额占当年 GDP 的比例为 0.31%，日本 2000 年长期护理保险全部费用占 GDP 比例为 0.7%，我国的支出比例介于德国和日本之间，处于可接受的水平。从横向角度看，当前 OECD 国家的长期护理费用总额占 GDP 的比重为 0.5%～1.6%，最高达到 2.89%[①]，因此，如果我国当前实行长期护理保险，制度实行的初始成本和后续经营支出都较低，但随着未来老龄化的加重和护理给付成本的提高，制度实行的经济阻力会急剧增大。从费用支出增长率来看，2015—2040 年处于速度较快的增长期间，其中 2030—2035 年的增长率最高，达到 50.73%，2035 年以后增速有降低的趋势。

① OECD.（2005）. Long-term Care for Older People. Paris，France.

二、我国长期护理保险缴费费率厘定

（一）我国长期护理保险缴费能力分析

长期护理保险的总收入包括缴费收入、国家财政拨款和投资运营收益，其中收入主体是参保者的保险缴费。保费缴费收入主要由缴费人数、工资水平和保险费率决定。长期护理保险收入模型为

$$TI(t)=\sum_{k=1}^{w}N_k(t)\times B_k(t)\times V_k(t)\times[1+f(t)]+GI(t)+OI(t) \tag{3}$$

$TI(t)$ 表示护理保险的总收入，$GI(t)$ 表示政府的财政补贴，$OI(t)$ 表示保险机构的投资运营收益。$\sum_{k=1}^{w}N_k(t)\times B_k(t)\times V_k(t)$ 表示 t 年护理保险缴费总收入，$N_k(t)$ 为 t 年第 k 类人群的缴费人数，$B_k(t)$ 表示 t 年第 k 类人群的平均工资水平，$V_k(t)$ 表示 t 年第 k 类人群的保险费率，$f(t)$ 表示 t 年的就业人员工资增长率。假设我国的护理保险财务机制采取现收现付制，因而每年的保险收入剩余较少，保险机构的投资收益可以忽略不计。

1. 长期护理保险参保人群

德国护理保险法案规定，法定健康保险的被保险人自然成为长期护理保险的被保险人，基本覆盖所有居民。根据日本长期护理保险法案规定，在所属市町村或特别区范围内的 40 岁以上的居民是护理保险的被保险者，同时以 65 岁为界分为两类：其中大于等于 65 岁的居民称为第一号被保险者，40～64 岁的居民称为第二号被保险者。与德国一样，韩国的护理保险参保对象与健康保险相同，包括所有年龄段的国民。为了以后扩大筹资来源和保证护理保险的财务持续性，本文借鉴德国和韩国的方案，拟确定 16 周岁及以上城乡就业人员为参保对象，按照国家统计局的定义，就业人员是指在 16 周岁及以上，从事一定社会劳动并取得劳动报酬或经营收入的人员。就业人员包括：（1）职工；（2）再就业的离退休人员；（3）私营业主；（4）个体户主；（5）私营企业和个体就业人员；（6）乡镇企业就业人员；（7）农村就业人员；（8）其他就业人员。

2. 社会就业人员平均工资水平

我国统计部门从未发布过全社会就业人员的平均工资，按照刘植荣（2014）[①] 的推算方法根据统计部门发布的系列数据进行推算。2013 年我国城镇居民工资性收入中位数为 15 730 元（每月 1 311 元）；农村居民工资性收入中位数为 3 242 元（每月 270 元）。2012 年，中国总人口 135 404 万人，城镇人口 71 182 万人，农村人口 64 222 万人；城镇就业人员 37 102 万人，农村就业人员 39 602 万人。根据这组数据可计算出，中国城镇就业人员月工资中位数为 1 311×71 182 万÷37 102 万＝2 515 元，农村就业人员月工资中位数为 270×64 222 万÷39 602 万＝438 元。2012 年城镇单位就业人员工资总额为 70 914.2 亿元，把城镇就业人员工资总额减去城镇单位就业人员工资总额就得到非单位就业人员的工资总额。由

① 刘植荣. 公务员工资与中国社会全社会平均工资. http://club.ebusinessreview.cn/blogArticle-232092.html，2014.

于未能从统计局查到城镇就业人员工资总额，我们只有用城镇就业人员工资中位数近似地推算出城镇非单位就业人员工资总额为2 515×12×3.710 2亿－70 914.2亿＝41 060亿元。由于城镇非单位就业人员为37 102万－15 236.4万＝21 865.6万人，这样，我们就可算出城镇非单位就业人员的年平均工资是41 060亿÷2.186 56亿＝18 778元，即每月1 565元。如果把全社会就业人员的工资放到一个盘子内统计，那么，全社会假设2015年的就业人员的月工资中位数就是（2 515×37 102万＋438×39 602万）÷76 704万＝1 443元。依据相关文献，设定2015—2050年的社会就业人员工资增长率分别为3%。

3. 未来就业人口预测

齐明珠（2010）① 依据2005年1%人口抽样调查和2000年人口普查数据，采用分要素预测方法预测未来2010—2050年的劳动年龄人口规模变化。假设到2050年我国男性人口出生预测寿命将达到77.4岁，女性将达到81.3岁（United Nations，2008），死亡模式采用的是根据2000年人口普查数据计算出来的分年龄性别死亡率。生育模式采用2005年育龄妇女生育率作为预测用的生育模式，并假设未来生育模式不变。我国当前的真实总和生育率水平在1.6～1.8之间（于学军，2002；翟振武，2005；郭志刚，2008；陈卫，2009），基于此，假设未来生育率采用较低和较高两个方案，一是假定为1.6并一直稳定在1.6的水平；二是假定在1.8并一直稳定在1.8的水平，同时假定出生性别比由当前水平120线性下降到2050年的107。

表10　2010—2050年劳动力供给总量　　单位：万人

年份	TER＝1.6	TER＝1.8	平均值	增长率（%）
2010	74 559	74 559	74 559	—
2015	74 197	74 197	74 197	－0.49
2020	72 248	72 248	72 248	－2.63
2025	70 568	70 970	70 769	－2.05
2030	67 515	68 335	67 925	－4.02
2035	63 096	64 766	63 931	－5.88
2040	59 741	62 244	60 993	－4.60
2045	58 112	61 439	59 776	－2.00
2050	56 467	60 670	58 569	－2.02

4. 未来就业人口工资总额

将上述测算的社会就业人员平均工资乘以未来就业人口，可以得到未来就业人口工资总额，即长期护理保险的缴费基数。从计算结果来看，就业人口工资总额总体保持不变，2015—2025年有略微增长，2025—2040年出现下降，这主要是因为期间就业人口出现大幅下降，2045年以后由于就业人口降速减缓，就业人口工资总额出现缓慢上升。

① 齐明珠．我国2010—2050年劳动力供给与需求［J］．人口研究，2010，（9）：76－87.

表 11　　2015—2050 年就业人口工资总额　　单位：亿元

年份	工资总额	增长率（%）
2015	128 479.53	—
2020	145 121.38	12.95
2025	164 894.67	13.63
2030	183 590.09	11.34
2035	200 443.06	9.18
2040	221 828.59	10.67
2045	252 186.81	13.69
2050	286 629.78	13.66

（二）我国长期护理保险费率厘定

综合长期护理保险的支出模型和收入模型，暂不考虑固定费用支出、其他支出以及政府的财政补贴，结合上述的测算结果，可以得到我国 2015—2050 年长期护理保险总体费率水平。

$$V_k(t)=\frac{\sum_{i=1}^{m}\sum_{j=1}^{n}I(t)\times P_i(t)\times U_{ij}(t)\times S_{ij}(t)\times[1+f_j(t)]}{\sum_{k=1}^{w}N_k(t)\times B_k(t)\times[1+f(t)]} \tag{4}$$

表 12　　2015—2050 年长期护理保险总体缴费费率　　单位：%

年份	总体费率	缴费费率增长率
2015	2.01	—
2020	2.47	22.89
2025	2.99	21.05
2030	3.59	20.07
2035	4.96	38.16
2040	6.46	30.24
2045	7.41	14.71
2050	8.61	16.19

2015 年测算的护理保险费率，总体缴费费率为 2.01%，城镇就业人员每月需缴费 2 515×2.01%＝55.55 元，乡村就业人员每月需缴费 438×2.01%＝8.80 元。德国目前的缴费费率为 1.95%，日本是 1.13%，韩国只有 0.2%，我国长期护理保险费率测算结果接近德国，高于日本和韩国。费率接近德国的原因是本文在假定不同护理方式使用比例时参考了德国的标准，同时给付标准也是按照东部地区的标准制定，给付水平相对是高于日本和韩国的。韩国的费率水平较低是因为护理给付水平低和覆盖范围较窄，德国目前约有 210 万人接受护理服务，76%为 65 岁以上老人，占老年人口的 9.7%，日本得到护理给付的人数约

450万，97%为65岁以上老人，占老年人口的16.4%，而韩国目前只有26万老年人接受护理给付，仅占老年人口的5%。但是我国护理保险的总体缴费费率处于一直攀升，在2030年将达到3.59%，到2040年达到6.46%，2050年更是高达8.61%。一方面原因是我国失能老年人的数量将从2030年开始增幅较大，且呈现快速增长趋势，特别是失能高龄老人数量居高不下，导致护理费用迅速增加，另一方面是由于我国劳动就业人口数在2030年之后有明显的下降趋势。因此当护理保险缴费费率较高时，我国政府应该予以一定的财政补贴。

三、基本结论

通过长期护理保险费率测算的结果，本文得出以下结论：

第一，两种护理给付方式中，家庭/门诊护理的成本较低，机构护理的成本较高，除一级护理外，二级和三级护理机构护理成本达到家庭/门诊护理的2倍以上。按照国外长期护理保险的发展经验，我国应该建立起以家庭/门诊护理为主，机构护理为辅的护理给付系统。

第二，2015年长期护理保险的成本支出总额为2 587.25亿元，不论从横向角度还是从纵向角度看，我国当前实行长期护理保险制度的初始成本和后续经营支出压力都较轻，但随着未来老年化的加重和护理给付成本的提高，制度实行的经济阻力会急剧增大。因此，我国应该抓住时机，尽快建立长期护理保险制度。

第三，2015年的总体缴费费率为2.01%，较国外处于中等水平，这是因为我国当前老年人失能水平较低、给付水平不高，但未来老年化不断加重和护理服务成本提高以及就业人口下降等因素，缴费费率会迅速上升，2030年将达到3.59%，2040年将达到6.46%，2050年达到最高的8.61%。因此为避免出现财务危机，我国当前应当适当放开生育政策，增加未来就业人口，同时在制定缴费费率时应立足于长远，适当提高费率水平，以保证当前的长期护理保险财务机制有所结余，并能在较长的时期内保持费率不变。在制度出现财务风险时，政府财政应该给予补贴。

参考文献

[1] 何林广. 长期护理保险定价研究 [D]. 2007.
[2] 李宗璋. 健康保险产品的定价方法研究 [D]. 2003.
[3] 戴卫东. 国外长期护理保险制度：分析、评价及启示 [J]. 人口与发展，2011，(5).
[4] 何林广，陈滔. 德国强制性长期护理保险概述及启示 [J]. 软科学，2006，(5).
[5] 孟昕，克里斯汀·杨. 老龄化与中国城市居民医疗支出 [J]. 中国劳动经济学，2006，(1).
[6] 史承明，陈玉红，熊小燕. 住院病人等级护理收费现状调查与分析 [J]. 全科护理，2011，(11).

流动人口医保关系转移接续满意度及影响因素研究
——基于北京、上海、广州、天津、杭州、贵阳的问卷调查

梁金刚　仇雨临

【摘要】为完善医疗保险关系转移接续人社部发191号文件《流动就业人员基本医疗保障关系转移接续暂行办法》，了解参保人对医保关系转接政策的满意度，进而寻找相关影响因素，本文采取问卷调查与spss软件统计分析方式进行研究。结果显示，参保人对医保转接政策接近"比较满意"水平，但"一般"及以下比例仍占到1/3左右，凸显政策尚存不足；此外，转接政策宣传力度、转接流程设计、缴费年限处理方式、个人账户处理方式、缴费门槛设置、待遇等待期、办事效率和转接时限是影响参保人转接满意度的重要因素。基于以上，论文对医保转接七大核心环节，如缴费年限互认及折算、实际最低缴费年限设置、个人账户处理方式、待遇空档、关系绑定、经办方式、政策宣传等方面提出政策建议。

【关键词】流动人口　医保转接　满意度　影响因素

Study on Satisfaction and Factors Related to Transfer and Continuation of Migrants' Medicare Connection——Based on the Questionnaires in Beijing, Shanghai, Guangzhou, Tianjin, Hangzhou, Guiyang

Liang Jingang　QiuYulin

(*School of Social Work, China Youth University For Political Sciences; School of Labor and Human Resources, Renmin University of China*)

Abstract In order to improve the No. 191 file about the relationship of medicare transfer and continuation, to learn the satisfaction of the insured about Medicare transfer policy, and then to find the relevant factors, the author launches the research by questionnaires and the software named Statistical Product and Service Solutions. The results show that, the satisfaction of the insured about the Medicare transfer policy is close to the 'relatively satisfied' level, while the 'normal' level and the below still takes up around 1/3 which highlights the deficiency of the policy. Moreover, there are some other important factors effecting the satisfaction of the insured about the continuation: the efforts of advocacy, the design of process, the treatment of payment period, the treatment of personal account, the set of payment standard, the waiting period of treat-

---

作者简介：梁金刚，男，河南安阳人，博士，中国青年政治学院社会工作学院讲师。仇雨临，中国人民大学劳动人事学院教授，博导。

基金项目：教育部人文社会科学项目《基本医疗保险关系转移接续路径研究——基于典型地区试点运行的实证调查》（项目号：12YJA630020）；国家社科基金一般项目《城乡统筹背景下我国医疗保障制度转型与路径选择研究》（项目号：13BGL114）。

ment, efficiency of work, and the time of continuation. Based on the above, the author proposes the political recommendations against the 7 core links of the Medicare transfer, such as mutual recognition and conversion of contribution years, the set of actual minimum payment period, the treatment of personal accounts, the gap of treatment, the binding of relationship, the way of management, policy advocacy and so on.

Keywords Migrants medicare transfer and continuation satisfaction factor

一、问题的提出

随着工业化、信息化、城镇化以及就业形式灵活化的社会发展，人口流动逐渐增多。根据国家统计局抽样调查结果，2013年全国农民工总量26 894万人，占到当年总人口数的19.76%，其中仅举家外出农民工就已达到3 525万人，相比2012年，一年就增加150万人。[①] 流动人口的增加，工作地点的转换，也给属地管理的医疗保险带来挑战，需要顺畅的医疗保险关系转移接续机制与之衔接。

在此背景下，本文旨在从参保人的角度，了解参保人对当前医疗保险关系转移接续政策的满意度，并寻找影响参保人满意度的关键因素。需要特别说明的是，此次研究，只涉及参保人对政策措施设计的满意度，不涉及人员服务、大厅环境等经办满意度。

作为项目的二期调研，笔者前期已对多地医疗保险关系转接接续经办机构进行了走访，与相关负责人进行了访谈，从政策制定者和业务经办者的角度，了解了当前医保转接的大体困境和制度障碍，此次问卷调查，意在与第一期调研相结合，从医保参保人的角度进一步了解当前医保转接不足之处，归纳总结参保人对制度措施的意见，分析相关因素对参保人满意度的影响大小，进而为完善医保转接政策提出政策建议。

二、研究设计与数据基本情况

（一）研究方法

文章采用问卷调查的方法，实施过程中针对已经办理过医疗保险关系转移接续的参保人，采取在各地医疗保险关系转移接续经办窗口现场偶遇的方式获取问卷，在数据分析中采取spss统计软件进行变量分析。文中数据未说明之处，均来自本次问卷调查。

（二）问卷收集情况

根据项目前期实地调研和访谈，本次问卷调查主要围绕医保转接业务量较大的城市开展，最终选取北京、上海、广州、天津、杭州、贵阳六地（见表1），共收集问卷456份，有效问卷426份，有效率为93.42%。

（三）参与调查的参保人基本情况（见表2）

此次调查有效问卷共涉及参保对象426人，男性183人，占总人数的43%，女性243人，占总人数的57%，转接业务中女性略高于男性。在年龄方面，以19～35岁和36～45

① 国家统计局. 2013年全国农民工监测调查报告［EB/OL］. 2014－05－12，2014－09－08，http://www.stats.gov.cn/tjsj/zxfb/201405/t20140512_551585.html.

表 1　问卷来源按地区分布情况

		次数	百分比	有效的百分比	累积百分比
有效	广州	66	15.5	15.5	15.5
	上海	83	19.5	19.5	35.0
	杭州	94	22.1	22.1	57.0
	贵阳	81	19.0	19.0	76.1
	天津	53	12.4	12.4	88.5
	北京	49	11.5	11.5	100.0
	总计	426	100.0	100.0	

岁的中青年人为主，分别占到总人数的 56.1%和 29.8%。在学历层次方面，以本科为主，所占比例为 52.3%。在工作职业方面，企业职工占大多数，比例为 57.7%。在转接对象方面，以职工医保为主，所占比例为 85.9%。在转接次数方面，80.5%的人都是第一次参与医保转接，这也与我国医保转接业务处于初始阶段直接相关。在医保转接类型方面，81.7%的人都是职工医保转职工医保，这与广大参保人所从事的职业直接相关，同时这也是由于我国尚缺乏成熟的制度间转接办法所造成的。在转接跨度上，以跨省转接为主，比例为 54.5%，同时跨区县、跨地市和跨国的转接也占到一定比例，分别为 8.2%、14.3%和 7%。

表 2　6 地参与问卷调查的参保人基本情况

		次数	百分比	有效的百分比	累积百分比
性别	男	183	43.0	43.0	43.0
	女	243	57.0	57.0	100.0
年龄	18 岁以下	3	0.7	0.7	0.7
	19～35 岁	239	56.1	56.1	56.8
	36～45 岁	127	29.8	29.8	86.6
	46～59 岁	53	12.4	12.4	99.1
	60 岁以上	4	0.9	0.9	100.0
学历	初中以下	49	11.5	11.5	11.5
	高中	124	29.1	29.1	40.6
	本科	223	52.3	52.3	93.0
	研究生	30	7.0	7.0	100.0
职业	企业职工	246	57.7	57.7	57.7
	机关事业单位职工	68	16.0	16.0	73.7
	进城务工人员	26	6.1	6.1	79.8
	自雇人员	16	3.8	3.8	83.6
	服务业工作人员	31	7.3	7.3	90.8
	城镇居民	24	5.6	5.6	96.5
	农村居民	11	2.6	2.6	99.1
	其他	4	0.9	0.9	100.0

续表

		次数	百分比	有效的百分比	累积百分比
医保类型	公费医疗	32	7.5	7.5	7.5
	职工医保	366	85.9	85.9	93.4
	居民医保	25	5.9	5.9	99.3
	新农合	3	0.7	0.7	100.0
转接次数	1次	343	80.5	80.5	80.5
	2次	67	15.7	15.7	96.2
	3次及以上	16	3.8	3.8	100.0
转接类型	职工医保转职工医保	348	81.7	81.7	81.7
	职工医保转居民医保（或新农合）	27	6.3	6.3	88.0
	居民医保（或新农合）转职工医保	13	3.1	3.1	91.1
	新农合转居民医保	3	0.7	0.7	91.8
	其他	35	8.2	8.2	100.0
转接跨度	跨区/县转接	61	14.3	14.3	14.3
	跨市转接	130	30.5	30.5	44.8
	跨省转接	232	54.5	54.5	99.3
	跨国转接	3	0.7	0.7	100.0

三、满意度均值分析

此次满意度测量，使用李克特量表设计，设置五个满意度等级，分别为“不满意”“比较不满意”“一般”“比较满意”和“满意”，赋予分值分别为“1分”“2分”“3分”“4分”和“5分”。在满意度指标方面，分设了七个分项满意度，主要从医保转接的主要政策关节点进行挑选，设置“转接政策宣传力度、转接流程设计、缴费年限处理方式、个人账户处理方式、缴费门槛设置、待遇等待期、转接办理时间”为考评对象。

对满意度的几大关键政策节点的均值分析表明，群众对现行医保转接的满意度大多处于3～4分之间，也就是“一般”到“比较满意”之间，综合满意度均值达到3.9（见表3），这说明当前的参保人对医保转接政策大体上是满意的。

表3　流动人口医保关系转接满意度均值比较

	政策宣传力度	转接流程设计	缴费年限处理方式	个人账户方式	缴费门槛设置	待遇等待期	转接办理时间	综合满意度
平均数	3.66	3.75	3.82	3.88	3.78	3.75	3.81	3.90
N	426	426	426	426	426	426	426	426
标准偏差	1.144	1.140	1.172	1.158	1.185	1.210	1.198	1.134

尽管满意度均值达到“一般”水平之上，但“一般”及以下所占比例仍然很高（见表4），以综合满意度为例，“一般”及以下所占比例为33.1%，达到1/3左右，此部分参保人

的满意度意见仍然不可小觑。其他分项中，对“转接政策宣传力度、转接流程设计、缴费年限处理方式、个人账户处理方式、缴费门槛设置、待遇等待期、转接办理时间”几个方面满意度打分为“一般”以下的比例，分别达到了41.5%、38.0%、33.8%、32.4%、37.8%、39.6%、35.8%。基于此，说明在医保关系转接政策中，还有相当一部分参保人存在保留意见，政策的完善和改进仍有较大空间。

表4　　医保转接具体政策满意度打分情况表

		次数	边际百分比
综合满意度	不满意	24	5.6%
	比较不满意	18	4.2%
	一般	99	23.2%
	比较满意	121	28.4%
	满意	164	38.5%
政策宣传力度	不满意	27	6.3%
	比较不满意	32	7.5%
	一般	118	27.7%
	比较满意	132	31.0%
	满意	117	27.5%
转接流程设计	不满意	23	5.4%
	比较不满意	33	7.7%
	一般	106	24.9%
	比较满意	130	30.5%
	满意	134	31.5%
缴费年限处理方式	不满意	28	6.6%
	比较不满意	27	6.3%
	一般	89	20.9%
	比较满意	133	31.2%
	满意	149	35.0%
个人账户方式	不满意	27	6.3%
	比较不满意	20	4.7%
	一般	91	21.4%
	比较满意	126	29.6%
	满意	162	38.0%
缴费门槛设置	不满意	25	5.9%
	比较不满意	35	8.2%
	一般	101	23.7%
	比较满意	113	26.5%
	满意	152	35.7%

续表

		次数	边际百分比
待遇等待期	不满意	30	7.0%
	比较不满意	30	7.0%
	一般	109	25.6%
	比较满意	106	24.9%
	满意	151	35.4%
转接办理时间	不满意	27	6.3%
	比较不满意	33	7.7%
	一般	93	21.8%
	比较满意	115	27.0%
	满意	158	37.1%
有效		426	100.0%

分地区来看，各地区综合满意度均值大体相当，均达到“一般”水平之上（见表5），其中，贵阳的医保转接满意度最高，达到4.43，北京地区的医保转接满意度最低，为3.12。

表5　　医保转接分地区综合满意度均值比较

地区	平均数	次数	标准偏差
广州	3.64	66	1.236
上海	3.84	83	1.087
杭州	3.99	94	0.956
贵阳	4.43	81	0.865
天津	4.06	53	0.908
北京	3.12	49	1.467
总计	3.90	426	1.134

四、满意度影响因素分析

此次影响因素分析主要目的是考察转接政策的设置对医保转接满意度的影响，因此，在回归建模中，将性别、年龄等作为控制变量，主要考察缴费年限处理方式、个人账户处理方式、是否产生待遇空档、是否设置缴费门槛、是否与养老转接绑定、转接办理时间几个因素对综合满意度的影响。对以上因素和综合满意度建立回归方程如下：

$$Y=4.991-0.005a-0.151b-0.046c-0.043d+0.059e-0.202f$$

其中，Y为综合满意度，a为缴费年限处理方式，b为个人账户处理方式，c为是否产生待遇空档，d为是否设置缴费门槛，e为是否与养老保险转接绑定，f为转接办理时间。各项因素均通过显著性检验。

表 6　　偏回归系数表

模型		非标准化系数		标准化系数	T	显著性
		B	标准错误	Beta		
1	（常数）	4.991	0.325		15.356	0.000
	缴费年限处理方式	−0.005	0.079	−0.003	−0.059	0.000
	个人账户处理方式	−0.151	0.064	−0.126	−2.354	0.000
	是否产生待遇空档	−0.046	0.077	−0.032	−0.598	0.000
	是否设置缴费门槛	−0.043	0.089	−0.025	−0.479	0.000
	是否与养老转接绑定	0.059	0.063	0.047	0.935	0.000
	转接办理时间	−0.202	0.057	−0.170	−3.538	0.000

回归方程说明，医保转接满意度的评价与缴费年限、个人账户处理方式等有重要的影响关系。根据影响大小，从大到小分别为转接办理时间、个人账户处理方式、是否与养老保险转接绑定、是否产生待遇空档、是否设置缴费门槛、缴费年限处理方式。具体来讲，对年限进行累计记录的方式，对个人账户采取清退和留用的方式，不产生待遇等待期的转接的政策参保人满意度较高；缴费门槛与满意度成反比，医保转接时间与满意度成反比，即缴费年限长以及医保转接等待期长，会增加参保人的不满意度。

五、结论与建议

（一）结论

1. 参保人对当前医保关系转移接续的满意度均值超过满意度中间值，介于“一般”和“比较满意”之间，各地区大体相当，但是“一般”及以下评分比例仍然占到较大比例，约占总体的 1/3，对政策的完善和改进仍然值得重视。

2. 转接办理时间、个人账户处理方式、是否与养老保险转接绑定、是否产生待遇空档、是否设置缴费门槛、缴费年限处理方式等因素与转接满意度有显著的相关关系，并依次对医保转接的满意度产生大小不同的影响。

（二）建议

1. 增大转接政策宣传力度

医保转接涉及参保人个人利益的维护，但是调研中发现，相当部分人群对当地的转接政策不了解，不知道医保个人账户和缴费年限的设置规定，不清楚由于医保转接，是否会有待遇空档期的存在，也就不能很好的维护自身的利益。这一方面与当前国家医保政策不明朗有关，另一方面也说明各地在医保转接政策的宣传中还不够清晰具体。因此，从提高参保人满意度的角度出发，应采用更多多样化和通俗化的手段使参保人了解医保转接的具体政策规定，增加医保政策的透明性。

2. 加快信息化经办手段建设，提高医保转接效率

数据分析发现，医保转接完成的时间较长，有 25.4%的参保人已经超过了 2 个月的办理期限，而且当前医保经办人员配比不足，工作人员常常超负荷工作[①]，转接业务的经办手段有待提高。因此，应在目前已试点建立的部级医保转接信息平台的基础上，加快完善和推广，建立医疗保险关系信息库，实现全国医疗保险数据库的联网与信息共享，推广全国通用的社会保障一卡通，以身份证号为医保唯一信息编号，增强医疗保险关系透明性和便携性。逐步减少或取消医保转接中的纸质办公，采取加密电子邮件等方式取代信函邮寄，不断完善参保人的转接记录信息，增添视同缴费年限、实际缴费年限区分，增添缴费基数、缴费比例、转入地社平工资、中断缴费时间等，条件适宜，也可增添参保人年龄、性别、单位类型等信息。

表 7　　医保转接办理时间

		次数	百分比	有效的百分比	累积百分比
有效	15 天以内	49	11.5	11.5	11.5
	16～30 天	89	20.9	20.9	32.4
	31～60 天	180	42.3	42.3	74.6
	61 天以上	108	25.4	25.4	100.0
	总计	426	100.0	100.0	

3. 合理设置最低缴费门槛

设置最低缴费门槛，即不论何种制度类型转入新参保地职工医保，不论连续或累计缴费年限达到多少，均需在转入地实际缴纳职工医保一定年限后，方可在当地享受退休后不缴费的医保待遇。设置这种门槛的原因有三个：第一，我国不同地区医疗卫生资源相差巨大，这种门槛的设置可在一定程度上防止大城市突增的医疗服务压力；第二，医疗保险遵循权利义务相对等的原则，享受医疗保险待遇必须为当地医保基金做出一定贡献。第三，这种门槛的设置是防止参保人发生道德风险的必要手段，如果没有这种门槛的设置，像北京、上海一类的大城市的医疗保险基金将不堪重负。

4. 分类别折算历史缴费年限

因为居民医保终生缴费，因此缴费年限互认及折算主要涉及职工转职工、居民转职工两种转接类型中，这是由于缴费年限互认及折算的最终目的，就是为了达到退休后不缴费的连续或累计缴费年限指标，而有了最低缴费年限门槛的设置，这里的年限互认及折算应主要为满足本地与外地缴费公平性的考虑。首先，在职职工医保转职工医保中，由于制度同质性强，且医保缴费与工资收入直接相关，即使相对于经济发达地区以较少的缴费获取了同等的缴费年限，但是以较低的工资收入和较低的报销比例为代价的，因此，对于职工医保转接时缴费年限可以不必折算，直接按 1∶1 的比例认同，对于视同缴费年限，也应同样认同，因为这部分人在计划经济时期以低工资为代价亦为社会发展做出了巨大贡献。其次，对于居民医保向职工医保的转接，由于居民医保定额缴费，不与经济收入挂钩，而若按转入地缴费基数进行补缴或折算，所需成本则非常巨大，对此，可考虑使其按转出地职工缴费基数和比例，向转入地补缴差额，或按筹资比例折算年限，以减轻其补缴负担，同时也能增强本地与

---

① 梁金刚. 基本医疗保险关系转移接续实践探索与待解难点 [N]. 中国劳动保障报，2011－12－16 (3).

外地参保人的缴费公平性，此外，由于居民医保不限制劳动年龄，因此，转出年限互认及折算应以 16 岁以后开始计算。

5. 灵活处理个人账户

在关于城镇职工医保的文件中，有个人账户用于疾病治疗的专款专用规定，原则上不得以现金形式发放给个人。但在医保转接实践中，由于部分医疗制度类型，如灵活就业人员医疗保险、农民工医疗保险，以及居民医保中不设定个人账户，使得在医保转接过程中，个人账户无法对口处理，因此各地以清算的形式发放给了个人，如杭州，有些地区采取了保守的做法，将个人账户留存本地或划转他人使用，如镇江。在《社会保险法》中未对个人账户作出明确说明，且城镇职工医保文件中规定个人账户的性质为个人使用或留他人继承使用，属于私人性质的资金，不具备互助调剂功能，因此建议在医保转接中可灵活处理个人账户，能够转移的，优先通过医保机构转移；不能转移的，清算给个人。

6. 确保医保待遇无空档

在转接过程中，缴费与待遇应坚持“缴费不重复、待遇不空档”以及“缴费提前或推迟”的办法进行。在职工医保或居民转入职工医保类型时，在转入地未开始待遇享受前，原关系转出地保持“关系欲转出”状态，继续以“异地就医”形式享受原参保地医保待遇，同时根据转入地缴费与待遇享受日期规定，根据参保人向两地提出的申请，一次性提前或延迟医保缴费，申请日期结束后，转出地正式终止医保关系，转入地正式开始医保接续（见图 1）。在职工医保转入居民医保时，可临时加入当地灵活就业人员医疗保险，同时借鉴上述办法，参加下年度居民保险。在居民医保和新农合年度中间互转时，也可先享受原转出地待遇，并提前在转入地缴纳下年度医保费用。

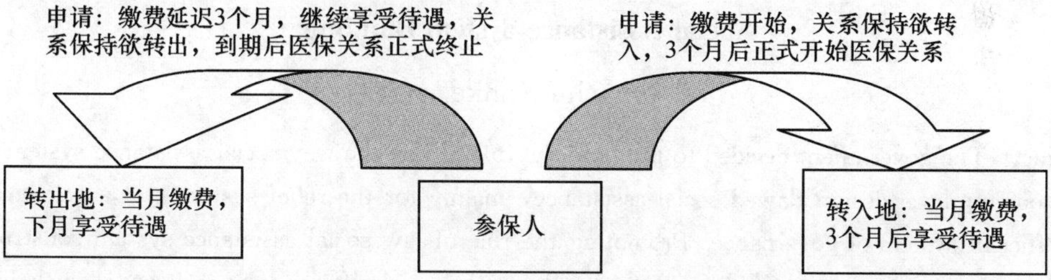

图 1　基本医疗保险关系转移接续缴费与待遇转接办法

7. 绑定养老保险，维护社保权益完整

在是否应与养老保险关系绑定方面，笔者与相关学者观点相同①，应持肯定的态度，原因有三个：第一，医疗与养老保险关系绑定转接，符合五险合一经办体制的发展趋势，有利于提高医保经办效率；第二，有利于维护参保人社会保险权益的整体性与完整性；第三，有利于防止参保人道德风险的行为，防止参保人将养老保险和医疗保险分别放在待遇较高的地区。

① 褚福灵. 医疗保险关系转移接续应同养老保险制度相协调 [J]. 中国医疗保险. 2010，(3)：32.

以法治方式推进社会救助制度建设亟须规范顶层设计

朱勋克

【摘要】国家决定要以法治方式推进社会救助制度建设，指明了我国社会救助可持续发展的方向。我国社会救助顶层设计存在瑕疵，主要表现为救助体系模糊、基本制度缺失、治理体系低效。以法治方式推进社会救助制度建设，迫切需要完善顶层设计，明确社会救助主体架构及发展方向，包括明确社会救助的含义及体系、突出强调社会救助价值追求和基本原则、统一社会救助对象范围等。同时需要创新治理体系，推动依法救助全面落实到位，包括健全社会救助治理机构、创新基层社会救助治理方式、强化救助政策执行、优化救助工作环境等。

【关键词】社会救助　顶层设计　治理　法治

Top-level Design: The Way of Promoting the Rule of Law in Social Assistance System Building

Zhu Xunke

Abstract The government decided to promote the rule of law the way social assistance system construction, but our top-level design flawed social assistance, mainly for the relief system blur, lack of basic systems, inefficient system of governance. Promoting the rule of law social assistance system construction, an urgent need to improve top-level design, it is urgently needed to clarify its aims and scope, including a clear definition of its basic principles and of who is entitled to receive social assistance. In addition, it is necessary to improve the underlying policies of the social assistance system as well as its underlying legal and organizational structures. In order to ensure that social assistance services are fully implemented according to the law, it is critical to reform the governance system and patterns of the social assistance at the local level, to improve the governance institutions and to improve work efficiency of assistance.

Keywords social assistance　top-level design　governance　rule of law

随着各项社会救助制度的建立完善，我国社会救助的项目更加多样，功能更加齐全，救助规模和救助水平不断提高，初步实现了从最初的生存型救助向综合型保障的发展[①]。但不

作者：朱勋克，中国社会科学院法学研究所博士后、中华全国总工会工运研究所助理研究员。

① 米勇生. 社会救助与贫困治理［M］. 北京：中国社会出版社，2012.

可否认的是，我国社会救助的顶层设计有瑕疵，存在保障不完善、落实不力、制度“碎片化”等问题[①]，社会救助的法治化水平迫切需要提升。

一、顶层设计模糊：影响社会救助法治化发展

社会救助顶层设计是指统筹考虑社会救助各层次和各要素，在最高层级上进行整体谋划，建构一个规划全面、制度完备、治理顺畅，能够可持续发展的社会救助体制与机制。我国社会救助制度的顶层设计有些模糊，主要表现为社会救助的体系架构不明确、基本制度缺失及治理体系效率不高。

（一）含混的救助体系

我国社会救助体系没有统一的制度规范，其边界和价值规范不够明确。

一是社会救助整体架构设计不清晰。在国家层面，由于缺乏完善细致的顶层设计，即缺乏较高位阶、且以社会救助整体为对象的制度规范，社会救助政策整体架构呈现相当程度的模糊性，“社会救助”的具体内涵并不清晰，其相应的制度体系也莫衷一是。一方面，社会救助没有法定的含义和体系。我国社会救助立法相当滞后，主要表现为“法律缺失”和“法规粗糙”。“法律缺失”指我国缺乏国家层面的社会救助基本法，社会救助的含义及体系、基本原则等无明确的法律界定。《社会救助法》是构建社会主义法律体系的支架性法律[②]，该法列入国家立法规划近二十年[③]，虽一再“过堂”，但何时出台还尚无时间表[④]。“法规粗糙”是指社会救助各专项业务现有法规规章[⑤]的内容较为原则，规定不够圆满细致，且对一些较为重要的内容没有进行规制。另一方面，我国规范性文件对社会救助体系的界定不一。党的十八大报告提出“完善社会救助体系”，但未明确具体内容。《国民经济和社会发展第十二个五年（2011—2015 年）规划纲要》提出的社会救助体系主要内容是城乡最低生活保障、农村五保供养、自然灾害救助和临时救助。国务院发布的《国家基本公共服务体系“十二五”规划》中，社会救助与社会福利、优抚安置等归在“基本社会服务”项下，具体内容为：着力健全以城乡最低生活保障制度为核心，以农村五保供养、自然灾害救助、医疗救助、流浪

---

① 国务院办公厅. 李克强主持召开国务院常务会议［OL］. http://www.gov.cn/ldhd/2013-10/30/content_2518140.htm.

② 全国人民代表大会内务司法委员会. 全国人民代表大会内务司法委员会关于第十一届全国人民代表大会第一次会议主席团交付审议的代表提出的议案审议结果的报告［OL］. http://www.npc.gov.cn/npc/xinwen/2008-10/29/content_1538639.htm.

③ 《社会救济法》1994 年列入《八届全国人大常委会立法规划》。这是新中国首次提出制定社会救助的法律规范。但由于各种原因，《社会救济法》未颁布实施。此后，《社会救济法》列入十届全国人大常委会立法规划。2005 年，《社会救济法》改名为《社会救助法》。2008 年，《社会救助法》列入《十一届全国人大常委会立法规划》。［张秀兰，朱勋克. 对《中华人民共和国社会救助法（征求意见稿）》的修改建议——兼论社会救助法的基本特征及定位［J］. 社会保障研究，2009，(1)］.

④ 近日召开的国务院常务会议上，中央高层表示，社会救助法草案并不成熟，有待进一步研讨。［温如军. 社会救助法草案近期可能无法出台［N］. 法制晚报，2010－11－24］.

⑤ 如《城市居民最低生活保障条例》(1999)、《农村五保供养工作条例》(2006)、《自然灾害救助条例》(2010)、《城市生活无着的流浪乞讨人员救助管理办法》(2003)、《法律援助条例》(2003)、《诉讼费用交纳办法》(2006)、廉租住房保障办法 (2007)、《就业服务与就业管理规定》(2007)、《道路交通事故社会救助基金管理试行办法》(2009) 等。

乞讨人员救助制度为主要内容，以临时救助制度为补充的社会救助体系[①]。而就业救助、教育救助、住房救助、法律救助等专项救助则分别归类在劳动就业服务、基本公共教育、基本住房保障等项下，且名称分别为就业援助、教育资助、廉租住房和公共租赁住房、法律援助等。此外，交通救助是否属于社会救助也无明确界说[②]。整体上看，我国社会救助制度架构无权威的统一界说，是凌乱离散的。

二是社会救助政策中基本价值规范缺失。社会救助的基本价值是社会救助“有用性”的体现，可以分为表层价值、中层价值及深层价值。表层价值是社会救助最直接最感性最容易体认的价值，有时与社会救助的功能作用等重合。综合来看，社会救助对经济、政治、文化、社会等的发展都会发挥直接或间接的作用，即促进了经济的发展、维护了社会的和谐稳定、助推了政府治理方式的转变、增进了社会融合[③]。这是社会救助的表层价值。

社会救助中层价值则是社会救助制度对公平正义的追求。福利经济学认为，社会和经济的各种不平等以如下方式得到解决，即为社会中处于最不利地位的人们提供最大可能的利益，同时确保公平的机会平等[④]。按照罗尔斯的社会正义原则，人们在收入和财富方面的分配是不平等的，但这种分配必须是对“最少受惠者”最有利的[⑤]。在法哲学看来，正义的目标在于使人类能平等地普遍地享受精神与物质上的福祉……平等的福祉，绝非平等的贫乏[⑥]。而亚里士多德认为，公平正义必定是适度的、平等的[⑦]。显然地，公平正义成为包括社会救助在内的一切社会服务的基本价值。社会救助追求公平正义主要体现在两个方面：一方面，社会救助制度的设计必须体现公平正义的价值取向；另一方面，社会救助结果应当促进社会公平正义。我国社会救助制度从理念、制度设计到实践操作，并不缺乏公平正义的要素，但由于缺乏完整的顶层设计和政策体系，无论是基本生活救助还是专项救助都无力单独扛起公平正义大旗，都没有完整的追求公平正义的价值表达。

社会救助深层价值是社会救助最核心的价值，是指社会救助的最终目的，即人的全面发展。社会救助既要解决救助对象的生存问题，也要促进救助对象全面发展，就是救助对象需有尊严的生活、体面的劳动，也需要德、智、体、美等方面的自由全面发展。社会救助政策应当提供缜密的制度安排，在满足救助对象个人需要的同时，为救助对象自由支配时间、实现全面社会交往提供支持。这是人类理性的必然，是人类感性的需要[⑧]。我国目前的社会救助以“他助”为主，强调“自助（依靠自己力量解决问题）”力度不够。尽管目前有人批评说救助对象不能被视为权利的享有者，而应是被指导和监督的对象，“需要修正穷人的行为

---

① 国务院办公厅. 国务院关于印发国家基本公共服务体系“十二五”规划的通知［OL］. http://www.gov.cn/zwgk/2012—07/20/content_2187242.htm.

② 财政部2009年颁布规章《道路交通事故社会救助基金管理试行办法》，设立道路交通事故社会救助基金，用于垫付机动车道路交通事故中受害人人身伤亡的丧葬费用、部分或者全部抢救费用。

③ 朱勋克，高华俊. 农村社会救助的政策选择及可持续发展建议［A］. 白钢，史卫民. 中国公共政策分析（2009年卷）. 北京：中国社会科学出版社，2009.

④ 尼古拉斯·巴尔. 福利国家经济学［M］. 郑秉文等译. 北京：中国劳动社会保障出版社，2003.

⑤ 沈宗灵. 现代西方法理学［M］. 北京：北京大学出版社，1992.

⑥ 韩忠谟. 法学绪论［M］. 北京：北京大学出版社，2009.

⑦ 亚里士多德. 论公正一政治哲学经典西方卷［M］. 北京：人民出版社，2008.

⑧ 陈文庆，王国银，苏平富. 民生幸福：社会救助伦理价值向度［J］. 湖州师范学院学报，2013，(2).

以满足公众期望”[①]。但无论如何，社会救助应当倡导责任、共享、共生等理念[②]，促进救助对象的全面发展始终是社会救助制度永恒的终极目标。

（二）缺失的基本制度

我国社会救助制度中一些基础性、技术性、直接影响到社会救助规范管理和可持续发展的制度，如最低生活水平与贫困、救助对象的界定、救助给付标准、救助前置义务（办理前提）、家庭经济状况核查等也亟须进一步规范完善。

1. “最低生活”与贫困混淆不清。“最低生活”是社会救助的核心要义，如何有效测量最低生活则是社会救助实践最重要的议题。目前，我国未对最低生活进行规范，其具体含义不清。另外，最低生活和与之密切相关的“贫困”之间的关系也需要进一步厘清。贫困是指公民由于事实因素（如疾病、残疾、缺乏劳动力、不可抗力、自然环境恶劣等）或社会制度（如城乡二元结构、社会保障制度缺失等）的原因，处于对社会性资源占有的不利地位，导致不能维持其最低生活水平、影响自身发展能力，甚至危及其生存的一种社会状态。贫困包括收入贫困、行为能力贫困、权利贫困、人文贫困等，测量贫困的相关概念有绝对贫困线、生存贫困线、发展贫困线[③]、最低生活保障标准等。毋庸置疑，最低生活保障对象属于贫困人口的范畴，但最低生活保障标准是否为界定贫困的主要指标应当有权威的说法。

2. 救助对象界定不统一。当前我国基本生活救助和各专项救助中的社会救助对象种类繁多，认定资格条件也不一。基本生活救助以最低生活保障对象为主体（农村五保供养对象为农村“三无”人员）。各地在实践中，又发展出低保边缘人群，对其进行不同程度的救助。而各专项救助中，救助对象也是五花八门，如“家庭经济困难学生”“就业困难人员”“法律援助对象”“困难职工”等。这些群体实质上就是两类人群，即低保对象和低保边缘人群。在实际操作中，低保对象有明确的评定标准，但对低保边缘人群（各专项救助管理部门称为困难人群）的划分却没有规范统一的标准，导致边缘人群规模范围不一。

3. 救助给付标准限额不明确。社会救助作为“最后一道安全网”，其基本的任务在于帮助救助对象度过急难时期，回归到能够自我救助的状态[④]。救助给付标准应当与救助对象的实际需要及当地的经济发展水平相适应。救助给付过低，不利于维持救助对象的基本生活，无法帮助他们渡过难关；给付标准过高，则导致福利依赖，出现“养懒汉”的现象，不利于促进救助对象“自助”，产生新的不公平。因此，救助给付标准的最高限额是当地居民平均消费支出的一定比例？还是当地最低工资标准？或者是其他的限额？另外，社会救助为救助

---

① ［美］苏黛瑞. 社会救助的根源：对福利体制、目标与方法之差异的初步思考［J］. 周凤华译. 华中师范大学学报，2013，(1).

② 孙杨. 新时期社会救助应树立的四个理念［N］. 中国社会报，2013－7－11.

③ 各种贫困的含义如下：绝对贫困又叫生存贫困，是指在一定的社会生产方式和生活方式下，个人和家庭依靠其劳动所得和其他合法收入不能维持其基本的生存需要，这样的个人或家庭就称之为贫困人口或贫困户。相对贫困是指与社会平均水平相比其收入水平少到一定程度时维持的那种生活状况。通常是把人口的一定比例确定生活在相对的贫困之中。发展贫困线是在生存贫困线之上的一条收入线或消费支出线，它不仅包括了维持基本生存水平所需要的收入，也包括了社会平均水平的教育、医疗保障所需要的支付能力。（中国发展研究基金会. 在发展中消除贫困［M］. 北京：中国发展出版社，2007）。

④ 林莉红，孔繁华. 社会救助法研究［M］. 北京：法律出版社，2008.

对象的保留权利，救助对象可否随意处置此项权利？国家对这些问题应予明确的回答。

4. 申请社会救助的前置义务不明确。当前，我国建立了较为完善的社会保护体系，公民陷入困境可通过各种途径获得帮助，如社会保险（领取养老金或失业救济金、报销医疗费用等）、家庭扶助（配偶或其他具有法定抚养义务人的抚养）等，这是救助对象的权利，也是他们的义务。同时，社会救助对象在申请社会救助前，应当利用自己的资源、资产等尽力改善自身处境，只有当救助对象穷尽自己的资源和能力后仍然无法维持基本生活的，方可申请社会救助。这也是救助对象的义务。社会救助对象只有先行履行上述前置义务，才能申请社会救助。此为各国社会救助的通行做法，但我国目前社会救助制度尚未规定上述前置义务。

5. 家庭经济状况核查制度不完善。家庭经济状况核查是社会救助的核心内容之一，是确定救助对象获得救助待遇的主要依据，全面准确核查救助对象的家庭经济状况是社会救助工作中普遍存在的“老大难”问题。民政部自 2009 年开始在全国 143 个地区开展居民家庭经济状况核对机制建设试点，并提出在 2013 年全国 30％的地区建立核对机制、“十二五”末全面建制的目标①。但到目前，一些省份尚未就全面推进居民家庭经济状况核对机制进行部署和安排，也没有形成指导意见或规划方案；在 143 个试点地区还有一多半存在不同的问题，包括政策设计、操作流程、部门协调等，需要进一步细化完善。

（三）低效的治理结构

我国社会救助实行多部门分头管理，救助的整体效能不高。有人将社会救助的管理现状概括为“上层不协调、基层不专业”②，十分准确精妙。

1. 救助主体多，治理机构分散。我国现行社会救助实行自上而下的管理体制，社会救助由多部门分散管理，其中基本生活救助、医疗救助、灾害救助和临时救助由民政部门管辖，教育救助、住房救助、法律救助等分属教育、住房与城乡建设、司法等部门管辖。2013 年 8 月，国家成立了由 23 个部委组成的全国社会救助部际联席会议制度③，这是社会救助治理的一大进步。然而，联席会议制度是否能够从根本上解决各项救助制度之间统合协调问题，目前尚难下定论。一方面，联席会议制度组成单位主要分为社会救助业务主管和支持系统两大类，其中属于支持系统的单位较多，而业务主管并未包括法律、交通等专项救助的主管单位如司法部、最高人民法院、交通运输部等，也未包括承担了一部分社会救助职能的工会、妇联等群团组织（见图 1）。另一方面，如前所述，因“社会救助”的含义及体系架构不清，且联席会议“不刻制印章，不正式行文”、由民政部部长任召集人，联席会议的统和协调力度与具体实施效果有待观察。事实上，民政部虽负“牵头拟订社会救助规划、政策和标准，健全城乡社会救助体系”，以及牵头建立实施全国社会救助部际联席会议制度的职能，有关部门虽为联席会议成员单位，但这些部门会从自身业务出发，不断创设新概念或业务体系，弱化甚至消除专项救助制度的“社会救助”属性（如前述的法律援助、教育资助、住房

---

① 张伟涛. 建立居民家庭经济状况核对机制破解社会救助对象认定难题［N］. 中国社会报，2013－6－20.

② 张宝山. 社会救助：基层建设亟待加强［J］. 中国人大，2012，(23).

③ 国务院办公厅. 国务院关于同意建立全国社会救助部际联席会议制度的批复［EB/OL］. http://www.gov.cn/zwgk/2013-09/10/content_2485151.htm.

保障等)，社会救助在某种程度上几乎被萎缩为“民政救助”。

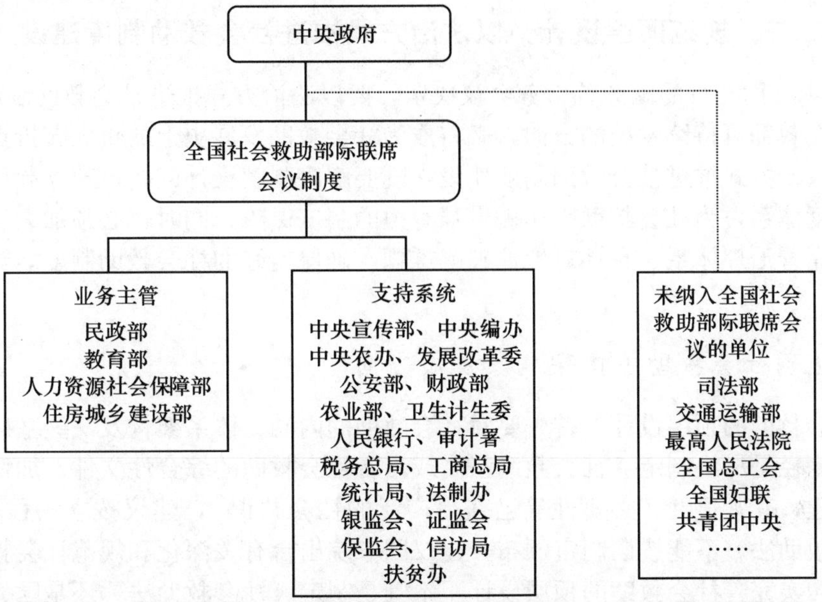

图 1　国家层面的社会救助治理体系

社会救助的分散管理及其治理低效，会导致两个较为严重的结果：

一是社会救助无法成为有机联系的整体，综合救助能力弱。社会救助的管理分割，出现救助政策之间、救助内容之间和救助部门之间产生脱节，交叉重叠与残缺漏洞现象并存，会出现救助无序、救助成本加大、救助效率降低等问题，造成救助资源浪费，影响社会救助的整体效能，影响救助制度的可持续发展。

二是产生新的不公平。由于社会救助多头管理，导致各部门各自确定救助对象，如前文所说的“家庭经济困难学生”“就业困难人员”等，在实际操作中出现一些困难家庭接受了多部门实施的各种救助，而另一些贫困户则很少得到救助①，产生重复救助与救助遗漏等不公平现象。

2. 基层能力弱，服务递送亟须强化。按照现行社会救助制度的设计，乡镇、街道和村、居委会是救助服务递送的最末端，但承担了社会救助的申请审核工作，是办理社会救助的第一关，他们初步决定什么样的人可申请救助及可获得何种程度的救助，对救助政策的实施起着至关重要的作用。然而，乡镇和村、居委会社会救助能力薄弱始终是一个多年未得到有效解决的老问题。有的研究发现，民政部门在实施社会救助方面的人手实在少得可怜，工作经费是上一级往下一级压，街道、居委会甚至只能自己贴钱。只给基层增加任务，而不能给基层相应地增加人力和财力，这种做法是不明智的②。许多地方的社会救助管理人员抱怨说，民政部门只知道揽活，工作量大增，但不解决基层工作力量问题，基层“无人办事、无钱办事”的现象十分普遍，这无法保证乡镇、街道及村、居委会依据法律和政策严格、规范、精

① 宫海霞. 健全县级社会救助机制的建议 [J]. 中国财政，2012，(16).

② 游清富. 论我国最低生活保障制度行政程序执行中的难点 [J]. 求实，2010，(2).

确地甄别救助对象并给予他们切适的救助影响救助政策的执行。

二、规范顶层设计：以法治方式推进社会救助制度建设

2013年10月30日的国务院常务会议决定，要以法治方式推进社会救助制度建设①，指明了我国社会救助可持续发展的方向，必将成为社会救助发展史上的重大转折点，具有里程碑意义。以法治方式推进社会救助制度建设，既要解决制度设计问题，建立起科学合理并衔接有效的制度体系，为社会救助工作提供强有力的制度保障；同时也必须加大改革力度，进一步创新和完善治理体系，有针对性地破解难题，确保良好的社会救助制度能够精准落实到位。

（一）明确社会救助主体架构及发展方向

完善社会救助的顶层设计，首先要对社会救助的内涵、体系架构及一些基础性制度进行规范，主要途径是尽快制定《社会救助法》或出台社会救助的综合性文件。加快《社会救助法》立法进程，其紧迫性、必要性等已获得广泛的社会共识②，建议按立法程序加速推进。如若《社会救助法》不能按期制定颁布，建议国务院出台有关深化和规范社会救助工作的规范性文件，切实完善社会救助的顶层设计。不管是制定《社会救助法》还是国务院出台综合性社会救助文件，都必须从社会救助制度可持续发展的立场出发，超越各部门的现有职权限制和固有思维及成见，坚持统一性、前瞻性和可操作性，从整体上规划设计社会救助的基本架构及发展方向，尤其是重点解决下列问题。

一是明确社会救助的含义及体系。建议将社会救助定义为：国家和社会对依靠自身努力难以维持最低生活水平，或遭受自然灾害、急难事故的公民给予的物质帮助和服务。社会救助是一个完整的开放型的体系结构，随经济社会的发展不断调整目前的体系结构，即以基本生活救助为主要内容，包括但不限于医疗救助、教育救助、就业与生产扶助、住房救助、自然灾害救助、急难救助、交通救助、法律救助，以及国家确定的其他救助。

二是突出强调社会救助的价值追求和基本原则。考虑到社会救助的特殊性，建议明确规定社会救助的目的是保障低收入公民基本生活及救助遭受自然灾害或急难事故公民，并特别强调社会应当协助救助对象自立；同时重点突出保障最低生活水平、追求公平正义，以此明确社会救助不同层次的价值追求。强调社会救助应当坚持平等救助（即公民符合救助条件者，均有权申请社会救助），属地管理、分类救助，自助与他助相结合，以家庭为单位等基本原则。

三是明确规定最低生活水平及标准。建议规定，最低生活是指能够维持公民健康和基本

① 国务院办公厅．李克强主持召开国务院常务会议［OL］．http://www.gov.cn/ldhd/2013-10/30/content_2518140.htm.

② 原全国人大常委会委员信春鹰认为，现在尽管社会救助工作全面推开，很多模式也相对成熟，但还是以政策调整居多，比较随意、零乱。进行一项救助，要在各相关部门的许多文件中挑选依据，确定对象。社会救助不仅是整个民政工作中很重要的一项内容，也是我国社会建设中很重要的一部分。没有社会救助立法，救助工作不稳定，成本也将非常大。没有相关法律约束，救助渠道不畅通，使得很多救助项目不能直接给到被救助人，跑、冒、滴、漏现象很多，也不能通过社会救助实现社会实质公平。因此我建议，社会救助这个问题要及早立法。〔信春鹰．希望尽快制定社会救助法［J］．中国人大，2012，（23）〕

尊严的生活水平；最低生活保障标准由维持公民最低生活水平所必需的食品、衣物、住房费用，并适当考虑水、电、燃煤（燃气）费用以及未成年人的义务教育费等构成。建议由全国人大常委会或国务院（或授权民政部）通过立法指导各地设定城乡最低生活费标准，各有关部门按最低生活费标准设定救助（或补助优惠）对象，以此统一“贫困”或“经济困难”的界定口径。

四是统一社会救助对象范围。建议基本生活救助和各专项救助的救助对象限定于低收入家庭至中低收入家庭。其中，低收入家庭指家庭月人均收入低于当地最低生活保障标准，且家庭财产总额未超过一定金额的家庭。中低收入家庭指家庭月人均为当地最低生活保障标准1.5倍以内或2倍以内，且家庭财产总额未超过一定金额的家庭。各专项救助的对象可以是低收入家庭，也可以延展至中低收入家庭①，或者是遭遇急难事故者。

五是强调救助对象的前置义务。在社会福利领域，社会救助要想守住合法性，就必须区分哪些风险该由个人独立承担，哪些风险个人有权要求帮助②。为救助对象设置前置义务就是要让救助对象独立承担其生产生活中理应“自我负担”的风险。救助对象所应履行的前置义务主要有两类：其一是其他扶助优先，即救助对象依法所应获得的法定扶养义务人的扶养，以及法律法规所规定的其他扶助，应当先于社会救助实施，也就是只有救助对象在申请享尽各类扶助后，仍然符合社会救助条件的，才应当予以救助。其二是自助优先，即救助对象在充分发挥其可利用的所有资产、才能及资源后仍符合社会救助条件、不能维持其最低生活水平的方可申请社会救助。

六是明确规定社会救助给付标准和限额。社会救助的基本目标是保障救助对象的“最低生活”，其给付水平应有必要的限制。因此，建议明确规定：社会救助给付标准根据当地的最低生活保障标准和救助对象的人均家庭收入确定；救助对象每人每月所领救助金或实物折价的总和，不得超过当地规定的最低工资标准；社会救助以现金给付为原则，也可发放实物券或给付实物。并同时强调，救助对象所享有的领取各项救助资金、物资或获得服务的权利，不得扣押、让与或提供担保。

七是完善家庭经济状况核查制度。建议规范家计调查方法。进一步细化家庭收入计算范围、不列入家庭收入计算范围的收入、家庭人口计算范围、不列入家庭人口计算范围等内容。督促各地加快建立完善家庭经济状况核查制度，进一步加强省级统筹规划，根据本地区情况，全面梳理、分析、掌握本地区居民家庭状况信息资源管理的层级和特点；结合当地实际，拟定本地区全面推进核对机制建设的总体方案，在分清省、市、县具体职责和任务的同时，明确工作推进的路线图和时间表③。

（二）创新治理体系：推动依法救助全面落实到位

创新社会救助治理体系是一个系统工程。实现治理目标，需要有强有力的治理机构，也

① 如“家庭经济困难学生”、廉租住房中“低收入家庭”、扶贫对象等均以家庭人均收入为当地最低生活费标准1.5或2倍以下计算。

② [美] 博·罗斯坦（Bo Rothstein）. 政府质量：执政能力与腐败、社会信任和不平等 [M]. 蒋小虎译. 北京：新华出版社，2012.

③ 窦玉沛. 突出重点，把握关键，全面推进居民家庭经济状况核对机制建设 [R]. 民政部资料，2013.

需要合理有效的治理方式，以及良好的治理环境。

1. 健全社会救助治理机构。建立救助治理机构是提升社会救助治理水平的关键，在我国行政权力自上而下流转且同一层级内各部门协作的政制架构中，需要在不同层级建立社会救助治理的核心机构。一是提升国家层面社会救助管理机构治理水平。完善全国社会救助部际联席会议制度，将国家相关部门纳入联席会议，并将各个部门的相关社会救助工作纳入“社会救助”架构内进行统筹协调。进一步优化联席会议的职能设计，以经济状况核查为基础，规范各类困难人群界定办法，建立统一的社会救助信息和管理服务平台，建构起以低收入者、中低收入者和遭遇急难事故者为主要服务对象的社会救助体系，杜绝重复救助、救助遗漏等现象。二是完善地方社会救助治理机构。地方各级政府相应建立健全社会救助管理协调机构，进一步整合各部门的职责和资源，确保社会救助在全国范围内自上而下实现“政府统一领导、部门各负其责”。

2. 强化救助政策执行。我国社会救助政策执行属于典型的自上而下的执行模式①，是一个动态过程，其中既有决策环节，如下一层级政府有关社会救助政策的制定；也包括政策的具体实施，如社会救助的申办、对象管理、监督检查等。一是加强社会救助政策管理。国家和省、市级政府应当“定好政策”并“管好政策”。“定好政策”就是对关键性的救助政策细节作出明确具体并具有可操作性的规定，如救助对象、资金、标准、受益水平等。“管好政策”就是通过备案、审查等方式监督其下辖各级政府不得变更这些关键性细节，确保政策规范主要条款上下一致②。二是完善考评制度。督促各地将社会救助纳入到本地区经济社会发展规划中，将社会救助工作绩效纳入党政考核目标体系。完善社会救助监管制度，实行社会救助经办人员和村、居委会干部近亲属享受救助备案制度。三是进一步加强社会救助执法监督。健全内部监管机制，完善社会监督机制和投诉举报核查制度，既要防止“漏助、错助、骗助”行为和救助不力的“冷漠病”，又要杜绝盲目攀比和“养懒汉”现象，坚决打击和消除社会救助申办过程中的“关系保”“人情保”等权力寻租现象，以及损害救助对象合法权益、不利于社会救助公正有序开展的违法及犯罪行为，确保依法救助、“阳光”救助。四是完善救助对象权利救济制度，依法保障救助对象在救助申办和服务中的知情权、参与权、表达权和监督权，确保救助对象的各项合法权益，促进社会救助公平正义。

3. 创新基层社会救助治理方式。结合我国当前基层行政管理的特点，在基层社会救助管理中广泛推行行政合同制度，即社会救助主管机关与其他机关、社会组织或公民签订社会救助管理合同，授权或委托对方承担社会救助管理和服务工作，并约定双方的权利义务。具体来说就是县级社会救助主管机关或县级人民政府与乡镇、街道或村、居委会签订合同，授权（由《社会救助法》或其他法律予以授权）或委托乡镇、街道或村、居委会，或者其他社

---

① 自上而下政策执行（Top-down Approach）强调，在层级节制的结构中，上级阶层（政策制定者）会透过权威来控制下级阶层（政策执行者），并且主导二者之间的和谐。“自上而下”途径最常提供的建议是政策目标要明确一致，政策执行的结构要尽量简单，政策规划时就应该多考虑政策执行时会产生的问题，有效控制执行者、确定提供及时充足的资源等。马兹曼尼安（Daniel A. Mazmanian）和萨巴蒂尔（Paul A · Sabatier）将政策执行定义为将基本的政策决策付诸实行，该决策通常会以法令、行政命令、议会决定或是法院判决的方式呈现。（李翠萍. 社会福利政策执行网络探析[M]. 台北：秀威资讯科技有限公司，2006）

② 朱勋克. 公共政策失范及其政策管理研究——以农村最低生活保障对象的规定为例 [J]. 理论与改革，2010，(6).

会组织按照约定管理社会救助事务，双方履行合同约定的权利义务并承担相应的法律后果。这是具有灵活性和广泛适应性的新型治理形式，具有传统救助管理方式所无法替代的功能，可以解决当前基层工作力量不足的问题（如委托村委会工作人员或其他村民照看低保对象或五保对象），有效规避社会救助工作中权责不清（如居委会、村委会在社会救助中的职能和法律后果问题）、法律规定滞后（如县民政局在救助管理中能否命令乡镇政府）等问题，减少管理过程中的行政阻力，提高救助工作效率，切实使困难群众“求助有门”、受助及时。

4. 优化救助工作环境。一是加强能力建设。加大教育培训，搞好救助工作人员技能培训，进一步提高他们的素质和工作能力，培养一批又一批不仅有热情，还有智慧、懂技术、会创新，能够以实际行动推进社会救助工作可持续发展的管理和服务人员。大力推动救助社会工作，培养和使用社会工作人才，充分运用社会工作的理论、知识和技巧，推进社会救助与社会工作的全方位融合[①]，提升社会救助管理与服务的专业化、职业化水平。二是加强信息化建设。适时优化社会救助信息系统，建全中央到地方的社会救助数据中心及高效快捷的信息处理系统，建立资源共享的信息平台，加强核查监管和相互衔接，实现社会救助信息化管理，提高救助工作科学性，使社会救助工作更加及时、透明、公正、有效。三是加强舆论引导。加强政策宣传，引导救助对象和社会大众正确对待社会救助及各种利益关系，以理性合法方式表达生产生活中的各种利益诉求，确保社会救助健康持续发展。

① 民政部社会工作司. 救助社会工作研究［M］. 北京：中国社会出版社，2011.

中国社会保障领域的行政复议前置：缘起、变迁与未来

栗燕杰

【摘要】20世纪90年代以后，中国社会保障制度走向定型，社会保障行政争议处理被纳入法制轨道。在行政复议与行政诉讼的前后关联上，社会保障行政争议解决经历了从最初的强制性复议前置为主，到当下的复议诉讼自由选择为主的发展历程。规则变迁的背后，是效率与自由，理想与实用等理念的冲撞分合。展望未来，随着复议制度的改进，社会保障领域仍应实施强制性的复议前置，并需设置配套规则来化解其可能的弊病。

【关键词】社会保障行政争议　复议前置　自由选择

The Administrative Reconsideration First about China's Social Security——Past, Transition and Future

Li Yanjie

(*Institute of Law of Chinese Academy of Social Sciences, Beijing 100720, China*)

Abstract Since the 1990', as the system construction of China's social security, the administrative disputes resolution of social security come into the orbit of legal system. The relationship between administrative reconsideration and administrative litigation in social security area, administrative reconsideration first is the main rule at the beginning, but after several years, free choice becomes the main rule. Behind the rule's change, is the tension between efficiency and freedom, idealism and pragmatism. Look forward to the future, as the administrative reconsideration improves, reconsideration first will be required in social security area. And at the same time, a series of related rules is needed to be set up.

Keywords administrative disputes of social security　reconsideration first　free choice

导　论

随着风险社会的来临，国家承担越来越多的社会保障职责，福利国家成为现代国家的重要特征。中国的社会保障主要包括社会救助、社会保险、社会福利三大基本层次。社会保障制度的覆盖范围扩展与水平提升，使得受益民众越来越多。与此同时，经办机构、主管部门与相对人的行政纠纷也处于快速增加中。

社会保障行政纠纷化解的正式渠道，主要有向行政机关提起的行政复议与向法院提起的行政诉讼两种渠道。在中国行政法总论层面基本规范是，复议诉讼自由选择为原则，复议前

作者：栗燕杰，中国社会科学院法学研究所助理研究员。

置及其他规则为例外。基于此，1989年出台的《行政诉讼法》和1990年出台的《行政复议条例》均设置了行政复议、行政诉讼的自由选择原则，复议前置为例外的规则。其含义为：在一般情形下，当事人可以自由选择通过行政复议或行政诉讼渠道解决纠纷，特殊情形除外。① 但在社会保障行政领域，则一度确定了强制性复议前置为主的规则。其含义为：在一般情况下，社会保障活动的相对人，只能先选择行政复议，而不能直接向法院提起行政诉讼；在行政复议之后，对复议结果仍不服的，才可向法院提起行政诉讼。但在该规则实施多年后，在法律规则层面被逐步否定，未来仍面临否定之否定的可能。对其进行溯源、分析，具有强烈的理论趣味和现实意义。

一、制度缘起：社会保障领域的强制性复议前置

（一）一般理论背景

传统上，行政法学虽然对复议的公正性有一定担忧，但对其高效率、专业性则青睐有加。因此，对于特定高度专业性的行政管理领域可设置强制性的复议前置。这种规则设置有利于发挥行政复议的专业优势和效率优势，通过深度审查，快速解决纠纷，有效救济相对人权益。退一步讲，就其消极层面而言，强制性的复议前置并未剥夺当事人获得司法救济的权利，而只是把复议置于司法救济之前。显然，复议前置与复议终局具有本质区别。复议终局规则下，当事人丧失了司法救济的权利。因此，强制性的复议前置规则，既可发挥复议的效率优势，又可实现司法救济的最终性。

强制性的复议前置设置，作为处理行政复议与行政诉讼先后关系的规则，与复议、诉讼分工衔接密切相关。社会保障领域之所以设定复议前置，与以下两方面因素密切相关。

一方面是对法院审判能力与社保管理专业性不匹配的担忧。其核心理由是：法院作为普通司法机关，很难就专业性较强的问题作出准确裁决。以社会保险为例，有论者提出社会保险费的征缴、社会保险待遇的核定，以及社会保险事务的管理，都呈现出专业化的特征。基于社会保险领域的高度专业性而法院缺失这种专业能力的考虑，在社会保险行政争议实行复议前置是合理的。②

另一方面是对案件数量与法院效率的不相称的担忧。这一种对法院的主要担忧体现在效率层面。一些类型争议，潜在着巨量争议的可能，甚至已经数量巨大。担心一旦废除前置性的复议前置，海量案件就会涌入，导致法院手忙脚乱，权利救济在实际中难以实现。因此，强制性的复议前置将发挥“过滤筛选”效果，将一些行政争议在复议阶段化解，剩余部分再

---

① 参见《行政诉讼法》第三十七条第二款规定：法律、法规规定应当先向行政机关申请复议，对复议不服再向人民法院提起诉讼的，依照法律、法规的规定。

1990年12月24日国务院出台的《行政复议条例》（已失效）第三十六条已规定：法律、法规规定应当先向行政机关申请复议，对复议不服再向人民法院提起诉讼的，申请人对复议机关不予受理的裁决不服的，可以在收到不予受理裁决书之日起十五日内，向人民法院起诉。法律、法规另有规定的除外。

1999年4月29日通过的《行政复议法》第十六条第一款规定：公民、法人或者其他组织申请行政复议，行政复议机关已经依法受理的，或者法律、法规规定应当先向行政复议机关申请行政复议、对行政复议决定不服再向人民法院提起行政诉讼的，在法定行政复议期限内不得向人民法院提起行政诉讼。

② 李志强. 社会保险行政争议的特性及复议前置制度探析［J］. 劳动保障世界. 2010，（9）：25—26.

通过法院行政审判机制解决。这样，既可以减轻法院行政审判的压力，使得法院集中精力审理经过行政复议无法解决的特定类型争议；也可以提升司法审判的质量。

（二）相关规则确立

基于社会保障的高度专业性和效率需求，社会保障法律制度构建之初设定了大量的强制性复议前置。

1998年12月26日通过、1999年1月22日公布的《失业保险条例》，并未提及纠纷解决。显然，在失业保险刚刚正式建立之际，制度细节尚在完善之际，失业保险的行政纠纷解决并未纳入制度构建视野之内。

1999年1月14日通过、1999年1月22日公布的《社会保险费征缴暂行条例》，该条例的主要内容是社会保险的费用征缴及相应的行政处罚与强制执行制度。该条例规定对社会保险缴费相关行政处罚决定不服的行政纠纷解决制度，以及相应的强制性复议前置规则。该条例第二十五条："缴费单位和缴费个人对劳动保障行政部门或者税务机关的处罚决定不服的，可以依法申请复议；对复议决定不服的，可以依法提起诉讼。"

2003年4月27日公布的《工伤保险条例》采取了复议前置的立场。该条例第五十三条：①

有下列情形之一的，有关单位和个人可以依法申请行政复议；对复议决定不服的，可以依法提起行政诉讼：

（一）申请工伤认定的职工或者其直系亲属、该职工所在单位对工伤认定结论不服的；

（二）用人单位对经办机构确定的单位缴费费率不服的；

（三）签订服务协议的医疗机构、辅助器具配置机构认为经办机构未履行有关协议或者规定的；

（四）工伤职工或者其直系亲属对经办机构核定的工伤保险待遇有异议的。

最低生活保障是社会救助的主要内容之一。1999年9月28日公布、1999年10月1日实施的《城市居民最低生活保障条例》对于城市居民最低生活保障相关的行政争议，同样设置了强制性的复议前置。② 该条例第十五条：城市居民对县级人民政府民政部门作出的不批准享受城市居民最低生活保障待遇或者减发、停发城市居民最低生活保障款物的决定或者给予的行政处罚不服的，可以依法申请行政复议；对复议决定仍不服的，可以依法提起行政诉讼。

由此，中国社会保障行政领域，已经在工伤保险、社会保险费征缴、最低生活保障等领域，广泛确定起了强制性的复议前置规则。

除了立法已经明确的复议前置之外，还有社会保障领域的法律草案征求意见稿，拟设置强制性的复议前置。

比如，2008年国务院法制办公室公布的《社会救助法（征求意见稿）》第三十二条拟

① 需说明的是，该条款已经被2010年12月20日公布的《国务院关于修改〈工伤保险条例〉的决定》第十九条修改，修改后对应2010年《工伤保险条例》的第五十五条。

② 需说明的是，该条款被《社会救助暂行办法》第六十五条所替代。

规定：申请人或者救助对象对于社会救助管理部门或者相关机构做出的不予救助或者调整、停止救助的决定或者行政处罚不服的，可以依法申请行政复议；对复议结果不服的，可以依法提起行政诉讼。[①]

（三）思想溯源

强制性的复议前置规则的背后，存在着以下思想的支撑。

一是为民做主思想。考虑到行政纠纷的相对人往往缺乏足够法律知识、证据收集能力的，倾向于“保护主义”话语，由国家强制性设置对其更有利的纠纷解决制度和解决顺序。这尤其适用于主要群体相对弱势的社会保障领域，无论是等待最低生活保障的贫困家庭，还是陷入失业状态发生失业保险争议的失业劳动者，抑或是健康受到严重威胁的医疗救助或医疗保险当事人，依靠其自身聘请律师，就相关争议诉至法院，无论是高昂的诉讼成本、还是一审、二审、再审下来的旷日持久，都是此种弱势群体所难以承受的。从这种思路出发，规定复议前置，优先通过高效率、低成本[②]的行政复议来救济权利，对当事人具有多重好处。

二是效率原则的导向。社会保障的给付，往往与民众的基本生存权利密切相关，应当得到及时给付。对此，《社会保险法》在 8 处提到了主管部门、相关机关的“及时”处置职责，而《社会救助暂行办法》将“及时”作为社会救助工作应当遵循的四大原则之一。而行政复议有利于快速实现权利[③]，为此规定复议前置也是有必要的。

三是行政复议纠错终局性的优势。如果行政复议有效纠错，纠正了被申请人的违法行为，只要复议申请人没有异议，社会保障的主管机关和经办机构不可能再就复议决定启动异议、申诉程序。由此，对于社会保障行政机关方面而言，复议纠错具有终局性。而如果行政复议未能纠错，社会保障的申请人、受益人不服的，依然可以向法院提起行政诉讼。这与行政诉讼的双方当事人均可以申请二审、启动再审具有本质不同。

二、对强制性复议前置的反思与自由选择模式的确立

社会保障领域强制性的复议前置规则，从诞生之日起就受到审视、质疑。十多年的制度实施，更使得复议前置受到反思，自由选择模式成为理论界和实务界的共识，并逐步被相关立法所采纳。

（一）对强制性复议前置的反思

研究者发现，中国社会保障行政复议的优势往往停留在文本层面，往往不能落到实处，甚至暴露出严重的问题，表现在以下方面。

---

① 关于《中华人民共和国社会救助法（征求意见稿）》公开征求意见的通知［OL］. 中国政府法制信息网，网址为 http://www.chinalaw.gov.cn/article/cazjgg/200808/20080800065649.shtml，最近访问于 2014. 2. 2。

② 中国行政复议，复议申请人无须承担任何费用。参见《行政复议法》第三十九条：“行政复议机关受理行政复议申请，不得向申请人收取任何费用。行政复议活动所需经费，应当列入本机关的行政经费，由本级财政予以保障”。

③ 根据《行政复议法》《行政诉讼法》相关规定，行政复议审理的法定期限短于行政诉讼。在复议审理期限上，复议机关应当 60 天办结（法律规定短于 60 天的，从其规定），最多延长 30 天，加起来不超过 90 天。行政诉讼一审 3 个月，二审 2 个月，还均可依法延长，加起来已接近半年甚至更长。这与行政复议高效率的差距，不可以道里计。

第一，复议机关的专业性和高效率并非不言自明。一方面，对于社会保障经办活动、一线执法所存在的事实调查取证问题，行政复议机关未必具有专业能力来处理。对于民政部门、社会保险主管部门作出的社会保障方面的行政决定，复议申请人可选择向同级政府申请行政复议，复议机关并不具有显著的专业优势。另一方面，基于行政系统的层级官僚制特点，复议决定作出前往往需要层层审批，导致行政复议的效率优势被大打折扣，旷日持久的现象并非罕见。如全国人大常务委员会执法检查组所发现的，延期办理现象较为多见。个别市最近三年办理的行政复议案件中，在两个月期限内办结的不到30%，有的案件甚至长达数年仍未办结。① 显然，其效率优势荡然无存。

第二，复议前置使得救济申请期限变短，存在提前丧失救济权利的风险。复议前置，在一般情况下，当事人必须在知道行政决定之日起60天内申请救济。而如果复议、诉讼自由选择，则当事人一般可在3个月内寻求救济。② 因此，与复议、诉讼自由选择相比，强制性复议前置的情况，一般而言其救济申请期限缩短大约1/3。救济申请期限的变短，甚至可能带来救济权利的提起丧失。在第60天之后与到3个月之间，如果为自由选择模式，则当事人仍享有诉讼权利；但在复议前置模式下，当事人不再享有复议权利；并基于强制性复议前置的规则，由于尚未申请复议导致丧失诉讼权利。

第三，复议机关表现出一定偏袒倾向，社会保障权利救济效果不佳。在实践中，复议机关往往会偏袒作出社会保障决定的下级机关。究其原因有：首先，一些社会保障的行政决定在作出前，有可能请示过上一级行政机关。重大、复杂、疑难的行政决定，请示过、甚至反复请示的比例尤其高。这种情况下，行政决定作出后，相对人和利害关系人再向本为批准机关的上级申请行政复议，并无多大意义。③ 其次，复议机关不愿作被告。在现行规则下，如复议机关勇于纠错的，而当事人仍不服向法院起诉的，由复议机关充当被告；但复议机关拒不纠错直接决定维持的，由原机关充当被告。④ 复议机关出于不愿作被告的考虑，即便对存在不当乃至违法的社会保障行政决定，也往往抱有“多一事不如少一事”的心态，违心决定维持。

由此，通过行政复议的权利有效救济未获充分实现。行政复议维持率过高导致纠错效果不佳，近年来并无明显改观。比如，2012年陕西全省共审结复议案件993件，其中维持440件，占50.11%，略低于2011年度的55.54%。⑤ 2012年青海省各级、各部门行政复议机关

---

① 全国人民代表大会常务委员会执法检查组关于检查《中华人民共和国行政复议法》实施情况的报告——2013年12月23日在第十二届全国人民代表大会常务委员会第六次会议上［OL］. 中国人大网，网址为 http://www.npc.gov.cn/npc/xinwen/2013-12/24/content_1819964.htm，最近访问于2014.2.2。

② 其法律依据是《行政复议法》第九条第一款：公民、法人或者其他组织认为具体行政行为侵犯其合法权益的，可以自知道该具体行政行为之日起六十日内提出行政复议申请；但是法律规定的申请期限超过六十日的除外。

③ 正是基于此种考虑，2008年出台的《行政复议法实施条例》第十三条规定：“下级行政机关依照法律、法规、规章规定，经上级行政机关批准作出具体行政行为的，批准机关为被申请人。”这样，通过复议申请人的资格转移，可在一定程度上化解复议机关审理自身批准行为的问题。但是，下级行政机关在没有“法律、法规、规章规定”的情形下，也可能向上级行政机关批准，再以自己名义作出具体行政行为。对于这种情况，此规定就无能为力了。

④ 《行政诉讼法》第二十五条第二款：经复议的案件，复议机关决定维持原具体行政行为的，作出原具体行政行为的行政机关是被告；复议机关改变原具体行政行为的，复议机关是被告。

⑤ 数据来源：陕西省2012年度行政复议、行政应诉案件统计分析报告［OL］. 陕西省政府法制办官方网站，网址为 http://www.sxzffz.gov.cn/News_View.asp? NewsID=4171，最近访问于2014.2.1。

共受理复议申请215件，其中维持160件，占74.4%。① 2012年云南省各级、各部门行政复议机关共审结复议案件897件，其中维持602件，复议维持率为67.1%，略高于2011年度的64.0%。② 因此，这种情况下的强制性复议前置，给人的观感是：徒然浪费当事人的时间、精力、金钱，其环节发生仅使得纠纷案件不能及时走向法院的效果。在社会保障领域此种问题更是突出。

第四，行政复议与行政诉讼受案量均未出现爆炸性增长。从近年行政复议与行政诉讼受案量总体上看，《行政复议法》实施14年来，行政复议案件逐年增加。2000年全国行政复议案件申请数量约为7万件，2005年突破9万件，2010年起年均收案量超过10万件。③ 但近年来全国每年受理的行政复议案件数量与一审行政诉讼案件数量基本持平。这使得强制性的复议前置缺乏必要性。

（二）背后理论："自由选择"话语与制度竞争模式

虽然行政复议具有一些优势，但就此设置强制性的复议前置，越来越受到质疑。社会保障行政纠纷解决的"自由选择"话语，逐渐成为主流。

这种自由选择话语，首先基于法的自由价值，各种法的理论都承认，自由是法律的基本价值之一，甚至被列为核心价值。基于"无救济即无权利"，自由落实为当事人对权利救济方式的选择自由。在一般意义上，现代社会下争议多元化纠纷解决机制的建构，也强调要满足当事人的多元化需求和选择自由。④ 在自由选择话语下，显然应当赋予当事人以救济方式的自由选择权，尊重公民对自身权利行使的自主性，尊重权利救济方式的自主性。"自由选择"话语在纠纷解决机制中日渐兴盛，包括法院属地管辖权的自由选择、确定被告在一定空间的自由选择，多种纠纷解决方式之间的自由选择等。

制度竞争模式是支持限制强制性复议前置的又一有力理论工具。各种纠纷解决机制的公平竞争与当事人的自由选择可谓互为表里。如果允许各种纠纷解决机制相互竞争，既有利于当事人自由选择，也可通过制度竞争带来制度优化。但是，如果不允许规则间的公平竞争，优化效果则不可能实现。而在强制性复议前置的规则下，复议制度显然占据着压倒优势地位——当事人即便选择行政诉讼，也必须先经过复议程序。强制性的复议前置下，行政诉讼制度已经输在起跑线上。

由此，尽可能压缩强制性复议前置的范围，扩充复议诉讼自由选择的适用空间，成为中国立法者和学术界的共识。

---

① 数据来源：青海省2012年度行政复议、行政应诉案件统计分析报告［OL］. 青海省政府法制办官方网站，网址为 http://www.qhfzb.gov.cn/html/387/299212.html，最近访问于2014.2.1。

② 数据来源：云南省2012年行政复议和行政应诉案件统计分析报告（云府法［2013］13号）［OL］. 云南省政府法制办官方网站，网址为 http://www.zffz.yn.gov.cn/ynsfzxxw/1949214213721292800/20130626/247992.html，最近访问于2014.2.1。

③ 数据来源：全国人民代表大会常务委员会执法检查组关于检查《中华人民共和国行政复议法》实施情况的报告——2013年12月23日在第十二届全国人民代表大会常务委员会第六次会议上［OL］. 中国人大网，网址为 http://www.npc.gov.cn/npc/xinwen/2013-12/24/content_1819964.htm，最近访问于2014.2.2。

④ 范愉. 权利救济与多元化纠纷解决机制简议［J］. 广东行政学院学报，2008，(01)：39.

(三)域外立法例支撑:由复议前置转向自由选择

从普遍性的复议前置逐步退缩的国家并非罕见。比如,在法国就经历了从普遍性复议前置逐步到复议、诉讼自由选择为原则的发展历程。[①] 这以1889年法国卡多案为分水岭。卡多案判决之前,适用部长法官制(Ministre-juge),当事人提起任何行政诉讼均必须先经过行政系统内部的救济程序。卡多案中,最高行政法院认为,当事人不服行政决定,可以直接提起行政诉讼,由此行政法院有权直接受理行政争议。[②]

日本情形也类似。明治时期的行政裁判法规定,对地方机关提起行政诉讼之前,应先提起行政复议。二战后,1948年日本制定行政事件诉讼特例法,进一步确立行政复议前置为原则,直接行政诉讼为例外。1962年的日本行政案件诉讼法,当事人自由选择主义成为原则。[③]

韩国的情形也差不多。韩国1951年出台的《行政诉讼法》规定了“诉愿前置”,即强制性的复议前置;但自1994年司法改革之后,修改后的《行政诉讼法》采取了复议、诉讼的自由选择为原则的模式。[④]

我国台湾地区也与之相似。在旧的行政诉讼制度下,遵行所谓“无诉愿即无行政诉讼”的原则,在提起行政诉讼之前,原则上要经过诉愿、再诉愿两次前置性的行政程序(类似于中国大陆的行政复议),但1998年“诉愿法”及“行政诉讼法”修改后,在诉讼类型上增加了课以义务诉讼、确认诉讼和一般给付诉讼。其中,确认诉讼、一般给付诉讼免除了强制性的诉愿前置,而撤销诉讼、课予义务诉讼则一般仍适用强制性的诉愿前置。[⑤]

在比较法的层面,还有论者将强制性的复议前置与美国的穷尽行政救济原则相提并论(Exhaustion of Administrative Remedies,或被称为Statutory Exhaustion)。但须注意的是,虽然国会有权通过立法规定某一领域是否需要遵循穷尽行政救济原则,但大多数穷尽行政救济规则由法院确立,在适用上表现出较大程度的灵活性。[⑥] 这与中国通过“法律、法规”设定强制性复议前置存在不同。

(四)复议诉讼自由选择的规则确认

基于当事人自由选择,纠纷解决制度的竞争,以及对复议机关的不信任,立法机关对于已有的社会保障领域的复议前置予以重新审视,在立法活动中对此进行了一百八十度转弯,被废止的强制性复议前置规则随处可见,而替换以复议诉讼自由选择规则。

2010年10月28日公布的《社会保险法》确定了社会保险领域行政争议的复议诉讼自由选择。该法第八十三条第一款、第二款分别规定如下:

用人单位或者个人认为社会保险费征收机构的行为侵害自己合法权益的,可以依法申请

---

① 陈贵民.现代行政法的基本理念[M].山东:山东人民出版社,2004:269—270.

② 王名扬.法国行政法[M].北京:中国政法大学出版社,1989:537.

③ 盐野宏.行政法[M].杨建顺译.北京:法律出版社,1999:316.

④ 李钟晚.韩国行政复议制度研究[D].山东:山东大学,2012:14.

⑤ 林胜鹞.行政诉讼法(修订五版)[M].中国台湾:三民书局,2013:36.

⑥ 杨伟东.复议前置抑或自由选择——我国行政复议与行政诉讼关系的处理[J].行政法学研究.2012,(02):73.

行政复议或者提起行政诉讼。

用人单位或者个人对社会保险经办机构不依法办理社会保险登记、核定社会保险费、支付社会保险待遇、办理社会保险转移接续手续或者侵害其他社会保险权益的行为，可以依法申请行政复议或者提起行政诉讼。

2010 年 12 月 20 日修订公布的《工伤保险条例》，也选择了复议诉讼自由选择。《工伤保险条例》第五十五条规定如下：

有下列情形之一的，有关单位或者个人可以依法申请行政复议，也可以依法向人民法院提起行政诉讼：

（一）申请工伤认定的职工或者其近亲属、该职工所在单位对工伤认定申请不予受理的决定不服的；

（二）申请工伤认定的职工或者其近亲属、该职工所在单位对工伤认定结论不服的；

（三）用人单位对经办机构确定的单位缴费费率不服的；

（四）签订服务协议的医疗机构、辅助器具配置机构认为经办机构未履行有关协议或者规定的；

（五）工伤职工或者其近亲属对经办机构核定的工伤保险待遇有异议的。

2014 年 2 月 21 日公布、2014 年 5 月 1 日起施行的《社会救助暂行办法》适用于最低生活保障、特困人员供养、受灾人员救助、医疗救助、教育救助、住房救助、就业救助、临时救助等社会救助类型。《社会救助暂行办法》第六十五条规定：申请或者已获得社会救助的家庭或者人员，对社会救助管理部门作出的具体行政行为不服的，可以依法申请行政复议或者提起行政诉讼。该规定，使得中国社会救助在一般意义层面确定起复议诉讼自由选择的规则。

这种背景下，整个社会保障领域表现出复议诉讼自由选择成为大势所趋的外观来。

三、社会保障强制性复议前置回归的可能

与社会保障复议诉讼自由选择的立法例蔚然成风形成鲜明对比的是，在《行政复议法》修改中，理论界和实务界在行政法总论的一般层面，提出应当强制性的复议前置为原则。比如，黑龙江省政府法制办起草的修订建议稿明确规定：公民、法人或者其他组织认为具体行政行为侵犯其合法权益的，应当先申请行政复议；对行政复议决定不服的，可以依法向人民法院提起行政诉讼，但是法律规定行政复议决定为最终裁决的除外。①

社会保障现行规则对强制性复议前置的否定，并非“强制性前置”规则本身出了差错，而是复议机制的实施出现弊病，以及复议诉讼的衔接机制出现问题，既无法发挥复议机关的积极性，又未能发挥权利救济效果，受到公众的拒斥；甚至，行政复议制度成为当事人寻求司法救济的门槛。

复议制度自身的重重弊病，导致立法机关放弃了在工伤保险、社会保险费征缴、社会救助等社会保障领域的强制性复议前置，而先后选择了复议诉讼自由选择。这种自由选择，更有利于行政复议机制、行政诉讼机制在相同的起跑线上公平竞争，谁的功能效果更佳，谁将

---

① 周芬锦. 行政复议法修订列入计划两版修订稿提交法制办 [N]. 法制日报，2012－10－10.

受到当事人的青睐。但是，必须意识到，这种自由选择的“公平竞争”状态，具有一定程度的不稳定性。在自由选择模式下，行政相对人、利害关系人往往跳过行政复议选择直接向法院提起行政诉讼。比如，安徽省近1/3的区多年未办理过复议案件，过半数部门未办理过行政复议案件。① 这导致大量行政复议机构在实践中可有可无，带来人、财、物的严重浪费。

而一旦海量社保争议成为现实，强制性复议前置将是不得已的选择。必须意识到，社会保障潜在行政争议的巨大规模，是未来设置复议前置的重要考虑因素。以社会保险参保人计，到2012年末，在基本养老保险方面，全国参加城镇基本的养老保险人数为30 427万人，全国参加城乡居民社会养老保险参保人数48 370万人；在基本医疗保险方面，到2012年末，全国参加城镇基本医疗保险人数为53 641万人；另外，参加失业保险人数为15 225万人；参加工伤保险人数为19 010万人；参加生育保险人数为15 429万人。② 相对而言，参加工伤保险的人数相对较少。但由于法律制度相对健全，现实争议已经较多。2008年，苏州全市两级政府共受理行政复议案件总数182件，而工伤保险类行政复议104件，占到57%。③ 2010年广东东莞全市各级行政机关共收到行政复议申请443宗，其中因不服工伤认定而申请行政复议的190宗，占总数的42.9%。④ 随着将“全覆盖”作为制度目标，社会保险参保人数仍处于增加中，加上社会保险各险种制度的逐步完善，一旦这些社会保险险种发生行政争议，其潜在规模将相当惊人。即便有千分之一的参保人发生行政争议，也将远超过现在一年行政诉讼总量的若干倍。

四、社会保障强制性复议前置的配套规则

就制度完善而言，为有效实施社会保障领域的强制性复议前置，需从以下方面加以改进。

1. 通过权力机关立法确定复议前置增强形式合法性。强制性复议前置的合法性，依赖于民众对复议制度的认可。如果仅通过行政立法来确立，显然存在合法性不足的问题。为此，社会保障的强制性复议前置的范围应当由权力机关立法通过。

2. 社会保障相关决定作出时应明确告知释明。强制性复议前置的行政决定在作出时，不应简单告知相对人享有“复议、诉讼”的权利，而应必须明确告知，相对人在法定期限内享受申请行政复议的权利；对行政复议决定不服的，才可向法院提起行政诉讼。与此同时，行政机关应当尽可能精确、易懂地向相对人释明，其申请复议的期限、方式、对象、规则，以及不得直接向法院起诉的要求。

3. 改变经复议的被告确定规则提升复议机关的纠错积极性。在社会保障行政领域，凡是经过行政复议的，一律由原社保部门或经办机构充当被告。如此规范，有利于复议机关消

---

① 数据来源：安徽省2012年度行政复议工作状况分析报告。

② 数据来源：2012年度人力资源和社会保障事业发展统计公报［OL］. 中华人民共和国人力资源和社会保障部官方网站，网址为：http://www.mohrss.gov.cn/SYrlzyhshbzb/dongtaixinwen/shizhengyaowen/201305/t20130528_103939.htm，最近访问于2014年1月29日。

③ 高燕青. 工伤行政复议案件激增原因探析［OL］. 苏州市人民政府法制办网站，网址为：http://www.szfzb.gov.cn/news/fzb/2009/9/17/fzb-14-02-22-3064.shtml，最近访问于2014年2月2日。

④ 参见《东莞市2010年行政复议案件统计分析报告》，转引自记者黄虎波. 市2010年行政复议案件统计分析报告公布工伤类行政复议［N］. 东莞日报，2011－4－14.

除疑虑，勇于纠错，不再有充当行政诉讼被告的“后顾之忧”。

4. 对复议前置及其实施给予有效司法监督。强制性复议前置的有效实施，需要对社会保障行政决定做出时、存在瑕疵时，提供司法监督的充分空间。至少包括以下方面：一是强制性复议前置的行政决定，如果作出时未告知当事人相关情况，或者未予以有效释明，导致当事人发生误解的，其后果应当由行政机关承担。比如，本为复议前置却在行政决定作出时告知当事人复议诉讼自由选择，当事人选择行政诉讼的，法院可径直判决被告败诉。二是前置性复议前置的行政决定，利害关系人申请行政复议，如复议机关拒不受理或超过法定期限不作为的，利害关系人可直接向法院提起行政诉讼，法院应当予以受理。

通过复议制度的自身改进与配套规则建立，社会保障领域的强制性复议前置可充分发挥高效、专业等优势，快速恢复当事人的生存权利，纠正可能错误并有效避免其阻碍当事人救济权利行使等弊病。

信息

《中国社会保障改革与发展战略》（1～4卷）获第三届中国出版政府奖·图书奖提名奖

2014年1月4日，第三届中国出版政府奖表彰大会在京举行。由郑功成教授主编、凝结全国同行学者集体智慧的4卷本《中国社会保障改革与发展战略》（人民出版社）获得本届中国出版政府奖·图书奖提名奖。此前，该书已获北京市第十二届哲学社会科学优秀成果一等奖。

中国出版政府奖2008年由原国家新闻出版总署设立，每三年评选一次，旨在表彰和奖励国内新闻出版业优秀出版物、出版单位和个人，是国家新闻出版领域的最高奖项，其中图书奖即原来的国家图书奖。本届参评图书奖的申报范围，是2010年1月1日至2012年12月31日期间出版的新书。全国各省市自治区与各部委共推荐了475家出版单位报送参评图书2 013种，经过严格评审，共评出图书奖56个、图书奖提名奖109个，共计165个。其中，获得图书奖的社科类图书15种，获得图书奖提名奖的社科类图书27种。

国别研究

稳定与变迁：荷兰公私双元混合的社会福利供给及其对中国的启示

［荷］Cor van Montfort　孙　丽

【摘要】 荷兰作为全球社会福利制度的典范国家之一，其社会福利供给有着显著的“公私双元混合”性质，该体系被视为高效的，可持续性的和有响应性的。本文首先从四个维度对公私双元混合这一概念进行解析：体制，组织，伙伴关系和价值观；然后简要介绍荷兰医疗和养老金制度，及分析其呈现出的公私双元混合特征；最后探讨荷兰的公私双元混合模式对中国的社会福利制度改革的启示。

【关键词】 公私双元混合　荷兰　社会福利

Stability and Change: The Public-private Mix in Social Welfare Provision in the Netherlands and its Implication for China

Cor van Montfort　Sun Li

(*1 Tilburg University*; *1 Delft University of Technology*)

Abstract The Netherlands is well known for its social welfare system. The "public-private mix" is regarded as one of the key features of Dutch social welfare provision, and contributes to its efficiency, sustainability, and responsiveness. This article firstly aims to explain the realms of the public-private mix, through analysis from four dimensions: system, organization, partnerships and values. Secondly, a brief introduction to the Dutch health care and pension systems is given. Lastly, its implications for China's social welfare reform are explored.

Keywords public-private mix　Netherlands　social welfare

十八届三中全会明确提出“建立更加公平可持续的社会保障制度”。作为转型期的人口

作者：Cor van Montfort，博士，蒂尔堡大学政治与公共管理学院教授，荷兰科学委员会客座教授，荷兰审计院审计主管，主要从事政府治理，公共问责制，公私合营伙伴关系，公共部门等有关研究；通讯作者：孙丽，博士，代尔夫特理工大学，技术、政策与管理学院博士后研究人员，主要从事中国社会政策，土地和住房制度研究；原文英文，译者覃伊璇，中国人民大学劳动人事学院硕士研究生。

本文根据 2013 年 9 月在中国人民大学举办的“中欧研讨会：就业，照护与福利政策的未来”篇名为“Stabilityby Change: The Changing Public-private Mix in Social Welfare Provision in China and the Netherlands”的会议论文修改翻译后的成稿，作者在此感谢 Jonathan Zeitlin 教授，Anton Hemerijck 教授，仇雨临教授，李珍教授，Matthias Stepan 博士，以及刘涛博士等对本文的建议与意见。

大国，健全社会保障制度是我国现阶段的一项重要民生工程。荷兰被视为社会保障制度的典范国家之一，如通过国际比较研究发现，荷兰的医疗制度领先于美国、澳大利亚、加拿大、德国和新西兰居于首位（Reuters，2010）。另外，荷兰人均养老金储备量位居世界第一（OECD，2008：5）。

尽管中国和荷兰在人口、地理、历史、体制以及社会经济等方面都有差别，但两国面临一个共同的问题：都处于社会福利供给的转型时期。一方面，中国处于经济高速发展阶段，应该让全体国民通过社会福利分享到经济增长的成果。另一方面，荷兰作为一个老龄化社会，65岁及以上老人占到总人口的17.4%。现有的福利体制，如医疗和老年护理，因其高昂的费用难以满足日益增长的需求，这意味着荷兰传统价值理念中的“平等”和“一致”正在经受考验。

在这一背景下，建立一套高效的、可持续的、有响应性的社会福利供给制度框架是非常重要的。本文旨在从公私双元混合的角度阐明这一问题，因为公私双元混合是荷兰社会福利供给的重要特征，从该视角出发能够更好地了解荷兰社会保障体系。该体系具有高效，可持续性和响应性，并被证明稳定并具有一定的动态性。在下文中，作者将首先简要阐明公私双元混合这一概念，从四个维度进行解析：体制，组织，伙伴关系和价值观。其次是关于荷兰医疗和养老金制度的介绍。最后探讨荷兰公私双元混合的社会福利供给对中国的启示。

一、社会福利供给中的公私双元混合

在公共管理研究中，很少有词语像“公”“私”这样高频率地被提及。那么它们的意义为何？所指何物？何时称某组织为公或为私？评判标准是什么？是从其法律形式、其活动本质，或是其主导价值观进行界定？在本文中，笔者着重从四个维度（见图1）进行分析公私双元混合，分别为：体制，组织，伙伴关系和价值观。

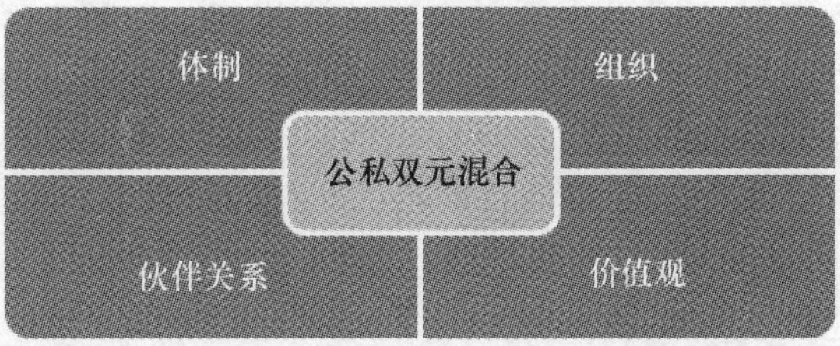

图1　公私双元混合的四个维度

（一）体制

一种体制的性质可以为公、私或者公私混合。若为公，则表明这种体制下，政府在规则、财政以及社会财富的生产和分配中起主导作用（Bozeman，1987；2007）；相反地，若为私，则表明市场或民间团体在社会财富的生产和分配中起主导作用。最后，如果一种体制为公私混合，那么表明政府、民间团体和市场都参与到社会财富的生产和分配中，并且三者的角色和职责是不同的，这种情况即为非公也非私，是一种混合体制。混合体制的类型包括：（1）公共性与规范的混合。表明公法与自我约束（治理规范、行为准则、专业守则等）

并存。(2) 公共资金和民间资金的混合。表明社会福利供给是由税收、保险费、私人捐赠或者其他渠道出资提供。(3) 政府、市场和民间团体的混合。这反映在两个概念上："管理竞争（政府严格地控制着市场）"或是"集体共同责任（如在荷兰养老金制度中，政府、工会和雇主共同负担社会福利供给的责任）"。

（二）组织

不仅是体制，组织的性质也可以定义为公、私或者公私混合（Koppell，2003；Karré，2011）。公共组织完全由公共财政（如税收和保险费）资助，由政府管理并控制，执行公共事务。除了政府的财政支出外，当某个组织的资金来源也从市场活动中获取，或进行的公共事务也被某些特定机构制定的条例所规制时，这个组织就具有公私混合的性质（如律师事务所，医生协会）。

（三）伙伴关系

当公共组织和私人组织决定合作时，公私合营便产生了。这一范畴下，我们可以区分两种方式：一种是政府和私营企业之间的合作关系，另一种是政府和民间团体的合作关系（de Vries&Yehoue，2013）。

（四）价值观

公共价值观和私人价值观具有显著区别（Van der Wal，2008）。诚实正直、获利、隐私和利己主义一般来说是私人价值观。公信度和合法性等则是公共价值观。但是，在某些情况下，很难界定一些价值观是公共价值观或是私人价值观，因为其兼具两者的性质。例如，隐私可以被认为是个人权利，这时它应被看作是私人价值观；但同时过度注重个体的隐私权可能会影响到集体或国家安全，这时它应被视为公共价值观。尽管公共价值观和私人价值观之间的界限模糊，但很有必要对此区分，主要从其某种价值观的重要性程度进行区分：即从公民个体视角出发的"个体价值观"重要还是从国家的角度出发的"公共价值观"重要。在探讨社会福利供给制度时，对公共价值观和私人价值观的区分非常重要，如从公共价值观出发，福利供给就是应该是国家的责任，但从个体价值观出发，就应该由个人通过市场渠道来解决。

总之，该公私双元混合模式不仅包括了市场的高效性与创新性而且还有国家为公共利益而承担的担保。同时，在清晰的政府责任下，该模式还兼顾到各类社会行动者表达自己需求和意愿的诉求。最后，私人企业的参与，尤其是私人资本的投资，能解决政府资金短缺的状况。

二、公私双元混合在荷兰社会福利体制中的实践

在本节中，笔者将对荷兰的医疗制度和养老金制度进行简要介绍。这两个制度安排中有明显的公私双元混合特征，并从中可以看出公共和私人的责任、价值观以及利益是相互关联的。公私双元混合模式有助于建立稳定且具有响应能力的社会福利政策。在过去的200年中，荷兰社会福利制度的历史进程是一个稳定与变迁相结合的过程。

（一）医疗体制

荷兰的医疗制度起源于19世纪末，是以多种私人医疗保险基金的形式建立起来的。这些基金项目的类型非常广泛，有些是工人阶层和工会一起建立的，有些是富人阶层和商业保险公司建立的，而有些则是医师、药师等医疗系统人员建立的。多年以来，许多公司设立了自己的医疗保险基金。但在20世纪时，政府对这一体系监管越来越强，同时某些部门的作用也越来越重要，如医师联盟设立的专业标准约束（Lamping，Raab&Kenis，2012）。

2006年1月1日，政府颁布了《医疗保险法案》，这是唯一覆盖全体荷兰国民的法定医疗保险制度。这一法案的目的是建立广覆盖、高效、高质量的医疗保险。

荷兰医疗保健制度的一个重要原则是对全体公民施行强制性的基本医疗保险，提供所有基本医疗保健服务（如家庭医生咨询或手术）。基本医疗保险的保险费用约为每月100欧元。政府每年都会公布基本医疗保险的收费标准和其所覆盖的医疗项目。无论被保险人当前身体状况如何，是否患有疾病，医疗保险公司都必须为所有公民办理这一基本医疗保险。没有能力支付保险费的公民能从政府得到财政补贴。除基本医疗保险覆盖的范围以外，如果公民希望享受额外更多的医疗项目，可以自愿多交费办理补充保险（Maarse &Bartholomée，2007）。

医疗保险，无论是基本保险还是补充保险，都是由许多相互之间竞争的私立医疗保险公司承保。投保人每年都可以自愿选择更换保险公司。根据最新的数据，2013年有7%的投保人更换了自己的保险公司。医疗保险公司根据医疗服务提供方（医院或医生）的价格和服务质量与其签约。所以理论上存在着两个市场：保险公司之间为了得到更多投保人而相互竞争的市场以及医疗服务提供方之间相互竞争的市场。

荷兰的医疗体系在不同的层面反映着公私双元混合的性质，体现在：第一，荷兰宪法明确指出促进公众健康是由政府负责的一项公共事务；但具体执行这一公共事务的载体却是私法范畴下的保险公司和医疗服务提供机构；第二，法律上强制原则中也包括公民自由意愿和承担其财务风险的要素（公民被强制要求投保、保险公司强制接受所有公民投保）；第三，市场竞争的过程有法律条款的约束；第四，药品和医疗服务的价格，由政府、保险公司和医疗服务提供机构共同决定；第五，公共和个人价值观在医疗体系中都占有一席之地，公共价值观主要体现在医疗服务的质量、可获得性、支付能力和体系财务可持续性，个人价值观中最重要的是个人决定权，这一价值观反映在自由选择医疗保险公司以及选择更多的医疗项目等。

（二）养老金

荷兰的第一笔养老保险基金是在19世纪末期由私人自主发起建立的。20世纪，部门形式的养老金出现，例如为医疗系统从业人员建立的养老金或为公务人员建立的养老金（Kemna et al，2011）。虽然养老金制度源起并扎根于民间，但是政府的监管起到越来越强的作用：如当时政府规定了养老金的覆盖率（Coverage Ratio），最低为105%；以及每年养老金的增长率（Pension Accrual）为1.75%。

按人均来算，荷兰的养老金储备量位居世界前列。所有养老金提供者的人均资本量比例也居全球前列，根据2014年的数据显示为13 590亿美元，相当于，GDP的170%（Towers Watson，2014）。许多小型养老基金由于基金参与人数减少、收益降低等原因，无法继续“确保未来”。近年来，养老金基金的数量却在急剧减少，从2007年的714支降到2012年底的414支。图2显示了荷兰65岁以上老人和80岁以上老人不断增多的趋势。表1展示了荷兰、中国以及OECD国家养老金制度的一些主要指标。

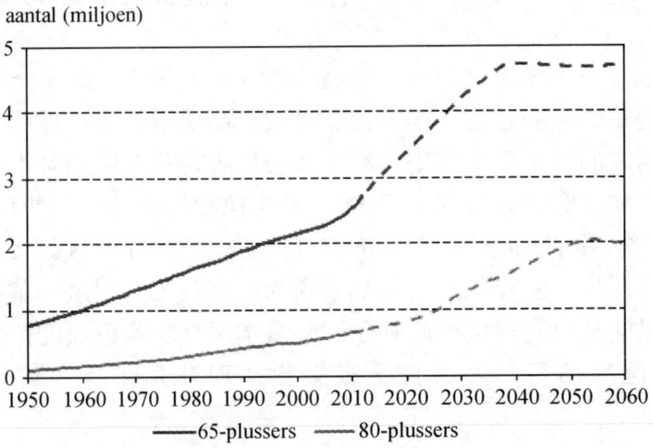

图2　荷兰65岁及80岁以上老人数量

数据来源：CBS Bevolkingsstatistiek；CBS Bevolkingsprognosevoor 2013—2060。

表1　　养老金主要指标

	荷兰	中国	OECD
平均工资（美元）	61 200	7 500	42 700
公共养老金支出占GDP的百分比	5.1%		7.8%
出生时预期寿命	80.9	75.3	79.9
超过65岁的人口占劳动力人口的百分比	27.3%	13.1%	25.5%

数据来源：OECD（2013）。

当荷兰公民年龄达到65岁时（这一法定年龄将逐渐增长到70岁），将有权领取养老金。荷兰养老金包括三层（见表2）。

表2　　荷兰养老金的三层形式

	特征	操作性	主要内容
第一层	公共	法定	基本养老金
第二层	私人	法定	职工补充养老金
第三层	私人	个人行为	个人补充养老金

资料来源：OECD（2008）。

第一层是法定保险制度下的基本养老金，由国家负担，是不分职业和收入统一为老年人提供的基本养老保障，一般占整体养老金金额的50%。

第二层由雇主和雇员共同负担。在雇员工作生命周期中，双方都向养老金资金池中缴费用以支付雇员退休后的养老金，是第一层之外的补充养老金体系。这部分占整体养老金的45%左右。这里提到的第二层养老金资金池由养老金基金管理，基金将客户的资金用于投资运营并期许回报。法律上规定这些养老金基金必须保证100%以上的偿债能力来完成他们未来支付养老金的承诺（2014年最低偿债能力比率为105%）。放眼全球，荷兰的养老制度具有其特殊性。很少有国家通过强制性完全积累模式或类似的方式为几乎所有雇员提供这第二层的养老金。

第三层是个人为退休后养老金的自愿储蓄，是保险机构提供的个人年金，作为第一层基本养老金和第二层职工养老金的补充。第三层只占到总的养老金的5%。

公民退休后的养老金金额是根据其工作年限中的平均工资确定的。最近政府将养老金年度增长率从2.25%下调到1.75%，这表明假如某人工作周期为40年，那么他（她）退休后将领取其平均工资的70%。政府这样的安排是为保证养老金财务可持续性和代际平衡的必要手段。

与医疗体制一样，养老金制度也在多方面反映了公私双元混合特征。首先，养老金一部分由国家财政出资，一部分资金来自个人缴纳的保险费，还有一部分资金是雇主和雇员共同缴纳的保险费；其次，养老基金公司虽是私人性质，但因其为巨额的劳动者资产负责，又服务于公共利益且在实质上是垄断企业，因此养老基金公司被荷兰政府和欧洲监管机构严格地管理着；第三，虽然养老基金对于人们的资产和未来生活至关重要，但除了必须为养老基金缴费以外，人们却无法自由选择某一支特定的基金，因为人们归属于不同的基金公司范围，无论本区域的基金公司业绩如何都必须在此缴费；第四，养老金制度下处于风险中的公共财产是代际间团结的表现（现有劳动力在工作生命周期期间通过税收为退休的老年人支付养老金）。第五，养老金第三层的私人财产被严格地保障。同时，针对如何完善以房养老这个议题也多次被讨论。

三、探讨和结论：公私双元混合与中国社会福利供给

荷兰的福利制度呈现了公私双元混合的特征表现在不同层面上，如：公共和私人基金、公共和私人价值观、公共和私人责任分割、国家监管和市场机制等。这样的混合，至少对于荷兰而言，有助于国家医疗保障和养老金体系的适应性、灵活性和稳定性。但很难预测公私双元混合模式在中国福利体系中实施是否能有类似的成效，因为荷兰和中国在制度和文化等方面上的存在一定的区别，以价值观为例，荷兰的医疗保障和养老金制度依赖于“平等和团结一致（代际间、健康人和患者之间、贫富之间）”的价值观，但在中国，尤其是受传统乡土文化的影响，人们信奉“自力更生”（翟绍果、杨竹莉，2014）。

荷兰的社会福利制度是政府、工会、雇主组织和其他利益相关者多年来不断思考、谈判和达成共识的过程中建立起来的。至今，政府层面（规则、政策目标、维护公共利益）和社会组织（私人自主性、私人利益、自下而上的主动性）之间还依然有着不断地互动。医疗保

障和养老金制度都是很久之前由私人首创，其公私责任分割传统也已历时弥久。另一方面，荷兰的制度显示社会保障制度中有很多公私双元混合的形式，例如公共监管与私人执行相结合，私人发起与国家担保相结合，公共组织和私人管理原则相结合，以及公私财务风险分担机制。

社会和文化传统是公私双元混合特征能否融入体系中的重要先决条件。因此，探索哪种公私混合制度和公私伙伴关系最能够适应动态变化的制度环境非常关键。目前，公私双元混合的倾向在中国的社会保障制度中刚刚萌芽。如果再要借鉴荷兰的公私双元混合模式，由于两国之间的差异，如下几点因素值得考虑：

第一，是地域因素。由户口制度导致的城乡二元结构是中国社会体制中重要的特征。同时除了城乡差异外，东中西部的区域差异很明显。如李国祥谈到“建立城乡统一的养老金制度的资金来源是最令中国政府头痛的问题……实现大型城市和小型城市的统一、东部和西部的统一更是难上加难”。而在荷兰不存在这一问题，正是由于这样的地域差别，很难在中国建立像荷兰一样的覆盖全民的统一的公私双元混合社会福利体制，因此，很有必要在一些地区提前进行不同的公私双元混合制度的试点。

第二，在荷兰，积极的政府和积极的私人领域（民间团体、私人企业）一直有着密切的互动。国家、公民社会和市场组织在持续不断地相互作用。因此，如果中国缺乏体系化的草根组织或社区组织，将很难把老年护理由家庭护理模式转变为基于社区的护理模式。

第三，上述的荷兰保障制度体系虽由私人企业具体执行，但被政府严格监管。而中国目前缺乏公私合作方面的法律框架（De Jong et al，2010），这可能会导致公私双元混合制度实践中的存在贪污或者专断的风险。

第四，中国为全能型政府的体制结构，是自上而下的组织方式，国家可以在短时间内为一个制度项目调动大量的资源；而荷兰更多采取的自下而上的方式，这种形式有利于充分谈判，重点放在制度项目的制定过程上，因此计划和实行需要花费更多的时间。

第五，两国的文化差异很大。中国的文化植根于儒教、道教学说和佛教思想，这使中国人在社会保障的意识上更倾向于“自食其力”与“自力更生”（Sun & Liu，2014；刘涛，2011）。但荷兰的传统是以“普世价值”为导向并兼顾避免冲突的理念（Visser & Hemerijck，1997）。

尽管存在这些制度和文化上差异，笔者认为从本文提出的公私双元混合模式（包括四个维度：制度、组织、伙伴关系、价值观）适用于在中国社会福利制度的改革，尤其对中国目前的养老金制度改革。比如2014年7月1日起，在北京、上海、广州、武汉四个城市进行的“以房养老”试点（China Daily，2014b）。又如3 000余万事业单位工作人员“铁饭碗”终身制改为“合同关系”，这意味着他们的养老金将不再完全由公共财政负担（China Daily，2014a）。在这些背景下，养老金制度改革中公私双元混合将成为一种值得引人关注的方式。

四、后续研究

目前在中国，关于公私双元混合的研究主要局限于公私合营伙伴关系这一层面，比如，大量的相关文献关注于交通和基础设施的公私合营方式。但笔者认为有必要在中国扩大“公私双元混合”这一概念的研究视角，首先，除了国家与私人企业的合作外，公私合作也应包含国家和社会组织或团体之间的合作，通过荷兰的例子可以发现这一合作有助于制度的长期稳定和得到社会的广泛支持。其次，除了融资层面，其他形式的公私双元混合也可被纳入考虑，比如公共监管与私人执行相结合，私人发起与国家担保相结合，公立组织吸纳私立组织的管理原则，以及公私共担财务风险等。总的来说，本文提出的公私双元混合的研究框架（制度、组织、伙伴关系、价值观四个维度）对探索一套从中国国情出发，因地制宜的公私双元混合模式有一定的启示和引导作用。

参考文献

［1］刘涛. 德国社会救助制度改革对我国低保制度的启示［J］. 社会保障研究. 2011，(2).

［2］翟绍果，杨竹莉. 乡土文化变迁与农村养老保障演进思考——以来自关中村的质性研究为例［J］. 社会保障研究. 2014，(1).

［3］Bozeman，B.（1987）. All Organizations are Public. *Comparing Public and Private Organizations*，Beard Books：Washington D. C.

［4］Bozeman，B.（2007）. Public Values and Public Interest. *Counterbalancing Economic Individualism*，Georgetown University Press：Washington D. C.

［5］deJong，Martin，Mu Rui，Dominic Stead，Ma Yongchi and Xi Bao（2010）. Introducing Public-private Partnerships for Subways in China；What's the Evidence? In：*Journal of Transport Geography*（18）.

［6］Karré，P. M.（2011）. Heads and Tails：Both Sides of the Coin. *An analysis of hybrid organizations in the Dutch waste management sector*，Eleven International Publishers：The Hague.

［7］Kemna，A. A. G. Z.，E. H. M. Ponds & O. W. Steenbeek（2011）. Pension Funds in the Netherlands，*Journal of Investment Consulting*，Vol. 12（2）.

［8］Koppell，J. G.（2003）. The Politics of Quasi-government. *Hybrid Organizations and the Dynamics of Bureaucratic Control*，Cambridge University Press：Cambridge.

［9］Lamping A. J.，J. Raab & P. Kenis（2012）. Participation and Coordination in Dutch Health Care Policy-making. A network analysis of the system of intermediate organizations in Dutch health care；*Health Promotion International*，Vol. 28（2）.

［10］Maarse，H. & Y. Bartholomée（2007）. A Public-private Analysis of the Dutch Health Insurance System，*European Journal of Health Economy*，Vol. 8.

［11］OECD（2008）. *The Old-age Pension System in the Netherlands*，http://www.oecd.org/site/iops/research/48238337.pdf.

［12］OECD（2013）. *Pensions at a Glance* 2013，http://www.oecd.org/pensions/public-pensions/OECD Pensions At AGlance2013.pdf

［13］Reuters（2010）. *U. S. Scores Dead Last Again in Healthcare Study*，http://www.reuters.com/article/2010/06/23/us-usa-healthcare-last-idUSTRE65M0SU20100623，accessed on August. 15，2013.

［14］Sun，Li.，and Liu，Tao（2014）. Injured but not Entitled to Legal Insurance Compensation-Ornamental Institutions and Migrant Workers' Informal Channels in China，*Social Policy & Administration*. DOI：10. 1111/spol. 12077.

［15］Towers Watson（2014）. *Global Pension Assets Study* 2014. http://www.towerswatson.com/en/Insights/IC-Types/Survey-Research-Results/2014/02/Global-Pensions-Asset-Study-2014.

［16］China Daily（2014a），http://www.chinadaily.com.cn/china/2014-06/30/content_17626967.htm.

［17］China Daily（2014b），http://www.chinadaily.com.cn/cndy/2014-07/02/content_17635810.htm.

[18] Visser, J. and Hemerijck, A. (1997). *Dutch Miracle: Job Growth, Welfare Reform and Corporatism in The Netherlands*, Amsterdam University Press: Amsterdam.

[19] de Vries, P. & E. B. Yehoue (2013). *The Routledge Companion to Public-private Partnerships*, Routledge: London & New York.

[20] van der Wal, Z. (2008). Value Solidity. *Differences, Similarities and Conflicts Between the Organizational Values of Government and Business*, VrijeUniversiteit: Amsterdam.

信息

国家社科基金决策咨询点召开社会救助立法研讨会

2014年1月17日，由国家社科基金决策咨询点等主办的一场围绕国务院拟制定的重要法规《社会救助暂行办法（草案）》征求意见稿而展开的深入研讨会在中国人民大学明德楼211会议室召开，来自中国人民大学、北京大学、清华大学、北京师范大学、中央财经大学、首都经济贸易大学、中国劳动关系学院、南京大学、浙江大学、中山大学、南开大学、华中科技大学、华北电力大学等14所高校与中国社会科学院对社会救助素有研究的一批知名专家学者及代表约50人出席会议。此次研讨会聚焦于不久前国务院法制办公布的《社会救助暂行办法（草案）》征求意见稿，旨在为国务院制定一部尽可能好的社会救助法规提供具体建议。

韩国社会福祉体系的基本结构及特点

［韩］金渊明

【摘要】本文简要回顾了韩国近代社会福祉体系形成与发展的过程，并着重从享受资格、费用支出、服务提供体系等方面详尽地介绍了韩国社会福祉体系的结构与特点。最后，文章总结了当前韩国在劳动力市场一次收入分配不平等、财税筹资压力日益增长与呼吁扩大公共福利机构三方面存在的争议与展望。

【关键词】韩国社会福祉　历史沿革　结构　特点

The Basic Structure and Features of the Social Security System in Korea

Kim Yeon-Myung
(*Faculty of Social Welfare at Chung-Ang University*，*Seoul*)

Abstract After briefing the development of the social security system in Korea，this paper introduced the systematic structure and features in various aspects including conditions of entitlements to welfare，total expenditure，providers and delivery of welfare services. Lastly，several related debates in Korea were summarized and discussed，such as inequality of distribution in the primary labour market，growing stress of fund raising for the system and the appeal to increasing public welfare providers.

Keywords social security in Korea　historical development　structure　feature

一、绪　论

从福利国家历史来看，韩国是极有趣的一个案例。因为在第二次世界大战以前没能实现工业化的“后发展国”国家当中，到目前为止还没有发现哪个国家能够成为近代福利国家的。韩国从20世纪60年代初开始发展工业化实现了短期内的“压缩式经济增长”，并以此为基础成功地从一个落后的低收入农业国一跃成为人均收入2万美元（2010年）的中型发达国家。同时社会福祉的发展也经历了类似经济发展的“压缩式增长”，虽然韩国到目前为止还未达到先进福利国家的水平，但也具备了相当水准的国家社会福祉制度。笔者认为韩国的社会福祉发展水平依旧是由家庭或共同体等非公共的福利为主导、国家福利相对不发达，这个观点不同于许多西方学者对亚洲式福利的归纳（金渊明，2008）。更加乐观评价的话，现在的韩国正在迈进福利国家的初级阶段，成为非西方国家中继日本之后获取福利国家称号可能性较大的国家之一（金渊明，2011）。

本文简单整理了在相对较短时间内进军福利国家初级阶段的韩国其社会福祉制度的发展与社保制度的结构特点，并以此为中心进行介绍。在第二部分将涉及韩国的社会福祉制度成

作者：金渊明，韩国中央大学社会福利学科教授。原文韩文，译者为韩国中央大学社会福祉学博士生陈倩。

型的历史过程及背景。这里会提到韩国的社会福祉制度是在怎样的历史政治背景下确立的，社会福祉制度能够快速发展的经济社会环境及其成因是什么。第三部分将介绍现行韩国社会福祉制度的主要结构，即把韩国社会福祉制度的结构、主要特点及主要问题，按照制度适用范围、社会福祉费支出结构、福利服务供给结构等领域来划分并进行讨论。在第四部分则把韩国社会面临的社保领域存在的争议划分成劳动力市场问题、税收负担问题，以及公共领域福利供给者的增加3个层面来整理，在此基础上进一步引出相关结论。

二、近代社会福祉制度确立的历史过程

（一）近代社会福祉制度的形成及拓展：1962—1997年

在韩国，近代社会福祉制度出现的出发点是开始推进工业化的20世纪60年代。通过军事政变而登台的朴正熙政权从1962年开始实行当时在社会主义国家中极为流行的经济开发计划，从此韩国正式开始了工业化进程。在开始工业化时期之前，韩国是当时世界上最为落后的农业国之一。20世纪60年代韩国的农业人口占全国人口的56.9%，1963年全国共756.3万人的总就业人口中有占62.9%的476.3万人口在从事第一产业——农林渔业（KOSIS材料）。即，由于当时几乎没有制造业等工业，工薪劳动者的人口也极少，国民生活中面临的风险只能通过依赖家族和亲族的帮助来解决。

韩国社会福祉制度的出发是由政治动机开始的。通过政变上台的朴政熙政权为确保军政权的政权合法性，开始制定各种保障立法。从20世纪60年代初开始，先后制定了医疗保险法（1963）、产业灾害法（1963）、公共补助制度——生活保护法（1961）、儿童福利法（1961），以及涵括了社会福祉制度的法律——社会福祉相关法律（1963）。但是这些法律实际上多数有名无实，最终实施并执行的只有产业灾害保险（译者注：即工伤保险，下同）制度。医疗保险只制定了法而并未真正执行，生活保护与儿童福利法也只是为极少数得不到家庭保护的机构收容人员提供帮助，所以并不能看成为施行了真正意义上的现代社会福祉制度。

韩国的现代社会福祉制度由社会保险的引入而拉开了帷幕。公务员年金（1961）与军人年金（1963），以及私立学校教员年金制度（1973）等特殊职业种类年金制度首先以社会保险的形态开始施行。针对一般职种的社会保险制度，也于1964年以大企业劳动者为中心开始施行产灾保险，之后慢慢把适用范围扩展到了中小企业中。韩国社会保险的发展特点是从高收入劳动者开始切入，再逐步扩大到低收入劳动者的“下向式”过程，这一特点在年金、医疗保险、雇用保险等所有制度中都有体现。由于高收入阶层劳动者与更加需要社会保护的低收入阶层相比首先成为制度受惠对象的这一原因，致使韩国20世纪90年代后在试图推行涵括低收入劳动者在内的普遍主义社会保险制度过程中遇到了很多困难。

朴政熙政权所推行的工业化过程使韩国在经历20世纪70年代进入80年代后，从一个农业国家摇身变成了工业国，同时国民收入的增加与工薪劳动者人口增加形成了社会保险制度迅速发展的基础。20世纪70年代韩国农业人口降至全国人口的45.8%，而进入80年代后这一比例降至28.9%。从农业中脱离的劳动者进入城市导致了城市工薪阶层比例的增加。而工薪阶层增加的同时社会保险的受益对象也在扩大，例如产灾保险于1967年把适用对象范围扩大到100人以上的企业，并于1982年再次把适用对象范围扩大到10人以上的企业。

1977年，韩国引入了医疗保险制度。医疗保险也经历了与产灾保险一样的发展过程，首先在500人以上的大型企业着手实行，之后按阶段在中小企业中一步步扩大制度适用范围。医疗保险在韩国社会福祉的发展进程中具有举足轻重的意义。第一项重大意义是医疗保险成为了韩国最初的、普遍主义社会保险的范例。1977年从500人以上的大型企业开始实施到1988年把受益者范围扩大到5人以上企业与农村地区居民，再到1989年开始在城市一般居民中强制施行，只用了12年就实现了医疗保险的全民普及。在亚洲，韩国是继日本之后第二个实现全民医保的国家，这成了韩国社会福祉制度的象征，在很大程度上对解决大多数国民的医疗问题做出了贡献。第二层意义是与医疗保险的管理运作单位相关的。欧洲大部分社会保险是按照职业种类划分后以职业种类为标准区别运营的“职种别”社会保险制度。韩国的产灾保险并不是按职业种类划分独立运营，而是从制度制定初就把全国所有劳动者都纳入同一制度、按照全国统一单位来运营的。但是韩国的医疗保险却是选择了模仿欧洲的职种别运营方式——按照职业种类和地区为单位来划分并分别独立运作的组合主义运营方式。这种按照职业种类和地区为单位落实的分离管理方式，导致了地区间保险费负担与保险受惠的差异不平等，为了促进社会团结，把400多个组合整合为全国统一单位的单一组合的争论开始展开。

20世纪80年代继朴政熙政权之后的全斗焕政权时期也进行了社会福祉关联法的大量制定。通过制定1981年的老人福利法与身心残疾人法、1982年的生活保护法，韩国的保障水平得到了些许提高。但是当时在保护老人、残疾人和极贫层方面，与国家义务相比，更加强调家庭的责任，国家只针对没有家庭保护的少数老人、残疾人和极贫层实施保护举措。同时80年代通过经济增长促进了社会保险的持续扩大。1988年正式实施了以一般国民为对象的国民年金制度。国民年金制度与医疗保险不同的是，它没有选择“职种别”的运作制度，而是从制度实行初就选择把工薪阶层和个体劳动者涵括在一个制度之下。国民年金制度于1995年把制度适用对象扩大到了农渔民，1998年开始强制城市个体劳动者参保，从而完成了普遍主义的年金制度。但是在11年内完成的普遍主义国民年金在以后的施行过程中有大概三分之一的参保者没有如期缴纳保险费，所以它并没有实现真正意义上的普遍主义。

1995年，韩国开始施行雇佣保险（译者注：失业保险，下同），并由此完善了失业者的保障制度，至此在韩国推行工业化40年之后终于确立了4大社会保险制度。如前文所述，社会保险制度的迅速发展得益于工业化带来的高速经济增长和工薪劳动层的收入增加。世界银行在对全球60多个发展中国家与地区1965—1990年间经济增长和收入分配状态的关系进行比较分析的材料中有这样的评价：韩国与中国台湾、中国香港等一些发展中地区以其他国家难望其项背的人均收入高幅度增加和十分良好的收入分配成了成功实现这两项目标的代表（World Bank，1993：29—32）。即，由于经济增长带来了工作岗位和良好的收入分配，所以这些国家和地区才能实现以保险费缴纳为财政基础的社会保险制度的快速推进。

但是，与飞速发展的社会保险制度相比，针对老人、儿童、残疾人和女性等人群的社会福利服务和公共补助制度依旧处于较低水平。为了解决儿童哺育问题，韩国于1991年制定了婴幼儿哺育法，同时也制定了许多与老人、儿童、女性相关的社会服务供给方面的法律依据，但是这些举措依旧强调了家庭责任，而社会服务是仅针对无法从家庭得到帮助的少数阶层的选择主义制度。公共补助并没有作为一种社会权来提供，而是对极贫层的一种形式上的保护。截止20世纪90年代中期，韩国的社会福祉制度可以总结为社会保险的快速覆盖与社会福利服务的缓慢发展。即，在社会保险领域，强调国家的责任与普遍主义原则，可在社会福利领域中依旧依赖家庭的职能，国家只针对极少数极贫层进行选择性干预介入。

审视社会福祉制度发展的普遍性层面的话，韩国与其他国家并无较大不同。查看世界各国的社会福祉制度的确定顺序的话，我们会发现各国都体现出了首先确立产业灾害保险，之后确立医疗保险、生育保险和年金制度，而最后确立失业保险和家庭津贴制度的趋势（Pierson，2004：233），韩国也是遵循着相似顺序而建立了社会福祉体系。但是社会保险制度的发展过程体现出了把最需要保护的低收入劳动者层晚于高收入层纳入社会福祉适用对象的不平等现象。

（二）社会福祉制度的膨胀、紧缩、调整的同时进行：1997年以后

1997年是韩国社会福祉发展进程中极具意义的一年。1997年以后的韩国社会开始面临与之前完全不同的社会经济环境。这种变化的转折点，是为了应对1997年12月的亚太金融危机而向国际货币基金组织获得机构调整资金。金融危机宣告了几十年经济高速发展的完结，并成为重视效率的“新自由主义”秩序开始整编韩国社会的契机。过去不那么严重的失业问题开始打击韩国，企业开始大量雇佣非正式劳动者而使得非正式工数量大幅增加，这些使原来相对平等的劳动力市场分配结构开始迅速恶化。由于国际范围内流行着崇尚削减福利和所谓“小政府”的新自由主义世界观，导致韩国国内也出现了担忧福利膨胀的呼声。被称为“两极化”的劳动力市场分配结构的恶化、90年代以后开始急速推进的老龄化和低生育问题都是当时的社会趋势。一方面，韩国的老人人口以世界上屈指可数的高速在增加，同时出生率比被称作少子国家的日本还要低，成为亚太经合组织OECD成员国中出生率最低的国家。这种急速的老龄化、低生育问题将会长期的、潜在的影响到韩国经济增长的忧虑被提出。

这些经济社会环境的变化导致韩国的社会福祉制度产生了相当的变化。1997年后，社会福祉并不是一味膨胀，而是膨胀与紧缩同时进行，并对1997年之前成型制度进行了调整。劳动力市场的两极化与收入分配结构的恶化形成了导致社保制度膨胀的力量。而亚太经济危机以后发生的大规模失业与极贫人口的增加凸显了原有公共补助制度（生活保护制度）的局限性，促进了以社会权为基础的革新性制度——国民基础生活保障制度的确立（金英顺、全顺美，2008）。同时，形式上于2000年初把实际上被四大保险排斥在外的非正式劳动者与零碎就业人员（1人以上企业的劳动者）容括到了社会保险制度内，客观上强化了社会保险制度普遍主义的性质。低生育、老龄化的推进使得之前在社会福利服务领域流行的选择主义出现了改变的契机。最具代表性的事件是为了促进女性就业而扩大了哺育服务领域，这项原来只针对极贫层就业女性的哺育服务开始把其适用对象扩展到了中产层，同时政府也加大了财政支援力度，截至2000年初，相当数量的中产层也获得了哺育服务的支援。老龄化的加速也带来了老人福利服务领域的膨胀，典型事件是制定了为独居老人提供机构养老保护的“老人长期护理保险制度（2008）”。虽然目前老人长期护理保险制度主要为一些生活不能自理的重症老人提供服务，但享受这项服务的人群正在不断扩大。

低生育、老龄化的进程一方面带来了社会福利服务的膨胀，另一方面带来了年金制度的紧缩。国民年金制度为参保40年者提供相当于收入70%替代率的养老金保障，但是由于低

生育、老龄化所带来的国民年金制度财政紧张问题，韩国于1998年把养老金的收入替代率降到了60%，2007年再次下调，根据法律修订，到2028年将实现下调至40%的目标。为了补充国民年金养老金水平下滑带来的不足，韩国于2008年引入了向大多数无法领取养老金的老人——70%的65岁以上老人提供每月9万韩币津贴的基础老龄年金制度，2007年国民年金的养老金水平下调是之前一直膨胀的韩国社会福祉制度的第一次紧缩事件。

20世纪90年代中期以后，韩国开始对原有的社会福祉制度调整。最具代表性的事件是，原来由400多个不同职业、地区为单位运营的“多保险者方式”的医疗保险制度转换成了全国单一组织的“单一保险者方式”。“多保险者方式”是指参保者的连带单位为企业或地区，而“单一保险者”则意味着参保者的连带单位向全国扩大，这是一个十分重要的变化。由于医疗保险上“单一保险者方式”的确立，韩国的社会保险实现了除公务员、军人等个别年金制度外，几乎把所有职业种类都涵括在以全国为连带单位的同一制度覆盖下，实现了韩国式的收参保障制度规划。

原有福利供给体系的调整过程中出现的又一个重要特点，是在社会福利服务领域里引入了“代金券”制度。传统的韩国福利服务政策是由国家通过预算拨款给社会福利机构，然后由得到预算拨款的机构再向福利对象提供福利服务的供给者支援方式。但是2000年以后，社会福利服务特别是在哺育事业领域实行了“代金券”方式后，实现了不经由福利机构而直接向福利对象（消费者）提供直接服务选择权的消费者支援方式的转换。由于引入了“代金券”的消费者支援方式，韩国社会福利的供给体系转向了供给者支援方式与消费者支援方式并存的形态。

2010年，韩国的社会福祉支出大概占GDP总额的10%，由于具备了大多数的社会福祉制度，所以可以评价韩国进入了福利国家的初级阶段。如果把韩国近代社会福祉的真正出发定点看成20世纪60年代初的话，那么韩国拥有仅耗时50年就步入了福利国家初级阶段的独特经验。劳动力市场的两极化与急剧的低生育——老龄化现象不但带来了韩国福利的膨胀，随之也带来了社保的紧缩。尽管如此，韩国的政治走向明显表现出了社会福祉扩大的倾向。所以可以十分乐观地认为，韩国可以发展成一个福利国家。只是在众多福利国家类型中，韩国究竟会发展成哪种类型的福利国家依旧很难预测。

三、现行制度的结构及特点

（一）制度的轮廓

韩国社会福祉的整体结构按照传统分类法可以总结为图1。韩国社会福祉制度中最发达的部分当属社会保险制度。按照2011年的标准，对应老龄、医疗、产业灾害和失业风险而实行4大保险，另外在老人疗养领域仿照德国和日本单独实行了“老人长期护理保险”，所以一共存在5项社会保险制度。国民年金制度是除公务员、军人和私立学校教员3种职业外[①]，涵括了所有劳动者、城市个体商贩以及农民的一般性年金制度；健康保险则是选择

① 军人在军人年金制度下，公务员在公务员年金制度下，私立学校教员在私立学校教员年金制度下享受另外的养老金待遇。

了把所有国民覆盖在同一制度下的单一保险者方式。把大部分职业种类的劳动者涵括在统一制度下的国民年金与健康保险制度与欧洲、日本的按职业类别分别运行制度存在着制度原理的不同。产业灾害保险和雇佣保险对1人以上企业的、每周工作60小时以上的所有工薪劳动者都适用。因此，韩国的产灾保险不具备包括个体营业者和农民的全民灾害保险的性质，同时雇佣保险也将个体营业者排除在外。

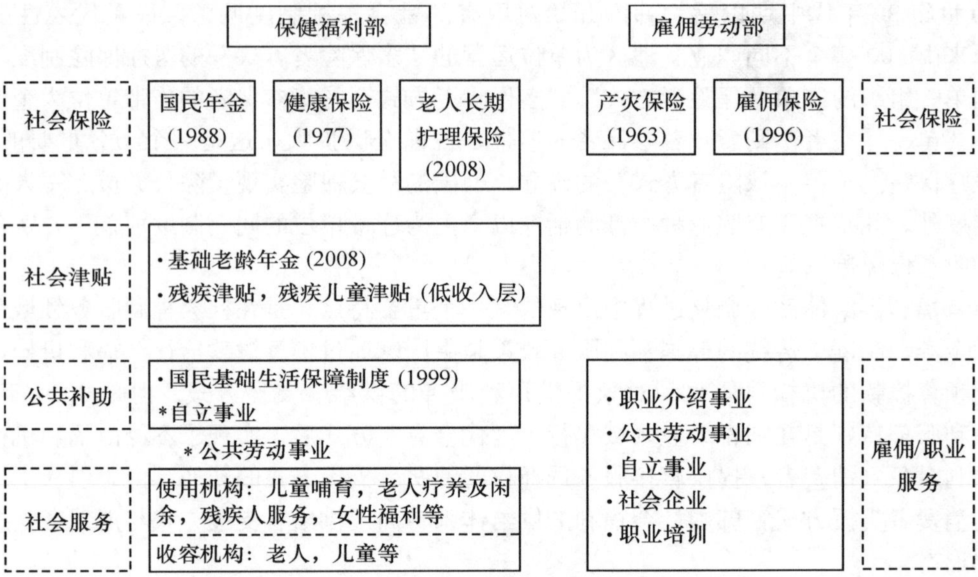

图1　韩国社会福祉体系的框架（2011）

被称之为“专项津贴”的社会津贴制度在韩国并没有什么发展。不仅没有实行儿童津贴制度，而且残疾人津贴制度也仅仅是以低收入残疾人为中心向其支付较少金额的选择主义式津贴制度，很难将其看作普遍性津贴。从2008年开始实行的“基础老龄年金”制度存在两项选拔条件：①要符合65岁以上的人口学条件；②财产与收入不能超过一定额，通过筛选对65岁老人中的70%发放平均每月9万韩币的津贴。虽然“基础老龄年金”在向老龄人发放的这一点上具有专项津贴的性质，但是由于它不但把富有老人排除在外，而且津贴额非常之少，所以很难将其看成是完全的普遍主义社会津贴制度。

公共补助制度在韩国被称之为“基础生活保障制度”，它通过“财产调查”向受惠人提供现金受益金、医疗受益金、教育受益金等7项受益金。“基础生活保障制度”与过去的“生活保护制度”所不同的是：它向有劳动能力的贫民提供受益金，摆脱了济贫法的原理。但是有劳动能力的贫民需要通过参与职业培训或自立事业来获得优惠资格，从这一点上与西方出现的“工作福利制度”的性质相似。基础生活保障制度受益者外的低收入阶层，可以通过政府实行的公共劳动制度来获得一定的收参保障。由于公共劳动制度是通过劳动来获得收参保障，所以很难将其看成是公共补助制度。

由于低生育——老龄化现象的快速发展，涵括了老人福利、残疾人福利、儿童福利（含儿童哺育）、女性福利等的社会服务领域在2000年以后开始加速膨胀。特别是在老人疗养与儿童哺育领域里出现了快速的增长。虽然与保健福利部所实行的社会服务有所不同，但是由劳动部实行的雇佣——职业服务也可以看成是广义范畴上的社会服务。劳动部促进的公共劳动事业与自立事业都与保健福利部的领域有部分重叠。韩国的社会福祉行政管理机关主要是保健福利部与雇佣劳动部，而雇佣劳动部主管产灾保险、雇佣保险和积极的劳动力市场政策；其余的大部分福利事业都隶属于保健福利部的管辖范围。

（二）保障分配结构

韩国社会福祉制度中关于分配的主要标准，在社会保险制度中体现在雇佣状态和收入水平上，而在公共补助制度和社会服务方面则是参照收入及财产情况。对国民年金与健康保险而言，如果雇佣状态是工薪劳动者的话就会被以“职场参保者”身份强制参保，雇佣保险与产灾保险对于工薪劳动者的标准也是一样的。虽然正规劳动者多数会被严格按照这一标准参保，但非正规劳动者却没有严格遵守制度规定，他们往往被划为“地区参保者”或者被排除在社会保险之外，这就是韩国社会保险的最大漏洞。非正规劳动者的社会保险参保率如表1中展示的那样，有54.4％的非正规劳动者被国民年金制度排除在外，7.0％的被排除在健康保险之外，另外仅有37.0％的非正规劳动者加入了雇佣保险，总共有63.0％的非正式劳动者被排除在社会保险制度之外。国民年金允许收入较低或者无收入者（每月收入在22万韩币以下者）不缴纳保险费，但是健康保险则是按照除收入以外的财产标准强制全民参保。

表1　非正式劳动者的社会保险参保情况（2009）　单位：％

国民年金			健康保险					雇佣保险参保率
未参保	职场参保者	地区参保者	未参保	职场参保者	地区参保者	医疗津贴受益者	职场参保者被抚养者	
54.4	33.8	11.8	7.0	37.9	32.6	1.8	20.8	37.0

资料来源：金渊明（2010：167）。

韩国代表性公共补助制度——基础生活保障制度的分配标准有二：①收入与财产标准；②人口学特征。收入与财产标准[①]按照2009年的规定，4人家庭如果每月收入不满132万韩元的话可获得不满部分的差额现金补助。但是就算是收入与财产标准达标了，却不能满足人口学标准的，也就是如果存在公共补助受惠人的义务抚养人[②]、同时这个义务抚养人被判定为有经济抚养能力的话，此受益人依旧会被排除在基础生活保障制度之外。正因如此，韩国出现了不计其数虽然生活困苦、却不能得到公共补助制度支援的实际贫困层。韩国公共补助制度的义务抚养人标准是西方福利国家所没有的，是否将其废除在韩国依旧是一个具有争议的论题。

虽然韩国施行着面向全体国民的公共补助制度，但是由于上文所述诸多原因事实上存在着得不到社会福祉制度保护的大规模“死角地带”人群，将其表述总结为表2。即，大部分的非正规劳动者被社会保险制度排除在外（A群体），还有虽然处于绝对贫困状态却由于财

① 财产按照收入额来换算。

② 所谓义务抚养人是指，公共补助受益人的直系血亲（父母，儿女等）与其配偶（儿媳，女婿等）。在判断义务抚养人是否有经济抚养能力时，不但要调查其收入，还要参考其财产。如果义务抚养人的财产额超过最低生活费标准的120％时，不论其有无收入都判定为具有抚养能力。

产标准或义务抚养人标准被基础生活保障制度排除在外的人群（C群体），另外还有一些与绝对贫困层相差无几的准贫困层[①]（B群体）也被排除在基础保障制度之外。

表2　　韩国收参保障制度的死角地带概念

<table>
<tr><td rowspan="2">中产层</td><td rowspan="2">正规劳动者
（适用4大社会保险）</td><td>非正规劳动者
（适用4大社会保险）</td></tr>
<tr><td>非正规劳动者（A群体）
（被4大保险排除）</td></tr>
<tr><td>准贫困层</td><td colspan="2">基础保障制度非受益者（B群体）</td></tr>
<tr><td>绝对贫困层</td><td>基础保障制度受益者（138万人）</td><td>基础保障制度非受益者（C群体）</td></tr>
</table>

备注：A、B、C三个群体为韩国社会保险与公共补助制度的死角地带。

社会福利服务的供给大部分仍然以收入多少作标准。例如，惠及面最广甚至覆盖到中产层人群的儿童哺育服务项目，它并不是向所有阶层提供统一标准的服务，而是按照表3中显示的那样提供有差别的服务项目。首先，哺育一名新生儿所需的费用由政府计算，政府会将约一半的哺育费用34万韩元直接支付给哺育机构，剩下的哺育费用通过代金券的形式发放给父母，收入最低的1层与2层家庭将会得到一半金额的标准哺育费3.720万韩元；3层的低收入家庭会得到29.76万韩元的代金券补贴。相对收入较高的6层家庭则不能得到国家补贴而需要负担个人负担金的全额37.20万韩元。换句话说，个人收入越高需要自己负担的哺育费比率就越高，而韩国社会福利服务的大多数项目中都存在这种随收入高低、有差别性的提供补贴的供给结构。不过，在儿童哺育领域，最近几年韩国政府加大了保育费支援预算，父母们需要负担的费用实际上比较低，所以在保育费领域韩国在向国家负担型结构转换。

表3　　儿童保育费按收入水平的差等支援方式（按2009年0岁儿童标准）

<table>
<tr><td>收入阶层</td><td>1层</td><td>2层</td><td>3层</td><td>4层</td><td>5层</td><td>6层</td></tr>
<tr><td rowspan="5">1名儿童
标准哺育费
（71.20万韩元）</td><td colspan="2" rowspan="3">100%支援
（37.20万韩元）</td><td colspan="4">父母负担保育费</td></tr>
<tr><td>（7.40万韩元）</td><td>（14.88万韩元）</td><td>（26.40万韩元）</td><td rowspan="2">（37.20万韩元）</td></tr>
<tr><td>80%支援
（29.76万韩元）</td><td>60%支援
（22.32万韩元）</td><td>30%支援
（111.60万韩元）</td></tr>
<tr><td colspan="5">国家支援差等哺育费</td><td></td></tr>
<tr><td colspan="6">• 国公立机构：运营费支援（人工费的一部分）
• 民营机构：基本补助金（0岁儿童标准每人34.01万韩元）</td></tr>
</table>

（三）社会福祉支出结构

韩国2009年的总社会福祉费支出占GDP比率按照OECD社会支出的划分标准是

① 准贫困层在韩国被称为"次上位阶层"，主要是指那些月收入不满最低生活费基准120%的人口集团。

10.5%，这一比率远低于OECD成员国的平均水平22.7%，甚至与社会福祉费支出较低的美国（16.5%）、澳大利亚（16.5%）、日本（19.3%）相比也是很低的水平。分析韩国社会福祉费支出结构如表4展示的那样，医疗费用支出以39%的比率占了大部分比重，其次是老龄年金（25.7%）以及家族服务领域（9.8%）。这个结构与OECD成员国的社会福祉费支出结构相比较存在以下几个特点：第一，公共年金（国民年金）制度的不成熟导致与老龄相关的支出比例依旧很低，而与医疗领域相关的支出比率很高；第二，属于社会福利服务领域的、涉及家庭的支出低于OECD成员国的平均水平，这一情况在日本也有表现；第三，韩国在涵括了公共补助制度支出在内的其他社会政策领域的支出水平与OECD成员国平均水平基本持平。

表4　　韩国与日本社会福祉费支出占GDP比重结构比较（2009）　　单位：%

支出领域	韩	日	OECD平均
老龄（Old-age）	2.7（25.7）	11.0（47.8）	7.6（33.5）
遗族（Survivors）	0.3（2.9）	1.5（6.5）	1.1（4.8）
残疾相关（Incapacity Related）	0.7（6.7）	1.1（4.8）	2.6（11.4）
医疗（Health）	4.1（39.0）	7.2（31.3）	6.6（29.0）
家庭（Family）	0.9（8.6）	1.0（4.3）	2.3（10.1）
积极的劳动市场政策（Active Labour Market Programmes）	0.6（5.7）	0.4（1.7）	0.5（0.9）
失业（Unemployment）	0.4（3.8）	0.2（0.9）	1.1（5.3）
住房（Housing）	—	—	0.7（3.1）
其他社会政策（Other Social Policy Areas）	0.8（7.6）	0.3（1.3）	0.8（3.5）
合计	10.5（100.0）	23.0（100.0）	22.7（100.0）

资料来源：OECD Social Expenditure Database（http://stats.oecd.org）。

（四）福利服务供给结构

搞清社会福利服务的生产供给者的性质在分析各国社会福利结构特点上十分重要。韩国的大部分社会福利生产者（供给者）都是由营利性较强的民营供给者组成。表5中区分了两种提供韩国代表性福利服务——健康保险与儿童哺育领域的公共与民营机构。这里公共部门是指设立机构的主体是公共机关（中央政府或者地方政府）的情况；民营部门意味着机构的设立主体是非公共机关的情况。表5中医疗机构中有92.3%属于民营机构，只有7.7%显示为公共部门。哺育服务供给领域中的民营机构也以95.0%的绝对占有率优势，高于公共机构的5.0%。甚至韩国的各类公共机构所占比重与世界上公共机构比重较低的日本（约30%）、美国（约40%）相比都处于低水平。老人长期护理法立法后急速膨胀的老人疗养机构设施大多数也属于民营机构，因此，韩国从全世界来看也属于民营社会福利供给者占绝对支配地位的国家。

韩国的民营部门福利供给者多数都是依法按照非营利机构的规定管理经营，具有一定的公共性。法律上所谓非营利机构是指尽管从事营利活动，但营利活动的收益并不分红给资本投资者的机构。也就是说除了医生的个人所有医院以外，民营医疗机构的法定所有人并不能

表5 保健医疗及哺育供给者的公共与民营机构比重 （单位：个，%）

区分	公共部门	民营部门	合计
医疗机构（2002）	3 401（7.7）	40 628（92.3）	44 029（100.0）
哺育机构（2004）	1 349（5.0）	25 554（95.0）	26 903（100.0）

资料来源：保健福利部．各年度《保健福利统计年报》。

获得此医疗机构的营利收益。此外除了个人开办的家庭哺育机构以外，大部分儿童哺育机构的所有者都不能获得机构盈利额的全部。由此可知，韩国的大多数福利供给者就算在经营过程中产生了经济效益，也不能像股份公司那样把利润分配给投资人，因此它具有非营利性质。但是尽管有法律规定，很多福利供给者还是从事营利活动、追求利润。最近韩国国内关于通过允许医疗和哺育服务领域转向营利法人，即允许其向投资者分配投资收益的盈利医疗法的呼声正在日益高涨。按照法律规定虽然属于非营利机构却努力追求营利性的韩国民营福利供给者们，由于其从规模上远远大于公共福利机构所以成为了韩国公共福利机构发展壮大的主要妨碍因素。

（五）传达体系“代金券”

关于韩国社会福利传达体系值得一提的就是最近在儿童哺育、老人护理领域中所出现并快速发展的电子代金券制度。韩国的传统社会福利传达体系是向福利供给者分配资源、再由供给者提供福利服务的供给者支援方式。在社会保险与公共补助制度中这种供给者支援方式依旧是传达体系的主流，可是最近在儿童哺育、老人疗养、残疾人福利和儿童福利领域开始出现了通过直接支援福利消费者，提高消费者选择权从而转向消费者支援方式的趋势。

例如，从2009年起正式实施的儿童哺育服务代金券制度，之前国家提供的儿童哺育支援费是经中央政府下发地方自治体（市、郡、区）最后以现金形式直接发放给哺育机构的。但是在代金券制度下消费结构变成了：由国家提供的哺育支援金一定额被做成代金卡（类似于一种电子信用卡）直接发放给哺育服务消费者（父母），哺育消费者在哺育机构里可以直接刷卡（代金卡）。即，在过去的供给者支援方式下哺育补助金被提供给了哺育机构，而在新的代金券制度下哺育消费者可以获得一定金额的现金卡，因此他们也可以选择供给者。

韩国政府主张，在这种代金券制度引入后可以有效解决原供给者支援体制下出现的供给者间缺乏竞争、机构管理中发生的道德风险（侵吞国库资金）以及浪费行政管理费用等问题。即，政府认为以代金券为桥梁的消费者支援体系可以达到行政管理费用最少化、在竞争中提高服务质量、预防供给者道德风险等多重效果。虽然电子代金券制度从2007年起开始实行，现在着手评价其制度成效为时尚早，但纵观这两年的成果可以得出以下的评价。第一，通过代金券制度的引入，老人照看、残疾人活动辅助、低收入阶层的疾病看护等社会福利服务领域的规模得到了扩大，同时提供这些福利服务的供给机构也大幅增加了，供给机构从2007年5月的约470家增加到了2009年2月的7 800家，即通过代金券制度刺激了韩国社会福利服务市场的扩展。第二，随着社会福利服务市场的扩展，这一领域的就业岗位随之增加了。第三，没有出现通过刺激供给机构之间的竞争而达到提高福利服务质量的现象。第四，消费者拥有的供给机构选择权没有得到良好的运用。第五，由于政府管理着福利服务的价格，所以市场上提供的服务质量并不高。

在儿童福利等社会福利服务领域中引入的代金券制度最近正在迅速发展，而且出现了向职业教育等劳动力市场政策、教育政策、文化政策领域扩张的征兆。因此，代金券制度很有可能给韩国传统的供给者中心社会福利传达体系带来根本性的变化。但是强调保障福利使用者（消费者）的选择权、通过激起供给者间的竞争来提高服务质量的代金券制度，在实行价格管制、不允许营利机构存在的韩国是否能按照理想状态运作还是个疑问。

四、结论：争议及展望

如前所述，通过近 50 年的经济增长，韩国从一个落后的农业国一跃变身成为一个中等发达国家水平的工业国，社会福祉领域也经历了与经济增长相似的高速膨胀过程，其社会福祉水准已经进入了西方国家曾经历过的福利国家初级阶段。此外，由于收入分配结构的恶化、低生育——老龄化的加速，社会对于社会福祉的需求预计还会进一步的增长，社会福祉的膨胀趋势还会持续。在这一社会背景下，最近各派政党与市民社会正在就福利国家建设必要性达成广泛的共识。但韩国迈向真正的福利国家还面临许多难题，这里就其中的几个核心问题提几点看法，并以此作为本文的结论。

第一，劳动力市场结构分配体制的恶化问题，能否通过社会福祉制度来改善的争论。西方形成福利国家的一个重要原因就是劳动力市场中的收入分配或劳动条件差别不悬殊。初级劳动力市场中发生的严重收入不平衡虽然可以通过税收与社会福祉制度来调节但仍存在其局限。因此，只有把能够缓和初级劳动力市场不平等的劳动政策、产业政策同社会福祉政策、税收政策同时推进，才能创造普遍主义福利国家。韩国属于劳动力市场中正规劳动者与非正规劳动者劳动条件极度差别、收入极度不均衡的国家。韩国的劳动力市场中非正规劳动者的收入只有正规劳动者收入水平的 48%。非正规劳动者中仅有 45.6%的人口加入了国民年金制度，也仅有 37%的人口加入雇佣保险。同时仅有 26.4%的非正规劳动者可以在退休时领取到退职金（金渊明，2010）。因此，社会各界呼吁改善非正规劳动者劳动条件的劳动政策与社会福祉政策同时进行、双管齐下，但这又与企业追求效益最大化的宗旨相悖，所以目前还未出现良好的解决方案。可以肯定的是，初级劳动力市场中的不平等问题，特别是非正规劳动者问题如得不到有效解决，韩国将会走上一条畸形的福利国家之路。

第二，日益增长的社会福祉财政如何筹资的问题。维持普遍主义福利体系的北欧国家大部分在租税收益和社会福祉费支出上都属于发达国家中的高水平。按照 2007 年 OECD 主要国家租税负担率与社会保险贡献率之和的国民负担率材料可知，韩国以 26.5%的国民负担率低于发达国家中社会福祉相对不发达的美国（28.3%）和日本（28.3%），更与 OECD 国家平均水平的 35.8%国民负担率相差甚远。这里要提出的问题就是，在这么低水平的国民负担规模之下是否可能持续社会福祉的膨胀的问题。答案很简单，就是需要加大租税负担率。但是目前主要政党没有就租税负担增加的议题达成共识，保守的新国家党长久以来一直坚持减税政策并对增税持批判态度，在野的民主党也没有显露出公开支持增税的意向。民主党为了应对持续增长的社会福祉需求主张将原政府预算支出做结构性调整。大体上看，只有进步政党主张增税和增加收入税、财产税的比率。虽然社会各界在面对持续增长的社会福祉需求方面对扩大财政支出意见具有共识，但对于所需财政应怎样准备还没有达成政治共识，这点在今后几年也一直会是议论焦点。

第三，以追求利益为目的的民营供给者占多数的社会福利供给体制将如何变化的问题。如前文所述，韩国的社会福利供给者多为民营供给者，政府不易控制服务价格，导致资源分配缺少效率、财源过度消耗，这在未来会成为韩国福利国家的一项较大的财政负担。儿童哺育机构、医院，以及最近快速扩张的老人疗养机构等大多数机构作为民营服务供给者必须保证管理运作的一定利润。但是把民营供给者为首的供给结构完全转变成公共部门为首的结构需要大量的财源，从现实角度看几乎没有可能。目前公共部门带来的社会福祉支出过度膨胀引起了担忧，同时支持扩充公共福利机构设施的呼声也越来越高。但是这些并不是跨时代的扩充举措，而是仅仅停留在“确保30%的公共医疗”“确保30%的哺育机构”等口号上。事实上，仅30%的公共福利机构扩充也是很困难的，这是由于之前为了解决不断增加的福利服务需求，已动员了相当大规模的民间资本来参与。这项政策从长期来看存在政府需负担较大费用的问题。所以将以民营供给者为首的福利供给体制转变成以公共部门为首的供给体制从现实角度看困难重重。如果不加大政府预算力度，连做到扩充到30%左右的公共福利供给者都很难，因此这一问题实际上是与税费负担增加、即增税相关的政治问题。

参考文献

［1］金渊明. 社会保险市场化的争论焦点. 社会福利政策. 2008，33.

［2］金渊明. 非正式工的社会保险死角地带规模及实况的再探讨. 社会福利政，2010，37（4）.

［3］金渊明. 韩国普遍主义福利国家的意义与课题. 民主社会与政策研究. 2011，特辑19号.

［4］金英顺，全顺美. 公共补助制度. 杨载近等. 韩国的社会福祉政策决定过程：历时和材料. 那南出版社，2008.

［5］金龙德. 社会服务代金券事业两年的评价及课题：社会服务代金券事业充实及扩大方向. 学术会议材料集，2009.

［6］OECD（2009）. *OECD Social Expenditure Database*.

［7］OECD（2009）. *Revenue Statistics* 1965—2008（2009 *Edition*）.

［8］Kim，Yeon-Myung.（2008）. Beyond East Asian Welfare Productivism in South Korea，*Policy & Politics*. Vol. 36，No. 1.

［9］KOSIS（国家统计），http://kosis.kr.

［10］Pierson，C.（2004）. Late Industrializers and the Development of the Welfare State. in T. Mkandawire（ed）. *Social Policy in a Development Context*，New York，NY：Palgrave Macmillan.

［11］World Bank（1993）. *The East Asian Miracle*，Oxford University Press.

美国城乡社会养老保险接续的演变

胡　务

【摘要】老年保险（OAI）是美国社会养老保险的第一根支柱，所有在职人员包括上至总统、下至农场主和农业工人在内的社会群体都必须参加，所有美国人无论在何地退休均可享受到该项待遇，避免了转移和接续的问题。美国社会养老保险的这种统一模式是工业化国家的典型代表，但其发展却经历了相当曲折而漫长的过程，其形成有着深刻的经济、政治和社会背景。我国目前正处于城乡社会保障统筹发展的历史阶段，政府和社会均为养老保险的接续问题所困扰，亟须认真研究美国城乡社会养老保险统一模式演变的历史过程。

【关键词】社会养老保险　转移接续　美国城乡

The Study on the Revolution in Portability of Old Age Insurance between Urban Areas and Countrysides in the U. S

Hu Wu

Abstract　Old Age Insurance (OAI) is the first pillar in the social endowment insurance system in which all employed persons including the President, farmers and workers in farm must participate. The insurants can claim their pension no matter where they retire. The universal management in social old age insurance is one typical mode in industrial countries, but it went through a very meandering and long process, its formation is based on deep economic, political and social environments. Chinese government is puzzled seriously by the portability of social old age insurance and trying to co-ordinate the development of social security in cities and countryside nowadays, we need to study the historical development of OAI in the U. S.

Keywords　OAI　portability　Uran areas and courtrysides in the U. S

美国社会养老保险的发展遵循了一系列基本原则。该制度全国统一、强制参加、待遇与缴费对等、普遍覆盖。与以上原则相关的还有其他一些原则例如待遇与社会充足概念相关、工薪税筹资、代际转移支付。这些原则表明养老保险项目的目的和限制，也使得这项与工资相关的社会平等制度有别于个体平等的公共雇员退休计划和私人年金计划。①

作者：胡务，西南财经大学教授、博士生导师。本文是作者所主持的2010年国家社科基金课题“城乡社会保障接续跟踪研究”（课题编号：10XJY010）的阶段性成果。

① . William C. Greenough, &Francis P. King (1976). *Pension Plans and Public Policy*. New York: Columbia University Press, p. 78.

一、《社会保障法》出台前后的城乡社会背景

（一）工业化和城市化

随着工业革命的到来，人们对社会保险的需求增加。经济保障的早期形式反映了工业革命前的社会特征。在工业革命以前，美国绝大多数人口都靠土地为生，土地提供给人们基本生计，很少有其他的生活来源。人们或是自雇农场主，或是农场工人，或是工匠。人们生活在几代同堂的大家庭中，大家庭为不能工作的家庭成员提供主要形式的经济保障。例如，1880年美国农村人口仍占72%，城市人口仅为28%。按照《美国历史统计：从殖民时代到1957年》的记载，1920年是美国人口史上的一个转折点。美国历史上首次出现城市居住人口超过农村居住人口。1961年人口调查统计局的资料显示，到1930年，美城市人口为56%，农村人口仅为44%。仅仅在50年间，城乡人口之比发生根本改变。[①] 从表1可以看出1920年和1930年人口的准确数字。

表1　　1920年和1930年美国城乡人口

年代	总人口	城市人口	农村人口
1920	105 710 620	54 304 603	51 406 017
1930	122 775 046	68 954 823	53 820 223

资料来源：U. S Department of Commerce，Bureau of the Census，*Fifteenth Census of the United States*：1930，vol.. II，“Population”，tables 7 and 16，pp. 576。

（二）农村劳动力的流动性特征

农村劳动力在全国范围内广泛流动。这些流动大军从事的主要行业包括：收割、加工、运输庄稼；铁路维修；高速路、桥梁和堤坝修筑；旅客和假期服务工作；木材砍伐与运输、建筑工作等。

他们中许多人长途旅行，在农业或工业领域从事同一职业，他们可被视为“迁徙型”。其他人流动地域范围相对狭窄，他们往往随着季节需求变化在两个地点来回移动，这种人属于“季节型”。此外，还有许多人为了保证一年之中大部分时间有事可做，尽量寻找多份工作。他们流动线路错综复杂，难以明确归类。[②]

尽管这些流动在20世纪30年代变得更加复杂和频繁，但外出寻找工作和穿梭于工作与工作之间在美国并非新鲜事。其背后根源是长期的社会和经济力量，这些力量包括人口的增加和变化，许多人四处寻找工作机会，农业和工业生产方法的变革等。因此，美国人有一个领域的所有群体都遭受着那个时代社会经济的艰难之苦：劳动力剥削、恶劣的工作环境、临时搭建的房屋、原始的卫生环境、营养不良与疾病折磨、缺乏教育、卫生和福利保护。对季

① Larry DeWitt. The Development of Social Security in America. *Social Security Bulletin*，Vol 70，No. 3，2010，p. 2.

② Migratory Labor：A Report to the President by the Interdepartmental Committee to Coordinate Health and Welfare Activities. *Social Security Bulletin*，September 1940，pp. 3—4.

节工人和流动工人而言，这些条件都同样糟糕，他们都亟待保护。①

（三）家庭佣工的特征

家庭佣工分散在美国乡镇和农村地区。通常在私人家庭从事家庭服务人员占所有有收入群体近5%的比例。家庭佣工同其他工人群体一样都需要养老保险的保护。特别是他们的收入低。不仅仅局限于家庭佣工的一些职业特征要求对他们加以特殊考虑。家庭佣工雇主人数与家庭佣工大致基本相当。这些雇主四处分散，通常居住在距离城镇有一定距离的地方，他们中大多数人很少有记录工资和汇报工资的经验。更为复杂的是，相当多的家庭佣工居住在其雇主家庭，一部分收入为什物而非现金。很明显，在此情况下应对其工资报告和收集缴费的办法给予特别关注。

1930年人口普查显示：妇女占家庭佣工的比例超过90%。家庭佣工加入养老保险自然会增加妇女在整个养老保险中所占比例。她们的参保将会带来养老保险精算结果的重大修改，其原因包括妇女的生命预期比男性长，她们在工业和商业领域的工作断断续续，或仅占其成年生活的一部分等。②

（四）西欧国家农业工人社会养老保险的实践

到20世纪30年代，许多西欧国家已将养老保护扩展至农业行业各种劳动力群体。尽管任何西欧国家养老保险管理中遇到的困难没有美国那么大，但有些问题是同样的，例如人群分散、季节性用工、流动工人、没有报酬的家庭工人、什物工资等。在为农业工人建立老年保护的时候都得面临以上困难。一项对欧洲养老保险制度的研究显示：这些国家在将农业工人纳入养老保险的时候都采用了一些类似方法，或将其纳入一般的缴费型养老保险项目，或建立一些独立而平行的制度。如果将欧洲经验作为指导，根据农业劳动与工业劳动的区别对已有的规定进行适当修改，农业工人养老保险管理中的行政管理难题能够得到解决。③

二、1935年《社会保障法》将农业工人排除在覆盖范围之外

（一）鉴于劳动力的流动性，国会确立了养老保险全国统一和强制参加的原则

1935年《社会保障法》出台前，美国存在一些私人养老保险计划。但如果雇员在计划要求的服务年限前离开，在其达到法定退休年龄时并不能享受到原来工作单位推迟提供的退休金。如果计划属于缴费型，雇员在离开时雇主通常以现金形式返还雇员原来的缴费，雇主仍保留自己的缴费。如果雇员失业或主动放弃现有工作而又暂时找不到新的工作，雇员领到的这部分现金有可能很快就被花光。雇员有可能一生工作多年并缴费参加养老保险，但到退休时却得不到任何年金权利，只能依靠自己的个人储蓄养老。由于工商业领域劳动力流动频

① Migratory Labor：A Report to the President by the Interdepartmental Committee to Coordinate Health and Welfare Activities. *Social Security Bulletin*，September 1940，p. 4.

② Rae L. Needleman. Domestic Workers in Private Homes. *Social Security Bulletin*，March 1939，pp. 20.

③ Thomas C. Blaisdell，Jr. Old-age Insurance for Agricultural Workers in Western Europe. *Social Security Bulletin*，June 1938，pp. 19—23.

繁，很少有雇员能够工作满企业养老保险计划规定的年限，最终绝大多数人都不能享受到企业提供的年金。

1935年国会正考虑社会保障立法时，来自密苏里州的参议员箭步·克拉克（Champ Clark）提议将参加了企业私有退休计划的雇员排除在外。① 当讨论这一提案（即"克拉克修正案"）时，有人指出，如果按照克拉克法案，大量雇员在一生的工作生涯中都有可能进入一个或多个被排斥在外的单位，这将违背并有损于社会保障法总的立法目标。因为在私有退休计划下养老保险参保权益不能转移接续，雇员得不到其工作期间的老年保护。后来有人提出了一项涉及基金转移的解决办法，但该办法非常烦琐。考虑到该问题和其他一些因素，国会最终没有采纳"克拉克修正案"。许多已为雇员建立起退休计划的雇主后来调整了其养老保险项目，增设了补充养老保险待遇，这样可确保雇员无论继续留在同一企业或在其他地方受雇，他们都能得到社会保障法提供的基本保障。②

（二）农业工人被排斥在社会养老保险范围之外的原因分析

在由总统社会保障委员会起草的1935年《社会保障法》原稿中，包括农业工人在内的所有工薪雇员都被纳入法律保障范围。③ 社会保障委员会在呈交给总统的报告中指出：农业工人、家庭佣工、家庭工人和许多自雇人士构成了数目庞大的人口群体，但他们却很少受到注意。这些群体中许多人经济收入处在社会最底层。我们认为，现在应给予这些群体较之以前更多的关注。只有当这些常常被忽视的群体得到一定程度的保护后，我们才能说我们建立了一项全面的社会保障计划。④

然而1935年在讨论《社会保障法》时，国会最终将农业工人剔除出养老保险计划。其原因成为普遍推测的一个谜团。由于当时绝大多数农业工人和家庭佣工都是非洲裔工人和（或）妇女，故导致不少人都推测种族和性别歧视是将这些工人排斥在外的动机。⑤ 实际上，国会决定的背后隐藏着深刻而复杂的原因。

1. 行政管理遇到的困难

从表面上看，农业工人等被排斥的原因在于社会养老保险管理涉及的难题。农业行业的

---

① A fundamental decision on coverage was made in 1935 when Congress defeated the Clark Amendment. Senator Champ Clark of Missouri led a successful fight in the Senate for an amendment to exempt from the compulsory old—age insurance all employees of companies with private pension plans. Because many large employers such as American Telephone and Telegraph, General Electric, and U. S Steel, had pension plans, there was pressure to avoid duplicate coverage by exempting from coverage participants of existing plans. The company plans, however, incorporated lengthy vesting delays and offered benefits only for those employees who remained with one employer virtually for life. Many if not most workers would have ended up with neither private nor social protection when in fact both were needed. The Clark Amendment was eliminated in conference and there were no further discussions of exclusions of this type in private employment. See William C. Greenough, Francis P. King. Pension Plans and Public Policy. New York: Columbia University Press, 1976, pp. 79

② D. C. Bronson. Old Age and Survivors Insurance in its Relation to Public Employees. *Social Security Bulletin*, May 1940, pp. 11—12.

③ 在原始或早期文件中，社会保障法被表述为"经济保障法"（Economic Security Act），社会保障委员会被表述为"经济保障委员会"（Economic Security Committee）.

④ Committee on Economic Security, Report to the President, 1935, p. 49.

⑤ Larry DeWitt. The Development of Social Security in America. *Social Security Bulletin*, Vol. 70, No. 3, 2010, p22.

季节性、工人的高度流动性、大多数雇主地处分散，这些都表明将其纳入会遇到一系列的管理难题。在养老保险计划实施之初尤其如此。这些难题是由以下因素导致的：当时美国版图仍在继续扩大；除工薪雇员外，还有大量的农场自雇人士、不领取报酬的家庭工人、庄稼分成者；农业劳动力的季节性和频繁流动性；现金收入仅是报酬的一部分，工资记录获取困难。在当时美国有大约超过 100 万的自雇农场主，他们中的许多人只是兼营农场业，他们收入中相当大部分还来自从事工商业活动，一部分人还直接受雇于工商业领域。在领取工薪的农业工人中，大约有一半人至少在一年的部分时间受雇于非农行业。

2. 更为重要的是来自南方农场主的抵制

由于国会的组织和程序结构，加上民主党的特殊环境，直到 1969 年人口才仅占全国人口不到 25%的南方却能对全国性立法产生操纵性的负面影响。众议院最有权利的两个委员会是筹款委员会和规则委员会。筹款委员会最后一任北方主席在 1993 年完成任期，而规则委员会只有三名来自北方的主席。[①]

一些历史记载将农业工人被排斥在养老保险之外归咎于当时财政部长亨利·摩根索（Henry Morgenthau）的干预，认为亨利·摩根索故意声称记录农业工人的缴费工资会遇到无法克服的困难。实际上，将农业工人排除在外只是财政部的几个建议之一，但是当时占据筹款委员会的南方人却利用了这一建议。[②] 作为总统富兰克林·罗斯福社会保障委员会的执行主任兼社会保障法起草的主要作者，埃德温·维特（Edwin E. Witte）在参议院作证时极力争辩，描述了欧洲国家成功管理农业工人养老保险的情况，但是南方国会议员置若罔闻，排除农业工人的议程获得压倒性通过。[③]

由于养老保险待遇与个人缴费挂钩，因此有必要建立一项控制系统来长期记录所有参保人的历史工资。项目技术师特别是那些在社会保障委员会技术分会任职的人认为，在项目启动之初工商业领域的现有工资机器能够为组织社会保障记录系统打下基础，因此应首先将工商业领域定期受雇人员纳入养老保险。后来技术师们向社会保障委员会建议，主张在社会养老保险启动时将农业劳动力、家庭佣工和自雇人士不纳入覆盖范围。[④]

然而总统没有同意。社会保障委员会拒绝了技术分会的建议。呈交国会的法案要求养老保险普遍覆盖。在众议院筹款委员会召集的第一次听证会上，财政部长亨利·摩根索递交了一份正式的备忘录。在这份备忘录中亨利·摩根索和财政部基于行政管理困难的借口，都声明反对养老保险普遍覆盖，主张将农场工人和家庭佣工从法律覆盖范围删除。亨利·摩根索的举动让社会保障委员会成员都大吃一惊。国会筹款委员会与摩根索的主张完全一致，特别排除条款被永久地写入社会保障法。尽管时任劳工部部长兼社会保障委员会主席的弗朗西斯·帕金斯（Frances Perkins）小姐对此结果不满，但她并未让众议院筹款委员会在众议院或参

---

① Jill Quadagno. The Transformation of Old Age Security：Class and Politics in the American Welfare State. Chicago：the University of Chicago Press，1988，p. 17.

② Lee J. Alston，& Joseph P. Ferrie. Labor Costs，Paternalism，and Loyalty in Southern Agriculture：A Constuaint on the Growth of the Welfare State. Journal of Economic History 45（1985）：110，112.

③ Jill Quadagno. The Transformation of Old Age Security：Class and Politics in the American Welfare State. Chicago：the University of Chicago Press，1988，p. 115.

④ Witte，Social Security Act，p. 152.

议院进行修改，或许这正好印证了埃德温·维特事后的评价，即该问题不是管理问题，而是政治问题。

筹资委员会之所以采取这样的立场，很明显行政管理困难的影响较小，但他们更多地受到这一事实的影响：农场主对于为雇员建立的养老保险保护而征收的税收持反对态度。在这个国家，农业和家庭服务通常都被排斥在规定就业条件的所有各类法律之外，筹资委员会这次仅仅是仿效了建立已久的习惯做法而已。①

最为基本的是，南方农场主担心联邦待遇将削弱种植园主对佃农特别是黑人劳动力父爱式的控制，就老年救助而言特别如此。1935 年多数黑人工人居中在南方，黑人工人的 3/5 受雇于农业或家庭服务。② 南方国会议员不愿意让联邦资金直接给予黑人工人。进一步说，由于南方工业的工资级别实际上比北方工资级别低很多，农业工人参加养老保险后可能将使得南方工资级别也受到削弱。例如，马萨诸塞州工资与产值之比为 33.9%，而在乔治亚、北卡罗来纳和南卡罗来纳棉花生产行业，工资与产值之比仅为大约 25%。③ 家庭佣工雇主不愿意负担其佣工的养老保险缴费，因为这些缴费是无法再转移的。

（三）农业工人被排斥在养老保险之外带来的后果

1930 年人口普查中对 4 800.8 万有报酬工人有关养老保险意愿的研究显示：其中 2 100.4 万人即大约占 44%期望被纳入社会保障法的覆盖范围。在这 2 100.4 万人中，自雇人群的数量大约为 1 200.2 万，包括农业工人、家庭佣工、临时工、海运人员、公共领域和非营利组织在内的希望参加养老保险的各种人群数量为 900.2 万。④ 在 1930 年人口普查的总数为 4 800.8 万有报酬收入的工人中，大约 100.5 万人（占 21%）分布在农业领域。可大致按照就业类型对该群体进一步进行如下细分（见表 2）。

表 2　被社会保障法排斥在外的农业工人数量（按照就业划分）

就业类型	数量
自雇人士	5 300 000
没有薪酬收入的家庭工人	1 700 000
领取薪酬的工人	2 800 000
总数	10 500 000

农业工人被排除在社会养老保险之外破坏了社会公平与正义，给美国社会和美国政府对社会保障的管理都带来严重后果。

1. 造成参保人群和被排斥人群间的不平等

农业工人被排斥表明他们受到极大的歧视。由于已经支付的和其后几年将要支付的养老

---

① Witte. Social Security Act，pp. 153.

② Raymond Wolters. *The New Deal and the Negro*. in The New Deal，ed. John Braeman，Robert H. Bremmer，and David Brody（Columbus：Ohio State University Press，1975），p. 194.

③ Mulford，H. P. Incidence and Effects of the Payroll Tax. *Washington，D. C.*：*Social Security Board*，1936，pp. 17.

④ Laura Wendt. Census Classifications and Social Security Categories. *Social Security Bulletin*，1938.

保险待遇开支将大大超过受益人及其雇主的缴税金额，因此实际上其他人为那些被纳入社会养老保险、享受了退休待遇特权的人买单。在老年遗属保险（OASI）项目下，无论领取人是否贫困或需要，都可以收获到所谓的“意外待遇（Windfall Benefits）”。一方面借口养老保险覆盖富人才现实可行而让其获取“意外待遇”，另一方面却以行政管理的困难为理由将真正最为贫困和需要的群体排除在外，拒绝给予他们同样的待遇，这在一个民主政体的国家是极其不合理的。①

从被排斥群体特别是低收入者和老人的角度看，即使在 20 世纪 50 年代社会保障提供了一项不同寻常的、十分有吸引力的“投资”。在社会保障运行的头十年，退休者领取的待遇大大超过其精算等值。如表 3 所示，1950 年平均年退休待遇水平为 506 美元，该金额一直支付到领取者死亡为止。而从 1937—1950 年雇员每年缴费不到 30 美元，如果退休者已经结婚，那么其领取到的待遇金额超过其缴费金额的 50%。(收入为中位数的一名工人每年缴税从未超过 19 美元)。②

表 3　　1940—1980 年受益人和纳税人资料　　（人数单位：百万）

年代	纳税人数量	每年纳税的中间值（仅限雇员）（$）	受益人数量	平均年退休待遇（仅限工人）（$）	领取待遇者占老人比例（%）
1940	35.4	7.6	0.2	240	0.7
1950	48.3	28.9	3.5	506	16.4
1960	72.5	86.8	14.8	840	61.6
1970	93.1	210.0	26.2	1 370	85.5
1980	114.3	424.0	35.6	4 097	94.0

资料来源：Social Security Administration，Social Security Bulletin：Annual Statistical Supplement，1977—79 (Washington，D. C.：U. S. Government Printing Office，1980)，pp. 74，87，104－105.

正如 1947 年社会保障署的首席精算师罗伯特·迈尔斯（Robert Myers）所估计的：“从精算的角度讲，那些在社会保障运行的前面几十年退休的人的老年遗属和残疾保险（OASDI）待遇的比例高低不一，有时最少不到 1%，最多可达 10%。”③

2. 职业流动引起参保断断续续

如果一位雇员参加了现有的社会养老保险制度，在取得待遇资格（A Fully Insured Status）前流动到另一个没被养老保险覆盖的职业，他将丧失全部或部分保护。反之，如果他留在原来的行业则可得到这些保护。通常情况下雇员及其雇主的缴费则被没收用于养老保险基金。当然，如果该雇员参加养老保险时间很长，他的遗属可能有资格得到一些临时性的延

① Louis O. Shudde and George E. Immerwahr. Old-age and Survivors Insurance Analysis of Long-Range Cost Factors. *Social Security Administration*，Actuarial Study 21 (September 1946)，pp. 13.

② Carolyn L. Weaver. *The Crisis in Social Security*：*Economic and Political Origins*. Durham，N. C.：Duke University Press，1982，pp. 127.

③ Robert Julius Myers. *Social Insurance and Allied Government Programs*. Homewood，IL：R. D. Irwin，1965，pp. 140－141.

续保险。[①]

按照老年和遗属保险规定，参保时间必须达到规定的季度数（40个季度）以上才有资格享受养老保险待遇。对于那些流动于保险覆盖行业和未覆盖行业之间的人和断断续续参加老年、遗属保险项目的人而言，这一规定对他们会产生特殊影响。他们中最大的一个群体是农业工人，这些工人一年之中部分时间在工业领域工作。由于农业工人来自农业的收入低，加上就业的季节性特征，他们只能通过受雇于工业来获取补充收入。同时，许多工厂利用农村剩余劳动力来满足生产的特殊需求或季节性高峰期需要。除农业工人这种短期的或"穿梭式的"在养老保险覆盖行业和未覆盖行业间流动的情况外，也有长期流动到工业领域并一直工作下去的情况，还有一些工人老年后从工业行业流入农业行业。

对于大部分"迁徙型"农业工人和当地"季节型"工人来说，在其正常的工作生涯中，他们通常断断续续工作在被养老保险覆盖的行业。按照社会保障法的规定，只要他们受雇于这些行业，就必须根据收入向社会保险系统缴纳供款。然而，由于很低的供款金额，加上有限而间歇的缴费时间，他们中许多人都达不到领取待遇的资格条件。在对每100名已经向养老保险系统缴纳工薪税的农业工人进行的抽样调查研究显示，能得到养老保险保护的大约仅为10～15名。必须记住的是，该比例仅是关于那些已进入养老保险覆盖行业工作的农业工人而言。在两项抽样调查中，如果算上所有农业工人，能最终得到养老保险保护的人数比例大约仅为2%。

在二战前夕，工业就业的增加特别是由于扩大国防项目带来的刺激作用，其影响是很难评级的。一方面，它可能对工人有利，让更多工人和更连续地就业于养老保险覆盖领域。另一方面，它会增加在短暂工作期参保的人数，从而加剧上述困难。经济条件正加剧农村剩余劳动力，农村许多人或失业或就业不足，他们到处寻找工业行业就业机会。如果这些群体不能立刻完全为工业行业所吸收，或如果他们只能从事断断续续的或低薪的工作，他们就将作为一个社会群体继续向养老保险系统供款，但最终又不能得到养老保险待遇。只有通过扩大养老保险覆盖范围至农业领域，允许他们缴纳工薪税并得到养老保险待遇，他们的问题才能得到解决。[②]

3. 流动群体缺乏社会保障

农业工人和家庭佣工属于最需要抵御老年依赖风险保护的群体之一。低工资加上频繁的间断式就业使得他们很难有个人储蓄。[③] 由于流动的农业工人往往在一个地方居住的时间都不长，达不到一些福利项目的居住时间要求，更为重要的是，他们主要从事的农业行业又被排除在社会养老保险之外，因此他们及其家庭常常不能得到社会保障法的所有待遇。他们甚至没有资格得到贫穷老人、盲人、受抚养子女的公共救助或各州的失业保险待遇。不仅如此，许多情况下这些流动工人还不能享受到其他社会服务例如一般救济、医疗保险、教育或

---

① Louis O. Shudde and George E. Immerwahr. Old-age and Survivors Insurance Analysis of Long-Range Cost Factors. *Social Security Administration*，Actuarial Study 21（September 1946），pp. 18.

② Fred Safier，Walter Quninn，& Edward J. Fitzgerald. The Agricutural Wage Worker in Employment Covered by Federal Old-age and Survivors Insurance. *Social Security Bulletin*，July 1941，pp. 11—14.

③ A. J. Altmeyer. Social Security in Relation to Agriculture and Rural Areas. *Social Security Bulletin*，Vol. 3，July 1940，pp. 6.

合适的住房。[1]

三、1939年社会保障法修正案扩大了被排除的农业工人范围

最初的社会保障法并未定义"农业劳动（Agricultural Labor）"。"农场"一词除通常的含义外还包括"家畜、乳牛场、家禽、水果和蔬菜农场、种植园、农场、牧场和果园"。不久在雇主和国税局之间对于"农业劳动"确切的含义和那些人不应缴费产生分歧意见。在1939年为社会保障法修正案举行的听证会上，有人提出小农场主一般都不在自己农场加工其产品而是将产品交给商业的加工厂或合作社处理。这些加工行业不在农场，并未免缴社会保障税，其税负都转嫁回来给了小农场主。另一方面，大农场主每年生产大量产品，他们都在自己的农场设立加工厂进行处理，却免缴社会保障税。所以，如果免除商业加工厂或合作社承担的社会养老保险供款，就可以消除大农场主享受的竞争优势。[2]

1939年社会保障法对保险的许多项目都作了修改，最为有名的是增加平均待遇，从1940（而不是原定的1942年）起实施按月支付待遇，增加退休者夫人和小孩待遇，被保险人任何年龄死亡其遗孀和小孩都可按月得到待遇。与此同时，1939年社会保障法修正案又限制了制度的覆盖范围。最早被排除在养老保险之外的"农业劳动"范围扩大，造成另外60万～70万人脱离养老保险。其中许多人并非从事通常意义上的"农业劳动"。他们在城镇工作，从事的加工工作与那些在被社会保障法覆盖的工厂和工业中工作的人都相同或相似。例如，1.5万以上被排除的工人包括木匠、漆工、机械师、记账员、会计等。

按照1935年最早的社会保障法，"农业劳动"一般是指在农场工作，受雇于农场管理者（A Farm Operator)，从事与庄稼生产和牲畜管理有关就业的人员。1939年修正案扩大了原来的定义范围，雇员提供的服务可以是针对"任何人"，工作领域可以是所有与农场相关的。这样一来，那些被非农场雇主如购买和收获整个庄稼的大规模商行（诸如连锁店或批发商）所雇佣的人员被排除在养老保险之外。不仅如此，在自然农作物产品准备运往市场环境，如果服务是针对一位"农场主""合作社"或农场主"集团"，而且产品的一半属于自己所有，那么该服务也被排斥在养老保险覆盖范围之外。直接受影响的是清洁、分级、包装和准备将产品运往市场的核心工厂。以水果和蔬菜为例，在准备和运输环节，无论是由一群生产者或一家商业的运输公司完成，那么所有相关服务人员都不被养老保险覆盖。

1939年修正案排除的最重要的雇员群体是从事于水果和蔬菜包装领域的工人。该行业主要集中在几个州和地区。季节高峰期大约有12.5万人受雇于该行业，考虑到工作季节性带来的就业变动，该群体的总人数应大于12.5万。其中大约4万雇员从事柑橘类水果包装。实际上所有柑橘包装都在加利福尼亚、德克萨斯和佛罗里达进行。1939年三个州运送了全国94%的梨；两个州运送94%的生菜；两个州运送85%的芹菜；6个州运送86%的西红柿；9个州运送90%的苹果。

---

① A. J. Altmeyer. Social Security in Relation to Agriculture and Rural Areas. *Social Security Bulletin*, Vol3, July 1940, pp. 15.

② A. J. Altmeyer. Social Security for "Industrialized" Agriculture. *Social Security Bulletin*, Vol. 8, January 1945, pp. 2—3.

1939年即使在一个联邦巡回法院的判决中也拒绝承认一个柑橘加工坊的雇员是农业劳动力。法院认为，“工业活动”通常是指原材料在工厂处理或加工。当土地产出物离开农场主，进入工厂进行加工和营销，那么它就处于“工业”状态。

劳动部工资工时处在提交的一份关于柑橘类水果包装行业的报告也证明该行业的工业特征。农业部长华莱士（Wallace）同样认为，将该行业剔除作为特别对待，不让其雇员参加社会养老保险是不合理的。

1939年修正案排除的另一重要社会群体是轧棉行业工人，每年大约有4万人从事该行业。许多工人向社会保障委员会写信表示反对该规定，其中一位来自路易斯安那州的工人写道：所有轧棉工人都是或将是熟练工，仅有极少数人从事一些农场劳动。如果将轧棉工人纳入农场劳动力范畴，那么谷物输送机、碾米厂、糖厂和烟草工人都应纳入农场类劳动力范畴。

轧棉行业已经多年未训练任何工人，几个地方将很快出现轧棉机操作工人短缺的情况。目前我们的年龄从45～70岁不等，如果不对年轻工人提供社会保障，我们得不到最好的资源对其培训。

大约1万名受雇于合作社的谷物运输工也被1939年修正案排除在外。一位来自密歇根的谷物运输工人向社会保障委员会写信，对该规定表达了强烈的抗议：最近我们这些受雇于豆类和谷物运输行业的人接到通知，由于我们被划入农业行业而不再有资格参加社会保障。

我们为州际商业（Interstate Commerce）运输农产品，同那些帮助生产农场设备的雇员一样，我们参加政府保险的资格被取消。该行业不是季节性的，我们一年到头工作不断。请问现在民主政治还在起作用吗？

到1946年，约有400万～500万农业工人和225万家庭佣工被排除在老年和遗属保险之外。①

四、社会保障法修正案与农业相关群体的社会养老保险

1. 1950社会保障法修正案：纳入农业工人和家庭佣工

1950年社会保障法修正案将老年和遗属保险强制覆盖至除农场主和某些职业群体以外的、年收入在400美元以上的自雇人士。其他受保护的群体还包括定期受雇的农业工人、某些介于中间的农业劳动力（如加工工人）和定期受雇的家庭佣工。重新对“雇员”加以定义，将以前被排除的某些群体纳入。覆盖范围扩展至维京群岛和波多黎各。

关于农业劳动，修正案作了两项重大改变。第一，凡定期受雇且每季度收入在50美元以上的农业工人被纳入养老保险覆盖范围；第二，1939年修正案定义为农业服务从而被排除在养老保险覆盖范围的群体在1950年修正案中被重新纳入养老保险覆盖范围，这些群体参保不受工作的规律性和现金工资多少影响。以上两项改变带来约85万工人被养老保险覆盖。

按照1950年修正案，在私人家庭（非营利性农场）从事家政服务、每季度收入在50美元以上（含50美元）、定期受雇的工人也被纳入养老保险覆盖。雇用了佣人、厨师、洗衣

① A. J. Altmeyer. Improving Old-age and Survivors Insurance. *Social Security Bulletin*, March 1946, pp. 7

工、杂务工、女管家、保姆、家庭护士、家庭女教师、仆从、男管家、园丁和私人司机的家庭需要确定其工人是否符合养老保险参保条件。一个季度内受雇工作 24 天的家庭工人被视为在本季度和接下来的季度定期受雇。

决定是否参保时需要考虑家庭工人的现金工资。非现金工资如住房、伙食、交通等不在考虑之列。用作车费的代价券不被视为现金支付，但如用现金支付的车费则被纳入现金工资计算。结果共有大约 100 万家庭工人被养老保险覆盖。[①]

2. 1954 年修正案：纳入农场主和农业机具操作工

1950 年社会保障法修正案后，仍有两个政治团体影响着美国社会保障的发展方向：柯帝士计划（Curtis plan）和汤森德运动（Townsend Movement)。代表人物卡尔·柯帝士（Carl Curtis）主张无论年青时有无工作，向每个老年人都同样支付一份最低老年待遇，以取代社会保障。对于那些没有资格享受到社会保障待遇而又期望社会保障福利的人来说，柯帝士计划具有很大的诱惑力。该计划将严重削弱基于保险的、义务与权利对等的概念，这一概念是社会保障必不可少的。一旦采取相同的、最低的、普遍的待遇，那么收入调查只是一步之遥。美国商会支持柯帝士的观点，并提出一项建议，要求无论是否缴费所有未参保的老年人都应获得社会保障待遇。汤森德运动仍在继续对政府施加影响，要求统一覆盖的、水平相同的老年待遇。在当时刚刚结束的选举中，汤森德的拥戴者们支持了 173 名国会议员获得选举胜利，其中 100 名为共和党人。

另一方面，到 1953 年，只有大约三分之一的老人享受到社会保障待遇。工人与享受退休待遇的老人之比为 16∶1，该比例与计划启动时的比例相差不多，不过很快就会发生变化。几年之内，在职者与退休者的比例降为 8∶1。大约 20 年左右之后，由于许多老人会符合社会保障待遇的资格要求，在职者与享受待遇者之比将进一步降至 3∶1，该数据会持续至 20 世纪末。但是在 1953 年仍有许多成年后一直辛苦工作的老人在退休时仍未得到社会保障待遇，他们被拒之于社会福利之外。[②]

当时刚上任的新总统德怀特·艾森豪威尔（Dwight D. Eisenhower）发表公开讲话，明确反对美国商会的全体覆盖计划，支持社会保障覆盖至自雇农场主、1950 社会保障法修正案未覆盖的某些农业工人和家庭工人。1954 年 6 月 1 日，国会投票，结果以 356∶8 的压倒性优势通过了社会保障法修正案。

1954 年社会保障法修正案的立法过程几乎未遇到农业利益团体的反对。美国最大且最富有的农场组织——美国农场局仅仅给国会写了一封短信，认为没有足够的证据确保覆盖农场主的办法切实可行，因此反对社会保障覆盖至农场主。农场主联合会（the Farmer's Union）支持覆盖，不过该组织较小且仅限于西部几个州。最早的农场组织——美国农业保护者协会未对社会保障覆盖问题公开发表其态度。当 1954 年国会准备讨论 1954 年修正案时，没有任何一个农业团体积极活动，游说国会将其纳入社会保障覆盖。通常在这种情况下，国会会采用最省力的办法——不做任何事情。而这次国会成员却选择了政治家式的办事

① George J. Leibowitz. Old-age and Survivors Insurance: Coverage under the 1950 Amendments. Social Security Bulletin, December 1950, pp. 5—7.

② Nancy J. Altman. The battle for social security: from FDR's vision to Bush's gamble. New Jersey: John Wiley & Sons, Inc., 2005, pp. 173—174.

风格，通过了社会保障法修正案。农场主终于被纳入了社会保障覆盖范围。[①]

在距离上次大规模地将农业工人和家庭工人纳入社会保障仅仅4年之后，老年和遗属保险扩大覆盖至农场主。结果是美国90%的有收入雇员有机会在联邦老年和遗属保险项目下获得退休和遗属保护。从1955年开始，新增近800万工作职位被老年和遗属保险的覆盖。农场主和农业机具操作工是1954年社会保障法修正案最大的受益者（参见表4）。

表4　　1954年社会保障法修正案通过后新增老年和遗属保险参保群体人数

群体名称	一年内大约人数
合计	19 950 000
农场机具操作工	3 600 000
农场工人	2 100 000
州和地方政府雇员	3 500 000
自雇职业人士	250 000
传教士	150 000
家庭工人	200 000
联邦文职人员	150 000
渔民	50 000
在家上班工人	100 000
在美国公司的外国下属公司工作的美国公民	100 000
临时工	50 000

资料来源：James E. Marquis. Old-age and Survivors Insurance：Coverage under the 1954 Amendments. *Social Security Bulletin*，January 1955，pp. 4. Total is less than the sum of the separate coverage groups because an estimated 300 000 persons who will be covered both as farm operators and as hired farm workers are included in both groups.

扩大老年和遗属保险至自雇的农场机具操作工和农场主的一个重要原因是此举可以抑制农村地区救助支出的增长。另一重要原因是人们对社会保障项目提供的待遇了解增加，社会保障立法的建议便明显成为一个更加重要的课题。例如，从1954年2月1日至3月5日，社会保障署老年和遗属保险局收到对关于农场机具操作工老年和遗属保险的咨询8 500次，其中79%的人支持保险覆盖。

证据显示，人们先是对老年和遗属保险的兴趣增加，随后产生了对保险覆盖的渴望。例如，1951年和1952年间康涅狄格、德克萨斯和威斯康辛的州立学院与美国农业部合作开展了一系列特别研究。这些研究旨在了解农场主对老年和遗属保险的态度。在表达了对养老保险扩面的态度的抽样群体中，康涅狄格支持覆盖的比例为66%，德克萨斯和威斯康辛两州的比例均为71%。1954年在肯塔基进行的一项类似研究中发现，89%的农场机具操作工表示支持老年和遗属保险覆盖农场自雇人士。

影响覆盖至农场机具操作工决定的另一重要因素是老年和遗属保险缴税时涉及的农场收

① Nancy J. Altman. The Battle for Social Security：From FDR's Vision to Bush's Gamble. New Jersey：John Wiley & Sons，Inc.，2005，pp. 182.

入计算方法的简化。简化建议最早是由社会保障咨询专家组在向卫生、教育和福利部部长提交的报告中首先提出来的，社会保障咨询专家组由来自美国农场局联合会和全国农业保护者协会的代表组成。

简化的目的就在于免除了小农场主并不熟悉的记账之苦。在1954年《社会保障法》修订后纳入老年和遗属保险的360万农场主当中，估计近100万农场主年毛收入在1 800美元或以下。由于扣除花费后净收入并未超过个人及其抚养家属的免税额，这些小规模农场主中的绝大多数没有缴纳收入税。按照1954年《社会保障法》修正案中关于简化报告的条款规定，农场年毛收入在1 800美元及其以下的农场主和可以根据现金计算出所得税负债的农场主可以基于假定的净收入参加养老和遗属保险。因此他们就不必计算出来自农场自雇产生的实际净收入，取代的计算办法是：净收入是毛收入的一半，在参加老年和遗属保险时报告计算所得数据。①

3. 1956年社会保障法修正案

按照1956年通过的社会保障法修正案，年现金工资收入在150美元以上或一年之中按照小时、日或周计算取得现金工资收入在20天及20天以上的农场工人被纳入老年和遗属保险覆盖范围。修正案还对农活包工头（Crew Leader）及包工团成员（Crew Member）参保情况进行了较为明确的规定（参见表5）。

表5　社会保障法对农村各类群体参加老年、遗属和残疾保险的有关规定

群体	1950年立法	1954年立法	1956年立法
农场机具操作工和收入分成者	被排除	农场操作工作为自雇人士被纳入（个体的农场操作工除外）。年毛收入在800～1 800美元者可按一半计算其净收入。年毛收入超过1 800美元而净收入少于900美元者，净收入按900美元计算	允许农场机具操作工年毛收入在600～1 800美元者按照毛收入的2/3计算净收入。毛收入超过1 800美元且净收入低于1 200美元者按1 200美元计算净收入。农场主与佃农或收入分成农民签订合同收取的租金被纳入覆盖计算范围
农业工人	定期受雇的农业工人被纳入。 轧棉、非现金报酬工作、树胶脂有关的生产或收割、墨西哥合同工被排除在外	年现金工资在100美元及其以上者被纳入。非现金报酬工作、树胶脂有关的生产或收割、墨西哥合同工、西印度群岛工人从事的临时工被排除在外	年现金收入在150美元及其以上的农业工人，按小时、日或周获得现金工资、工作满20天及其以上的农业工人被纳入。 农活包公头被视为雇主。农活包工头向其成员（雇员）支付工资但与成员间没有签订合同。非现金报酬工作、树胶脂有关的生产或收割、墨西哥合同工、外国人从事的临时工被排除在外

资料来源：Old-age，Survivors，and Disability Insurance：Development of Agricultural Coverage. *Social Security Bulletin*，June 1958，pp. 5.

① James E. Marquis. Old-age and Survivors Insurance：Coverage under the 1954 Amendments. *Social Security Bulletin*，January 1955，pp. 5.

五、城乡社会养老保险统一带来的影响

美国城乡社会养老保险的统一给美国经济和社会带来巨大影响。

1. 便利了城乡间劳动力的流动

在美国历史上，南方农业变革引发的农村到城市的流动潮是最为显著的。黑人曾经是庄稼分成户（Sharecroppers）、佃农、农业工人的主体，但在不到50年的时间内，他们都流动到城市并在城市居住下来。1960年农业人口普查显示：1920年美国大约29%的农民为黑人，但到1959年，该比例下降到16%。[①] 农业工人被纳入老年和遗属保险后，极大地便利了美国历史上的第二次大规模移民浪潮。南方农村数以百万计的人口迁移到东北部、中西部和西部地区，在这些地方找到更好的工作。

2. 老年救助的开支大大缩减

1950年社会保障法修正案朝着普遍覆盖的目标迈进了一大步。养老保险覆盖率的增加给福利开支带来直接影响。由于更多的人有资格领取社会保障待遇且待遇水平不断提高，享受老年救助的人开始大大减少。领取社会保障待遇的老人人数首次超过了领取老年救助的人数。[②] 老年救助的开支大量减少。从1950年农业工人被纳入养老保险后，领取老年救助的老人所占比例从22%降低到11%，减少一半。如果没有社会保障项目，美国老年和残疾救助项目的花费必将增长两倍至三倍。[③]

3. 覆盖初期管理部门遇到的困难及其解决办法、覆盖给农业工人带来的好处

正如当时国会和卫生、教育和福利部所意识到的，随着老年和遗属保险扩大至农村群体，新的问题必然出现。尽管农场操作总的方向是更加规模化和商业化，农场经营毕竟具有不同于工业的许多风俗传统、习惯做法与实际条件。这些特征将带来对养老保险覆盖的农村群体的管理更加困难，而不是如对其他社会群体的管理精确到位。不过许多这些在农村群体的管理中遇到的困难都是短期的。农民可能缴费时期短，而领到的养老待遇相对较高。农民自己了解了什么是老年、遗属和残疾保险，该保险是如何运作的。随着时间的推移，与这些因素相关的困难逐步变得不重要。在积累了一定经验之后，农村社会养老保险的问题和操作就会变得更加清楚，管理程序得到提升，对农村群体管理的效率也会更加有效。[④]

4. 美国各类行业雇员纳入社会保障的历史进程

年份	历史进程
1935年	所有商业和工业（铁路系统除外）65岁以下工人
1939年	取消年龄限制，增加海员、银行雇员；家庭佣工和食品加工工人被取消

---

① Robert E. Marsh. Negro-white Differences in Geographic Mobility. *Social Security Bulletin*, May 1967, pp. 11—12.

② Nancy J. Altman. *The Battle for Social Security: From FDR's Vision to Bush's gamble*. New Jersey: John Wiley & Sons, Inc., 2005, pp. 165.

③ Wilbur J. Cohen. Federalism and Social Insurance. *The Princeton Symposium on the American System of Social Insurance: its Philosophy, Impact, and Future Development*, pp. 5.

④ Editoral. Old-age, Survivors, and Disability Insurance: Development of Agricultural Coverage. *Social Security Bulletin*, June 1958, pp. 6.

续表

年份	历史进程
1946年	铁路退休系统和社会保障收入合并决定遗属待遇的资格及待遇计算
1950年	定期受雇的农场工人和家庭佣工，非农场自雇人士（职业群体除外），在国外受雇于美国雇主、未被纳入退休系统的联邦文职雇员，波多黎各和维尔京群岛，未被退休系统覆盖的州和地方政府雇员，非盈利组织雇员（神职人员除外）
1951年	服务期在10年以下的铁路工人
1954年	农场自雇人士，除律师、牙医、医生和其他医疗群体外的其他专业自雇人士，其余定期受雇的农场工人和家庭佣工，退休系统内的州和地方政府雇员（消防员和警察除外）可用投票方式决定加入，神职人员以自雇人士的身份加入
1956年	军队服务人员，除医生外其余的专业自雇人士，在指定的一些州消防员和警察可采用投票方式决定加入
1965年	实习生，专业医生
1967年	神职人员（可基于良知或宗教原则申请豁免的情况除外），各州退休系统内的消防员
1972年	宣告处于贫困的宗教组织成员
1983年	1983年后受雇的所有联邦文职雇员，国会成员、总统、副总统和联邦法官，所有非盈利组织雇员，州和地方政府雇员一旦加入社会保障系统，则禁止退出
1990年	未被任何一种退休计划覆盖的州和地方政府雇员

至此，经过长达55年的漫漫路程，美国最终确立了包括上至总统、下至一般雇员和任何职业群体在内的覆盖城乡的统一的社会基本养老保险制度，不仅大幅降低了老年救助的开支，还消除了制度分割带来的重叠交差、留有空白和转移接续问题，直接便利了农村到城市（特别是东部和北方大城市）和城市间人口的自由流动。当然，美国社会基本养老保险这种待遇确定型（DB）的制度在人口老龄化和经济危机到来时会遇到资不抵债的风险，因而多年来美国社会一直为基本养老保险是否需要转制展开了激烈的讨论，私有化的论调甚嚣尘上，但是近年来的金融危机却昭示养老金市场投资的巨大风险，似乎证明了现有制度的优越性所在。

15—17世纪英国弱势群体的流动与福利保障主体的转型

雍正江

【摘要】 15—17世纪，英国市场经济与资本主义的发展动摇了弱势群体福利的根基，社会流动加快。弱势群体的社会流动加速了其福利风险的嬗变，滋生了诸多新的社会问题，同时加快了传统救助体系的瓦解，迫使正在形成的民族国家成为社会弱势群体福利保障的主导者，通过济贫立法等途径开启了福利保障主体的转型进程。

【关键词】 社会流动　自然性风险　社会性风险　组织内救济　国家主导

Migration of British Vulnerable Groups and Transformation of Welfare Subject from 15th to 17th Century

Yong Zhengjiang

(*Huaiyin Normal University*)

Abstract From 15th to 17th century, the development of British market economy and capitalism had shaken the root of social welfare for the vulnerable groups, sped up the social mobility of these groups which accelerated the evolution process of the benefits risk and spawned many new social problems and collpased the traditional assistance system at the same time. The emerging nation—state was forced to be the dominant to safeguard the social welfare of these vulneralbe groups, through the way of legislation for the poor to open the transformation of the social welfare subject.

Keywords social migration　natural risk　social risk　relief within the organizaiton　state-dominated relief

15—17世纪是英国从封建主义和农本经济向资本主义和重商主义市场经济的过渡时期，社会保障制度也萌芽于该时期。目前国内学者主要从过渡时期严重的失业、贫困、流浪等社会问题的角度来探讨英国社会保障制度的起源问题。本文试图在前人研究成果的基础上以社会转型下弱势群体的社会流动为视角，对此问题做一新思考，以求教于方家。

一、弱势群体的流动加速了弱势群体福利风险的嬗变

相对封闭、静态的中世纪社会限制了社会流动。在庄园制和农奴制下，农民被束缚在土

作者：雍正江，淮阴师范学院历史文化旅游学院副教授，副院长，南京大学博士研究生，主要从事英国过渡时期农民福利保障研究。

本文获江苏省高校哲学社会科学基金项目“英国过渡时期失地少地农民福利保障研究”（2014SJB659）项目资助。

地上，在固定的份地和领主自营地上进行劳动。农奴制与劳动力流动之间的矛盾一直充斥着中世纪英国，“在中世纪，封建剥削的根源不是由于人民被剥夺而离开了土地，相反地，是由于他们占有土地而离不开它。”[①] 土地是封建社会最主要的生产资料，也是农民福利的根基之一，为了保有生产资料，维持基本福利，农奴丧失了流动自由。如伍斯特修道院副院长在调查庄园情况时，要求那些离开庄园的人说明原因，得到何人允许；格罗斯特郡男修道院院长发布给其庄园官员的详尽指示中包括，未经允许禁止农奴离开庄园。历史学家布伦纳认为封建关系中最重要的是；“限制农民个体流动、限制农民自由转移地产以及控制农民的遗产继承”[②]。

除农奴之外，英国庄园里还有一批成分复杂，拥有自由、半自由身份的小土地持有者(Small-holder)。同维兰大农相比，他们多了一点自由，但当他们的自由与领主的意志发生冲突时，“自由就不复存在了”[③]。如在“自由农民故乡”的肯特郡，领主在要求“布恩工”时也要求自由佃户参加。

英国城市的手工业行会于13—14世纪得到了广泛发展，城市的大部分成员都归属于不同行会。行会手工业者本质上是拥有一定生产资料的小商人、小店主，因此维护本城既定的市场区域，不容外来人员闯入，是行会的一贯政策。如1448年施鲁斯伯利城的织工行会规定，任何住在什罗浦郡、赫里福德郡以及靠近威尔士边界各郡以外的英格兰人，除集市期间可以售帆布外，不得在施鲁斯伯利城出售任何亚麻织品。[④] 行会实行的一系列经济保护政策，使在行会治理下的城市经济生活呈现封闭状态。

在较为漫长的中世纪，保有一定的生产资料和建立在生产资料基础上的劳动是弱势群体获取福利的根本。封建主义下相对稳定的经济和社会结构在一定程度上限制了社会弱势群体的流动，这种状况从福利角度来看，并不完全是坏事，因为相对封闭、静态的社会使农民和小商品生产者较稳定地保有着一定的生产资料。以占人口95%以上的农民来说，土地和劳动的组合是其福利的根基，庄园制度、农奴制度虽限制了农民的流动自由，但农民也因此较为稳定地掌握着土地的使用权。相比之下劳动力的稳定性却因自然灾害与饥荒频发、瘟疫与疾病猖獗、生老病死等表现出相当大的波动，笔者将这类威胁农民福利的风险称之为“自然性风险”。

前工业社会的英国是一个饥荒频发的国家，“生存危机”是一个突出的经济社会问题。公元1000年以后，欧洲的气候异常恶劣，逐渐变冷。这是因为地球上有史以来最后一次寒冷的“小冰期”即将来临，自然灾害非常严重。1200—1400年欧洲平均气温下降了1摄氏度左右，其次是连续不断的降雨。自然灾害引发饥荒，对农民的福利状况产生了较大负面影响。据历史记载，英国发生饥荒的历史可溯源到公元54年，在以后的1 000多年里，大约

① 马克思，恩格斯. 马克思恩格斯选集（第四卷）[M]. 北京：人民出版社，1972：258—259.

② Aston，Trevor Henry. *The Brenner Debate，Agrarian Class Structure and Economic Development in Pre-industrial Europe*. Cambridge：Cambridge University Press，1987：25.

③ Kriedte，Peter. *Industrializtion before Industrializtion：Rural Industry in the Genesis of Capitalism*. Cambridge：Cambridge University Press，1981：68.

④ Douglas，David Charles. *English Historical Documents*，V. 4. London：Routledge，1969：1094.

又发生了57次饥荒。[①] 从诺曼征服的1066—1315年的250年时间里，英国至少遭受了12次地方性饥荒。[②] 14世纪早期发生在北欧的严重饥荒波及英国，尤其是1315—1317年和1321—1322年发生的两次大饥荒使英国遭受沉重打击。庞兹认为连续阴雨是这两次大饥荒发生的根源，冬季潮湿、继而夏季低温多雨，以致发芽和成长的谷物不能成熟，收获少得可怜，甚至不能收回种子。谷物歉收引发饥饿，造成人口大量死亡，最终演变为大饥荒。庞兹认为，中世纪晚期导致人口下降的原因是歉收、饥荒、时疫及战争，它们都加大了人口的死亡率。[③]

由于居住条件、卫生条件、医疗条件的落后，中世纪英国人普遍遭受天花、麻疹、伤寒、流感、脑膜炎、痢疾、食物中毒（"圣安东尼之火"或"圣火病"）、"英国出汗病"等流行病的折磨。中世纪英国破坏性最大的疾病当属麻风病和黑死病。仅以黑死病为例，黑死病是中世纪医学史上的最大灾难，其灾害扩及整个欧洲，几乎使那些繁荣的城市都化为荒凉之地。据估计，14世纪的100年中，欧洲有大约2 500万人死于黑死病，占当时欧洲人口的三分之一。13—14世纪，英格兰深受饥荒和瘟疫的困扰，从1349年起，英格兰南部和爱尔兰相继受到黑死病的威胁。人口相对集中的城镇由于卫生条件差，死亡率相当高，达布森认为从1347—1377年，英国城市人口损失了三分之一以上。[④] 布瑞特尔则将这一死亡率的上限提高到百分之五十。[⑤] 维拉尼估计伦敦死亡人数在10万人以上。据牛津校长理查·费次腊尔弗称，当时学生人数由3万人减至6千人。[⑥] 黑死病的死亡率无法确切知道，在大约420万人口中，经过几次黑死病的打击后，可能有140万人丧生。1348年人口大量死亡的同时，人均寿命也大幅度下降，1350—1400年间欧洲人均寿命从30年缩短到20岁。[⑦]

封建主义下相对稳定的社会与经济结构，使社会成员基本上未与生产资料相脱离，因此其所面临的社会性风险也受到管控。但当市场化和资本主义化的发展有力冲击封建主义和自然经济时，弱势群体的福利遭遇了前所未有的来自社会的挑战，社会流动不断加快，而弱势群体的流动反过来又进一步冲击着弱势群体福利的传统根基。

首先，弱势群体最终与生产资料相脱离。土地的规模化经营自中世纪后期开始出现，而标志性的圈地运动是英国农业资本主义化的开端，它使一批批人口失去赖以生存的生产资料——土地。英国历史学家盖伊根据16—17世纪初英国政府组织的几次圈地调查委员会对24个郡进行调查的统计资料，发现1455—1607年共圈地516 673英亩，占24个郡土地总面积的2.76%，其中英格兰中部的14个郡被圈占土地约386 810英亩，占全部被圈占土地的72.7%，占中部14个郡土地面积的6.03%，驱逐农民5万人左右。[⑧] 圈地运动开展之际，

---

① Walford, Cornelius. The Famines of the World: Past and Present. *Journal of the Statistical Society of London*. 41. 3 (1878).

② Seavoy, Ronald E. *Famine in Peasant Societies*. New York: Greenwood Press, 1986: 170.

③ Pounds, N. J. G. *Economic History of Medieval Europe*. London: Longman, 1974: 136—138.

④ Palliser, D. M. *The Cambridge Urban History of Britain*. Cambridge: Cambridge University Press, 2000: 276.

⑤ Britnell, Richard. The Black Death in English Towns. *Urban History*, vol 21, no. 2, 1994: 200—201.

⑥ [意] 卡斯蒂格略尼. 世界医学史 [M]. 北京：商务印书馆，1986：335.

⑦ [美] 罗伊·波特. 剑桥医学史 [M]. 长春：吉林人民出版社，2000：126.

⑧ 陈曦文. 英国16世纪经济变革与政策研究 [M]. 北京：首都师范大学出版社，1995：55.

租地农场制也进一步推广，“伴随土地所有权关系革命而来的，是耕作方法的改进，协作的扩大，生产资料的积聚等等”。[①] 圈地运动和农业生产方式变革加快了中下层农民失去生产资料、参与社会流动的进程，他们不再是土地劳动者，而成了纯粹出卖劳动的工资劳动者或流浪汉，成为英国社会转型时期社会流动的主力军。圈地运动和生产方式变革从外部强迫中下层农民与土地的分离，而失地农民背井离乡则从主观上承认了他们失去土地权利的事实，意味着原来保有的生产资料一去不复返。

其次，劳动力价格深受社会因素的影响。大量农民向城镇和城市流动，在流动中谋生，其劳动力的价格极不稳定，此时农民劳动的稳定性不再像中世纪时代简单地受自然因素制约，而主要由供求关系来决定。英国工场手工业萌芽于14世纪和15世纪，经过16世纪的较大发展后，基本上在17世纪取代了行会制度而占据主导地位。英国工场手工业兴起过程既是生产资料向少部分人手中集中的过程，也是行会手工业者不断失去生产资料、成为纯粹工资劳动者的过程。被工场手工业击垮的行会手工业者也被迫流入手工工场或乡村工业谋生，如纽伯利城的约翰·温奇库姆的呢绒工场里，传闻有1 093人在其中工作，[②] 威尔特郡马尔梅斯伯利城的大呢绒商威廉·斯顿普也使用了数千雇工。没有生产资料为依托的工资劳动极不稳定，加剧了雇工和工人的贫困。如以1721年的工资指数为100，则1550年的工资指数为122.4，1551—1600年为83。16世纪前期，英国工资上涨幅度只是大麦上涨幅度的15%，1550—1560年，英国工资上涨幅度也仅是大麦价格上涨幅度的30%，工资上涨低于粮食上涨约50%。[③] “城市工人的实际工资在整个16世纪里减少了几乎50%”[④]。伦敦1517年5月1日骚动的原因之一便是工人所得工资不够维持基本生活需要，工资劳动和贫困被视为同义语。难怪著名思想家法兰西斯·培根评论说，工人和雇工“只是有房子的乞丐”。

过渡时期，中下层农民的福利根基——土地和劳动都发生了根本性的动摇，破产的行会手工业者也失去了生产资料，变成了纯粹工资劳动者，这样威胁弱势群体福利的因素也发生了本质性的变化：由“自然性风险”向“社会性风险”转变。

二、弱势群体的流动滋生了新的社会问题

弱势群体的流动加速其福利风险的嬗变过程，许多中下层农民彻底失去生产资料，涌向城市和城镇，靠流浪或出卖劳动力谋生，也加剧了城内破产而失去生产资料的行会手工业者的生存困境，流浪、失业、贫困等新的社会问题十分严重。

因圈地运动而失去土地的农民不得不背井离乡，四处流浪，这一时期社会流动的重要表现就是大量劳动力涌入城市，而处于萌芽状态的工业部门又不可能大量吸收这些人，于是就形成了一支庞大的失业大军。这支大军又由于被解散的家臣、复员军人和寺院僧侣仆人的加入而变得更为可怕。越来越多的城镇变成迁移贫民漫无尽头，不确定移居的临时落脚点，而他们往往毫无收获地寻找只是为了最低限度的生存而已。

---

① 马克思．资本论，第一卷［M］．北京：人民出版社，1975：814．

② ［英］保尔·芒图．十八世纪产业革命［M］．北京：商务印书馆，1983：18．

③ 尹虹．十六、十七世纪前期英国流民问题研究［M］．北京：中国社会科学院出版社，2003：43—44．

④ Williams，Penry．*The Tudor Regime*．Oxford：Clarendon Press，1979：140．

流民“只是在15世纪和16世纪初才成为普遍而持久的现象”①。1517年伦敦市共发放乞食徽章1 000个，供流浪者乞讨用。② 1569—1572年，来自18个郡的报告说，有750多名流民被逮捕。③ 1596年春，短短的数月里，约克郡北来丁区被捕的流民约达200名。④ 1597年，康沃尔的一个地方官说，全国共有20万流民，他所在的郡就有1万人。⑤ 由此可见，当时英国流民数量之多、规模之大，他们主要从事打零工和乞讨，此外还会从事偷窃、抢劫、卖淫等犯罪活动。伊丽莎白时代的伦敦有20万人口，其中的流民就有5万人以上。根据被捕流民的档案记载，伦敦城的流民中有偷窃嫌疑者占45%，流浪罪者占16%，被捕原因不详者占23%，伪造乞食证者占5%，欺诈和不道德者，分别占2%和3%，煽动罪和宗教异端者也占类似比例。⑥

因弱势群体的流动导致其彻底与生产资料相脱离，并加剧工资劳动的不稳定性，英国贫困人口不断增加，也许“两极分化”比任何其他词汇能更好地概括过渡时期英国的社会特征。例如，萨福克南部的巴博夫百户区有居民2 277人，其中的1 375人不是没有土地，就是没有房子，而该郡本身是工业化最发达地区之一；1570年，诺里奇城调查资料显示，有534名男人，831名妇女及1 007名儿童被列入必须获得救济才能生存的一类人之中，约占该城人口的8%，而其中的绝大部分是外来人口。⑦

农村人口不断向城市流动，城市不堪重负，贫民居住条件恶劣，住房拥挤，卫生设施极差。约翰·斯托在1558年考察伦敦后说：“肮脏的房子、围墙和架子……对这样一个著名的城市，真是一个大的污点。”⑧ 加之雇主对雇工劳动的无节制使用，造成劳动者身体严重透支，多数劳动者出现了工伤、职业病、猝死等现象。当时城市人口的死亡率非常高，因此有学者认为，过渡时期的城市是“是一代代移民的坟墓，是周围乡村不断流入的新人口的消费者，而非贡献者”⑨。在如此糟糕的工作条件下，工人过早衰老，许多失去劳动能力的所谓“老人”只有流浪街头，乞讨为生。

三、弱势群体的流动加快了传统救助体系的瓦解

在自然经济阶段，家庭是家庭成员面临老弱病残等自然性风险时保障职能的首要承担者。很多时候，“自然性风险”超出一个普通家庭所能承受之重，就需要家庭之外的照顾。中世纪，因国家组织的缺位，以地方经济与社会组织所从事的“组织内救助”为主体、个人

① 马克思、恩格斯. 马克思恩格斯选集，第一卷［M］. 北京：人民出版社，1972：62.

② Kent，J. R. *Social Attitudes of Members of Parliament*，1590—1624. London：Univ. of London Press，1971：97—98.

③ Palliser，D. M. *The Age of Elizabeth*：*England under the Later Tudors* 1547—1603. London：Longman，1983：121.

④ Beier，A. L. *The Problem of the Poor in Tudor and Early Stuart England*. London：Routledge，1983：32.

⑤ Aydelotte，Frank. *Elizabethan Rogues and Vagabonds*. Oxford：Clarendon Press，1913：140.

⑥ Beier，A. L. *Masterless men*，*The Vagrancy Problem in England* 1560—1640. London：Methuen，1987：5.

⑦ Lis，Catharina and Hugo Soly. *Poverty and Capitalism in Preindustrial Europe*. New York：Harvester，1982：73.

⑧ Stow，John. *A Survey of London*. London：Whittaker，1956：376.

⑨ Chambers，Jonathan David. *Population*，*Economy and Society in Pre-industry England*. Oxford：Oxford University Press，1981：103.

慈善为辅的传统救助体系承担着缓解弱势群体“自然性风险”的主要责任。

中世纪英国慈善事业的最大施主是教会，“教会资助社会事业”是那时的传统。基督教会利用自己的收入，通过修道院与城市慈善组织，以提供衣食住的方式发挥救济穷人和丧失劳动能力者的救济职能。英国社会历史学家阿萨·勃里格斯在描述 16 世纪英国如何解决社会贫困问题时说：“迄今为止，表现最为突出的是教会，它通过各地的修道院及城市中的慈善组织，倘若不是有计划地，也是直接地以提供衣食的方式参与对穷人的周济”。[①] 教会还照顾麻风病人和流浪者，如英国基督教会在城里建立多家救治与照顾麻风病人的医院。[②] 在黑死病到来后，教会的救助机构迅速成为病人和无家可归者的庇护所，教士不仅接济这些人的生活，而且对病人进行力所能及的诊断。[③] 在救助过程中，教职人员一直是与死神接触最多最近的人，与其他阶层相比，他们的死亡率高居榜首。

庄园制也是以土地保有制度为基本依托的保障制度。在分封制下，领主向附庸赠予土地并提供免遭人身和财产侵害的保障，在谷物歉收或发生其他困难时向农奴发放适当的救济品，有个别的还为丧失劳动能力者提供最基本的生活保障，以维持再生产的需要。据资料记载，在阿灵顿，一个姓戴尔的乡绅在他的大庄园中划出一部分所谓的小住宅，经常作为赡养戴尔宗族中的鳏寡孤独者使用。[④] 根据惯例，如果没有亲属向法庭申请孤儿的监护权，庄园领主就将对其进行监护，将孤儿委托给共同体，并选举监护人对孤儿进行监护。[⑤] 以土地保有制为核心的庄园制度，既是一种生产组织形式，也是一种社会结构，而保障功能则蕴含于这一制度模式之中。

自治市与行会是中世纪欧洲常见的小共同体公益形式，如英国伦敦的社区互助组织是自治城市从事公益服务的典型例子。中世纪英国很多市镇（如斯塔福德、兰开夏、德比等郡的市镇，约克郡的 Craven 等）制定法规，保护老年乞讨者和失业者的利益。[⑥] 城市还向穷人提供免费的医疗救助。在伦敦，早在 12 世纪就在市郊修建了一座隔离麻风病人的房屋。到 14 世纪，又将城市内部的一座教堂改建为一座医院，用于隔离精神病患者。14 世纪上半叶，伦敦市政当局雇用了 3 名富有经验、技术娴熟的外科医生为城市中贫穷的病人提供医疗救助。[⑦]

城市中的行会除了行使经济和管理职能外，还开展社会互助和救济工作，在中世纪英国的救济事业中发挥重要作用。行会章程中通常包含贫困救济和互助互济的措施，以确保每个会员的基本生活条件。会员的生老病死、赈济贫者和鳏寡孤独者是行会互助救济职能关注的

---

① [英] 阿萨·勃里格斯. 英国社会史 [M]. 北京：中国人民大学出版社，1991：132.

② Barry，Jonath and Colin Jones. *Medicine and Charity before the Welfare State*. London：Routledge，1991，pp. 14—24；Slater，Gilbert. Poverty and The State，London：Constable，1930：11.

③ Cartwright，Frederick Fox. *A Social History of Medicine*. London and New York：Longman，1977：24.

④ [英] 克拉潘. 简明不列颠经济史 [M]. 上海：上海译文出版社，1980：408.

⑤ Clark，Elaine. Social Welfare and Murual Aid in the Medieval Countryside. *Journal of British Studies*，1994，No. 4.

⑥ Sir Eden，Frederick Morton. *The State of the Poor*. Volume one. London：J. Davis for B. & J. White，1966：33—34.

⑦ Barron，Caroline M.. *London in th Later Middle Ages*：*Goverment and People* 1200—1500. Oxford：Oxford University Press，2005：267.

重点，行会在很多市镇（包括伦敦）行使着慈善功能。除救济本会会员外，英国行会还建立了460个慈善组织。①

15—17世纪，社会流动使家庭开始与生产资料相脱离，原有的自给自足的功能大大弱化，家庭自保性的封闭体系开始瓦解，家庭成员对社会的依赖性不断增强。此时，新的社会问题日益加剧，而传统的救助体系也出现了严重危机，组织内救济全面走向没落。

教会救助的对象主要是那些劳动能力受到损害的鳏寡孤独、老弱病残者或尚无劳动能力的儿童孤儿等，面对那些不断流入的失去生产资料、劳动能力健全的流民，教会救济的能力已今非昔比，无力承担。而宗教改革运动期间，修道院被解散，其土地被没收，教会慈善事业雪上加霜。1536年，英国贫民大起义领袖阿斯克在起义失败后接受官方审讯时指出："解散修道院是叛乱的最大原因"。勃里格斯指出："解散修道院也不可避免地引起了社会动乱，因为修道院曾经是财力雄厚的雇主，而且在许多方面发挥着慈善救济的功能，在乡村地区尤其如此。"②

随着庄园制度的解体与社会流动的加快，越来越多的农民与最重要的生产资料——土地相脱离，流向他方，领主对农民的救济责任已不复存在。著名社会史学家亨利·皮朗认为："庄园制度的消逝使农民受到更大的痛苦，因为领主不再认为自己是领地上农民的保护者。"③

工场手工业的兴起吸引了农民和城市手工业者向手工工场的流动，如纽伯利城的呢绒制造商托马斯·多尔曼和前文提到的约翰·温奇库姆和威廉·斯顿普的呢绒工场便是其中的代表。因城市手工业行会制度对生产力的束缚，再加上黑死病的冲击，在部分老城市走向衰落时，英国半城半乡的地方却出乎意料地兴盛起来，许多地方成为农村新兴呢绒制造业中心，常常将老城市人口特别是手工业劳动者吸引到那里。15—18世纪，英国城市人口向乡村转移，同乡村人口向城市移民一样，都是时常发生着的现象，英国历史学家F. 雅各布称其为"逆城市化"运动（De-rubanizing）。④ 城市手工业者的流动加速了以奉行平均主义和遏制竞争为目标的行会组织的瓦解进程，行会的救济职能不断被削弱，直至最后消失。

四、弱势群体的流动推动了福利保障主体的转型

15—17世纪，以中下层农民为代表的社会弱势群体的福利承受着社会转型带来的巨大冲击。福利风险的嬗变和组织内救济的瓦解呼唤着一种新的福利保障模式的诞生，而正在形成的民族国家便担当起这样的历史使命。"宗教改革后绝对君主制的兴起，使原来主要由教会等承担的各种救济和社会福利等慈善事业，不可避免地向政府转移，这是社会由传统向现代转型的一种趋势。"⑤ 都铎王朝政府制定了一系列济贫法以管制穷人及其流动，正如德里克·费雷泽所说："中世纪晚期和近代早期，英国限制穷人流动是由于害怕他们引起社会动

① ［法］布瓦松纳. 中世纪欧洲的生活和劳动［M］. 北京：商务印书馆，1985：196—211.

② ［英］阿萨·勃里格斯. 英国社会史［M］. 北京：中国人民大学出版社，1991：140.

③ ［比］亨利·皮朗. 中世纪欧洲经济社会史［M］. 上海：上海人民出版社，2001；186.

④ Jacob，Ernest Fraser. *The Oxford History of England*，*the Fifteenth Century*，1399—1485. Oxford：Oxford University Press，1978：367.

⑤ 陈晓律. 英国福利制度的由来与发展［M］. 南京：南京大学出版社，1996：12.

荡的不良后果，阻止社会成员的流动是济贫法的起源。”①

都铎政府曾尝试用高压手段解决贫困和流浪问题，制定了“血腥立法”。据哈林兹海德的编年史记载，在亨利八世统治时期被处死的失地农民有 72 000 人。伊丽莎白女王在位时期，每年有 300～400 人被送上绞刑架。马克思认为，“现代的工人阶级的祖先，当初曾因被迫变成了流浪者和需要救济的贫民而受到惩罚。”② 但失地农民和破产手工业者的福利根基已经坍塌，因此血腥立法必然收效甚微。

由于社会思潮的改变，都铎政府转而从构建新的福利保障模式方面进行思索与实践。过渡时期以前，中下层农民和一般行会手工业者都保有一定的生产资料，决定了那时救助对象主要是无劳动能力者，因此救济的规模有限，区域性明显。过渡时期，既存在传统意义上的无劳动能力者，更存在失去生产资料而劳动能力健全者，后一类人才是新济贫立法的主要对象。

首先，对无劳动能力者和穷人继续提供生活救济。相关法令主要有：亨利七世的 1495 年法令和 1503—1504 年法令；亨利八世（其在位期间，英国政府开始大规模救济贫困者）1511—1512 年法令、1531 年法令和 1536 年法令；爱德华六世的 1547 年法令；玛丽的 1553 年法令；伊丽莎白的 1572 年、1576 年和 1597—1598 年法令等。③ 为了救济无劳动能力者和穷人，英国政府开始了征收济贫税的立法与实践。1552 年、1555 年、1562 年的法令体现了英国征收济贫税经历从自愿捐赠到劝说捐赠再到强制缴纳的变化过程，用渐进的方式确立有财产和收入的居民缴纳济贫税以帮助其邻居的法律义务。

其次，对具有劳动能力的人进行劳动救济，探索改进公共福利的新途径，成为济贫立法的重点。劳动救济始于 1536 年法令，要求各地为所有没有工作和财产的人员安排工作或施以救济。劳动救济分为资助性劳动救济和强制劳动救济。1572 年、1576 年的法令吸取了 1536 年法令的精髓，并使之具体化：各自治市和特许市应通过向贫民提供原材料的方式，帮助贫民恢复生产和劳动；治安法官为那些游手好闲的健康流民建立感化院，将他们放在感化院中进行强制劳动改造；建立贫民习艺所，这是 1536 年法案的最大亮点。法案授权地方政府教育那些 5～14 岁的乞丐学会一门手艺，以便他们成年后自谋职业。曾有学者认为英国对欧洲福利政策的首要贡献是在全国范围内征收济贫税，而英国济贫法制度史著名研究专家斯莱克则认为英国的首要贡献是贫民习艺所，而不是征收济贫税。④ 1480—1660 年，英国 10 个郡投入慈善活动的费用超过 300 万英镑。花在宗教上的慈善费用迅速下降，被救济穷人和教育儿童所取代。这一费用在 1480—1540 年占慈善费用的 13%，1641—1660 年上升到 44%。⑤

1597—1598 年的系列法令又设立了以为健康穷人提供工作机会为主要职责的贫民监督官，重申了健康者劳动、贫困家庭孩子学艺、无生活能力者接受救济或送入济贫院等原则。

---

① Fraser，Derek. *The Evolution of the British Wellfare State*. London：Palgrave Macmillan，1984：31.

② 马克思，恩格斯. 马克思恩格斯选集，第二卷 [M]. 北京：人民出版社，1972：262.

③ Leonard，E. M. *The Early History of Enlish Poor Relief*. London：the University Press，1900：22—46.

④ Slack，Paul. *From Reformation to Improvement Public Welfare in Early Modern England*. Oxford：Clarendon Press 1999，p. 21.

⑤ Jordan，W. K. *Philanthropy in England* 1480—1660. London：Allen & Unwin，1959，pp. 246—250.

威廉姆斯认为，1601年济贫法完成的实际时间是1597—1598年，从长远来看，以后300年英国的济贫立法都是以1597—1598年法令为基础发展而来的。①

1601年，以缓解贫困者生存危机，为失业者提供工作机会为目的的《伊丽莎白济贫法》(Old Poor Law)正式颁布。该法在总结一百多年济贫立法经验和教训的基础上，对英国的济贫法制度进行了比较系统的规定。其中区别对待原则体现了政府在处理流民问题上的成熟，既体现出政府对应该接受救济者所承担的必要社会责任，也体现着强调依靠个人劳动摆脱贫困的自助精神。

15—17世纪，弱势群体的社会流动导致他们失去了传统社会组织和生产组织的庇护，社会问题尖锐。任何一个传统地缘共同体都无法应对新的社会问题，需要一个超地缘共同体来解决，这是英国福利保障主体转型的主要因素之一。英国从中世纪走向近代的过程，亦即近代化的进程中，保障主体经历了由分散的社会组织和生产组织向统一的国家组织的转变，英国社会保障制度的起源便蕴含在这一转型的历史进程中。

参考文献

[1] Aston, Trevor Henry. *The Brenner Debate, Agrarian Class Structure and Economic Development in Pre-industrial Europe*. Cambridge: Cambridge University Press, 1987.

[2] Kriedte, Peter. *Industrializtion before Industrializtion: Rural Industry in the Genesis of Capitalism*. Cambridge: Cambridge University Press, 1981: 68.

[3] Douglas, David Charles. *English Historical Documents*. V. 4. London: Routledge, 1969.

[4] Seavoy, Ronald E. *Famine in Peasant Societies*. New York: Greenwood, 1986.

[5] Pounds, N. J. G. *Economic History of Medieval Europe*. London: Longman, 1974.

[6] Palliser, D. M. *The Cambridge Urban History of Britain*. Cambridge: Cambridge University Press, 2000.

[7] Williams, Penry. *The Tudor Regime*. Oxford: Clarendon Press, 1979.

[8] Kent, J. R. *Social Attitudes of Members of Parliament* 1590—1624. London: Univ. of London Press, 1971.

[9] Palliser, D. M. *The Age of Elizabeth: England under the Later Tudors* 1547—1603. London: Longman, 1983.

[10] Beier, A. L. *The Problem of the Poor in Tudor and Early Stuart England*. London: Routledge, 1983.

[11] Aydelotte, Frank. *Elizabethan Rogues and Vagabonds*. Oxford: Clarendon Press, 1913.

[12] Beier, A. L. Masterless men, *The Vagrancy Problem in England* 1560—1640. London: Methuen, 1987.

[13] Lis, Catharina and Hugo Soly. *Poverty and Capitalism in Preindustrial Europe*. New York: Harvester, 1982: 73.

[14] Stow, John. *A Survey of London*. London: Whittaker, 1956.

[15] Chambers, Jonathan David. *Population, Economy and Society in Pre-industry England*. Oxford: Oxford University Press, 1981.

[16] Slater, Gilbert. *Poverty and the State*. London: Constable, 1930.

① Williamson, James A. *The Tudor Age*. London: Longman, 1965, p. 423.

［17］Cartwright，Frederick Fox. *A Social History of Medicine*. London and New York：Longman，1977.

［18］Sir Eden，Frederick Morton. *The State of the poor*. Volume one. London；J. Davis for B. & J. White 1966.

［19］Barron，Caroline M.. *London in th Later Middle Ages：Goverment and People* 1200—1500. Oxford：Oxford University Press，2005.

［20］Jacob，Ernest Fraser. *The Oxford History of England，the Fifteenth Century*，1399—1485. Oxford：Oxford University Press，1978.

［21］Leonard，E. M. The Early History of Enlish Poor Relief. London：the University Press，1900.

［22］Fraser，Derek. *The Evolution of The British Wellfare State*. London：Palgrave Macmillan，1984.

［23］Slack，Paul. *From Reformation to Improvement Public Welfare in Early Modern England*. Oxford：Clarendon Press 1999.

［24］Jordan，W. K. *Philanthropy in England* 1480—1660. London：Allen & Unwin，1959.

［25］Williamson，James A. *The Tudor Age*. London：Longman，1965.

［26］［英］阿萨·勃里格斯. 英国社会史［M］. 北京：中国人民大学出版社，1991.

［27］［法］布瓦松纳. 中世纪欧洲的生活和劳动［M］. 北京：商务印书馆，1985.

［28］［美］罗伊·波特. 剑桥医学史［M］. 长春：吉林人民出版社，2000.

［29］陈晓律. 英国福利制度的由来与发展［M］. 南京：南京大学出版社，1996.

［30］尹虹. 十六、十七世纪前期英国流民问题研究［M］. 北京：中国社会科学院出版社，2003.

第十届社会保障国际论坛在京举行
多国学者研讨当代社会保障发展的机遇与挑战

2014 年 9 月 13 日至 14 日，由中国社会保障 30 人论坛、韩国社会政策学会、日本社会政策学会东亚部会主办，中国人民大学中国社会保障研究中心承办的第十届社会保障国际论坛在京举行。来自 10 余个国家 100 多所高校及研究机构的社会保障专家学者围绕“当代社会保障发展的机遇与挑战”主题深入研讨。

中国人民大学校长陈雨露、中国社会科学院副院长蔡昉、中国医疗保险研究会会长王东进、中国经济体制改革研究会会长宋晓梧、韩国社会政策学会会长具仁会、日本福祉大学校长二木立等出席论坛，论坛组织委员会主席、中国人民大学教授郑功成主持了论坛开幕式，并与日本福祉大学教授野口定久、韩国社会政策学会会长具仁会、中国社科院美国研究所所长郑秉文在会上做了主题报告。

陈雨露在致辞中指出，中国的社会保障已经基本实现了制度的全面覆盖。展望未来，全面深化改革的一个重要战略目标就是要建立更加公平、可持续的社会保障制度。我们既需要尊重中国自身的历史发展与现实环境，也需要借鉴先进国家，尤其是日本、韩国与我们有类似文化传统国家的经验。

蔡昉在发言中强调，深刻理解和领悟中国“未富先老”的独有特征，不仅能够帮助研究者抓住中国人口老龄化问题的关键、制定出更加中肯的政策建议，而且有助于在对中国和发达国家的社会保障进行比较研究时发现他们的不同。长期来看，加快经济发展，提高人均收入是至关重要的；而更好的社会和文化制度安排能够填补由于经济水平造成的差距。

王东进指出，我国和许多国家（地区）一样，正处于从传统性风险向现代性风险过渡的历史时期，如何有效防范和化解各种社会风险，确保社会保障制度稳健运行和可持续发展，是必须妥为筹谋、积极面对的重大课题。他强调，我国应当努力完善社会保障治理结构、治理体系，继续推进社会保障法制建设，实现法治社保，使社会保障成为促进社会公平正义、增进人民福祉的坚实基础和重要载体。

郑功成在有关“中国社会保障的机遇与挑战”的主旨报告中指出，全面深化改革是促使中国社会保障制度走向成熟、定型的最大机遇，而国民经济继续保持较高速度增长、新型城镇化建设，以及市场化与国家治理现代化的改革取向，不仅为这一制度奠定了日益丰厚的物质基础，也为其深化改革提供了加速度。他同时还分析了中国社会保障改革面临的挑战主要是长期形成的利益失衡与利益固化藩篱不易突破，人口老龄化所带来的压力不易化解，大规模的人口流动与就业高流动性不易应对，体制性障碍造成的路径依赖不易突破，现行社保制度存在的缺陷不易弥补，因此，深化社会保障改革还特别需要理性、智慧与勇气。

野口定久在“应对现代版社会风险的社会保障与援助体系的重构”报告中指出，在改善东亚三国中不断扩大的社会差距时，需要在各国或各地区中通过重新铺设安全网（社会保障/社会福利制度）的工作，来确立国民或居民的生活保障从而强化相互之间的经验互惠关系。

具仁会在“韩国的贫困：历史，国际比较分析”报告中图文并茂的对韩国贫困的特征和原因进行阐述。他认为，从社会政策的角度着手，有必要有效地解决个人劳动收入分配失衡恶化问题，通过强化再分配政策来缓解家庭劳动收入、市场收入和可支配收入的失衡是势在必行的。

郑秉文在“全球视野下的养老保险的挑战与机遇”报告中分析了国外养老保险制度改革的动因和类别，指出目前调整制度参数至关重要，建立社会保障的“可持续性”是永恒的目标。目前，东亚中、日、韩三国各自有不同的方向，没有标准的模式，如何走出一条有中国特色的社会保障制度是值得探讨和思考的。

在主题报告会后，论坛分为养老保险、医疗保障、社会救助、社会福利、国际养老保险比较、社会保障覆盖、护理保障、综合、青年、教学、中国专题等10多个分论坛，110多位来自各国的专家学者围绕各个专题在会上发表了自己的学术观点与政策见解，200多位与会者参与了互动。在论坛举行期间，还举行了中国养老保险制度改革对话会，国内专家学者与来自欧美国家及国际组织的养老保险专家进行了深度交流。本届论坛还专门举行了中日韩青年学者圆桌交流会，来自三个国家的20多位青年社会保障学者进行了深度的对话交流。

第三届全国社会保障教学研讨会在京召开
呼吁重视学科建设

2014 年 9 月 14 日，由中国社会保障 30 人论坛主办，中国人民大学中国社会保障研究中心、首都经济贸易大学劳动经济学院承办的第三届全国社会保障教学研讨会在北京举行。来自中国人民大学、北京师范大学、浙江大学、南京大学、中山大学、吉林大学、南开大学、西北大学、华中科技大学、中央财经大学、西南财经大学、贵州大学等 40 多所高校的有关社会保障专业教师出席了会议。

会议听取了来自日本女子大学的沈洁教授、韩国中央大学的金渊明教授、美国圣耶稣大学的科恩教授及韩美英教授对日本、韩国、美国、越南等国家与社会保障相关或相近的社会福利专业、社会工作专业、社会政策专业等的介绍。日本在高中阶段就设置有社会保障课程，现有 300 多所高校举办社会福利专业，并根据不同类型与不同层次设置社会保障课程体系；韩国有 400 多所高校举办社会福利专业，特别重视福利案例教学，强调社会福利师任职资格选拔；美国在多所高校设置有社会福利学院、社会工作学院，追求的是以能力为基础的教育，等等。这些均给与会的各校教师以深刻印象。

会上，中国人民大学杨俊副教授、南京大学林闽钢教授、浙江大学何文炯教授、西南财经大学胡秋明教授、贵州财经大学王飞跃教授、首都经济贸易大学吕学静教授对本校社会保障专业建设情况作报告。与会的专家学者围绕着社会保障学科建设与专业人才培养展开了深入讨论。首都经济贸易大学劳动经济学院院长冯喜良教授作了会议总结。

会议主持人、中国人民大学教授郑功成指出，社会保障其实是一个多学科交叉并处于应用层次的新兴学科领域。与发达国家学科范式成熟、培养规则定型的社会福利、社会政策、社会工作等相关专业相比，我国社会保障专业是上世纪末伴随社会保障改革与发展并在传统的保险学、社会学、管理学、经济学等专业基础上产生的新兴专业，它不可避免地打上了中国的烙印。由于起步很晚、师资来源多学科背景，这一专业的建设远未成熟，不仅需要借鉴国外经验，更需要增进国内相关院校的直接交流。他强调，重视社会保障学科建设与专业人才培养已经构成了我国社会保障事业全面发展的重要条件。

与会专家学者围绕着社会保障本科生教育、研究生教育以及在社会保障教学中存在的突出问题展开了热烈讨论。大家认为，在社会保障专业建设方面，既要增强这一学科基本范式、基本理论、基本价值取向等的共性，也应当努力避免千校一面，而应利用各个高校的优势来打造这一专业的特色，可能更有利于培养出高素质的各种类型专业人才。与会专家学者强调，社会保障是解除人民后顾之忧、促进社会公平正义、共享社会发展成果的重大制度安排，这一职业的特性决定了培养学生正确的理念与价值取向非常重要，而提升学生的综合素质与专业实践能力亦属必要。

与会专家学者还讨论了社会保障专业教学中的教材建设、课程设置、实践环节等问题，呼吁加强师资培训，特别是培养青年教师并使之成为学科建设与专业人才培养的中坚力量至关重要。

全国社会保障教学研讨会是中国社会保障30人论坛于2011年创设的一个社会保障学科建设交流平台，它面向全国办有社会保障专业的高校教师，以研讨社会保障专业建设中的问题并促进这一学科健康发展为使命。第一、二届先后于2012、2013年9月在南京大学、浙江大学成功举办。